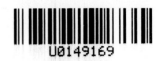

《鳥　譜》
滿文圖說校注

第二冊

莊吉發 校注

滿　語　叢　刊
文史哲出版社印行

國家圖書館出版品預行編目資料

《鳥譜》滿文圖說校注 / 莊吉發校注. -- 初版 -- 臺北市：文史哲，民 106.09
頁；　公分（滿語叢刊；26）
ISBN 978-986-314-383-3（平裝）第一冊
ISBN 978-986-314-384-0（平裝）第二冊
ISBN 978-986-314-385-7（平裝）第三冊
ISBN 978-986-314-386-4（平裝）第四冊
ISBN 978-986-314-387-1（平裝）第五冊
ISBN 978-986-314-388-8（平裝）第六冊
1. 滿語 2. 中國畫 3. 鳥類 4. 畫冊

802.91　　106016328

滿語叢刊 26

《鳥譜》滿文圖說校注 第二冊

校注者：莊吉發
出版者：文史哲出版社
http:// www.lapen.com.tw
e-mail:lapen@ms74.hinet.net
登記證字號：行政院新聞局版臺業字五三三七號
發行人：彭正雄
發行所：文史哲出版社
印刷者：文史哲出版社
臺北市羅斯福路一段七十二巷四號
郵政劃撥帳號：一六一八〇一七五
電話886-2-23511028・傳真886-2-23965656

實價新臺幣三五〇元

二〇一七（民 106）十二月初版

ISBN 978-986-314-384-0　　65126

《鳥譜》滿文圖說校注（二）

——以《錫漢會話》為中心

目　　次

《鳥譜》第三冊畫冊

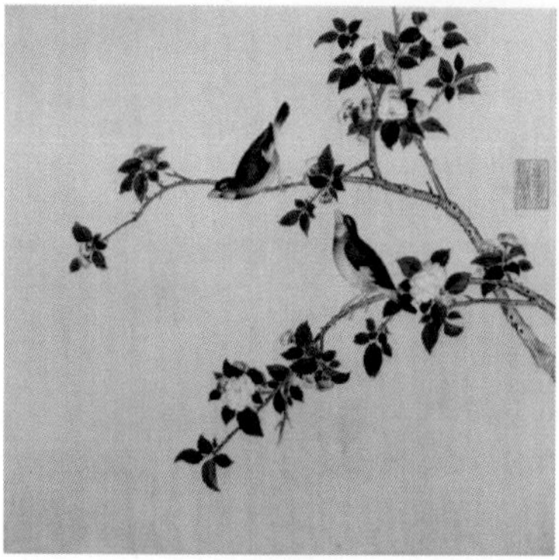
金翅

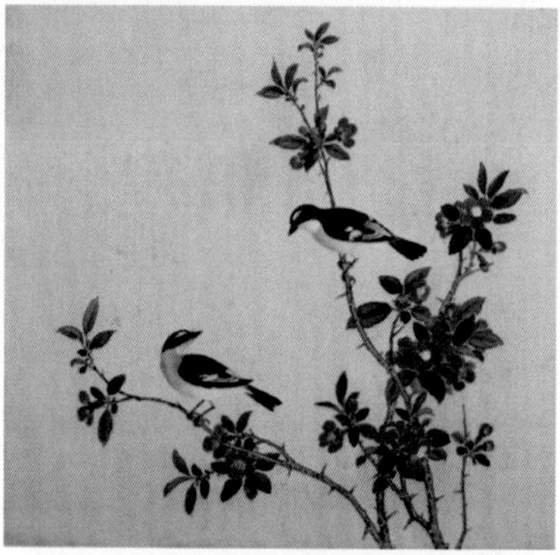
柿黃

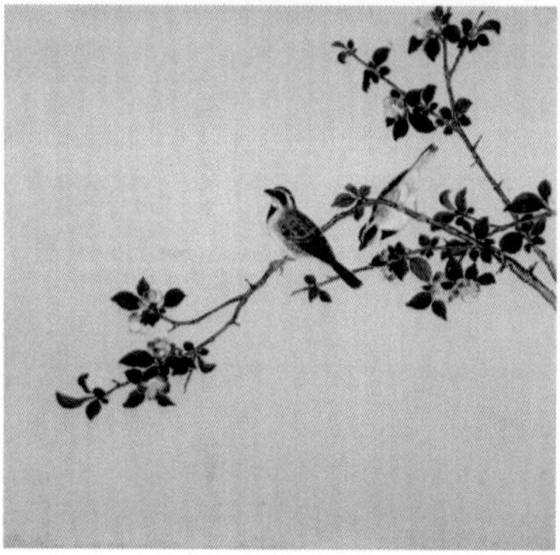
黃道眉

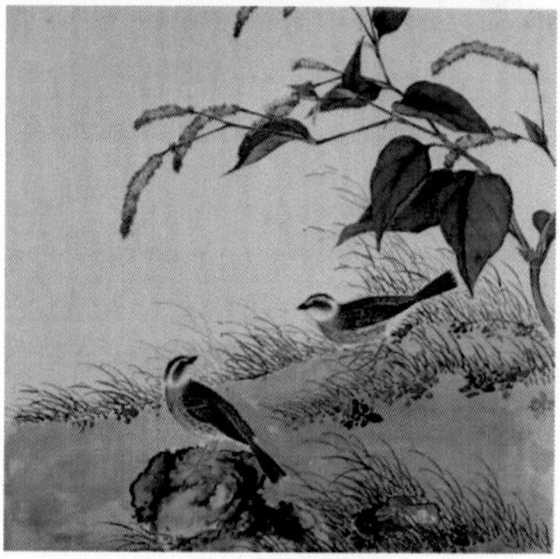
淡黃道眉

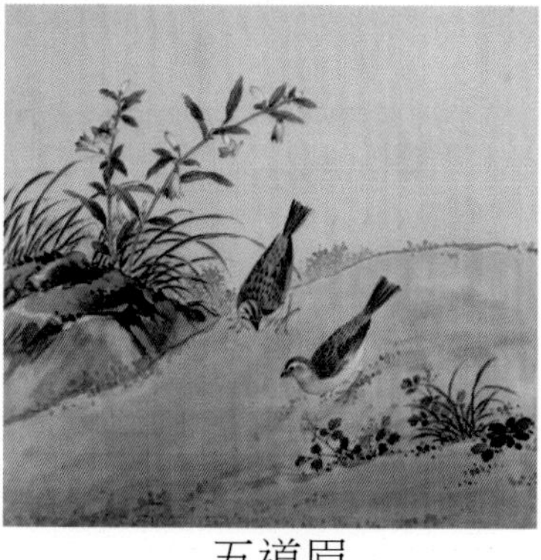
五道眉

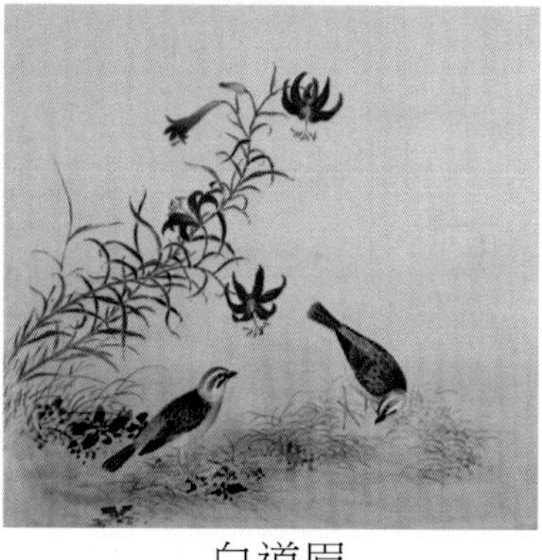
白道眉

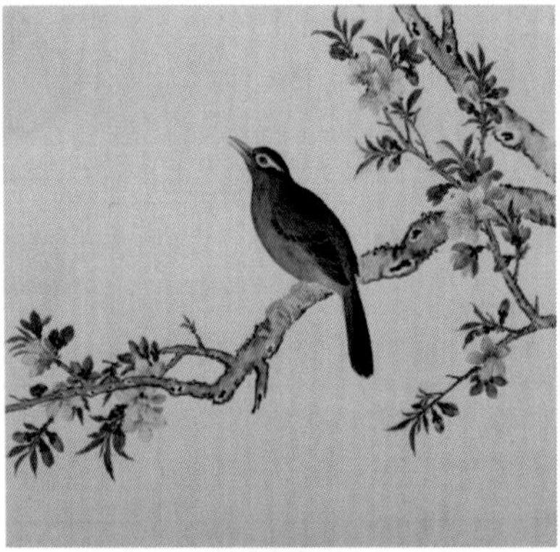

畫眉

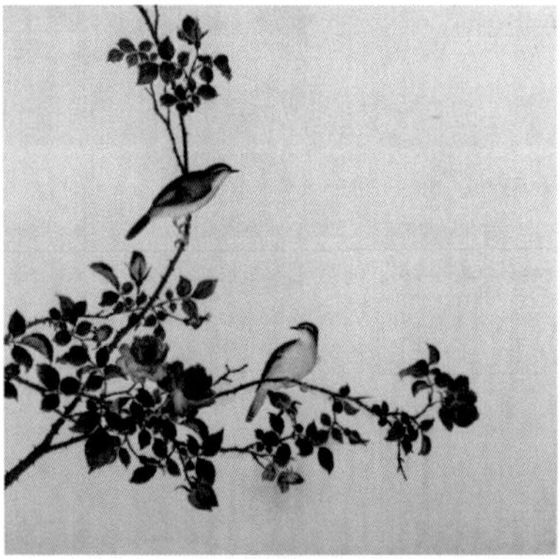

石畫眉

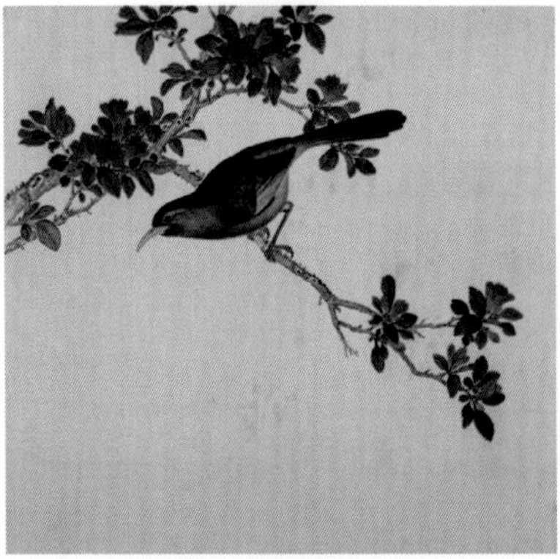

山畫眉

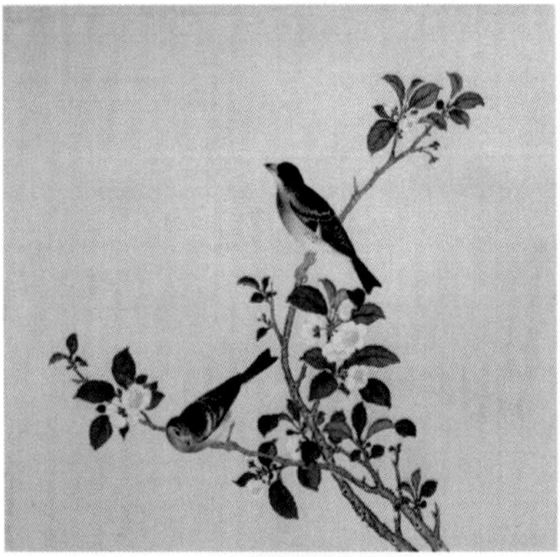

燕雀

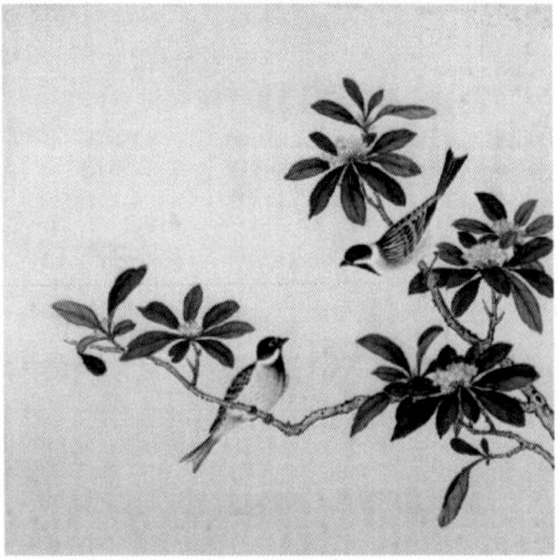

白花雀

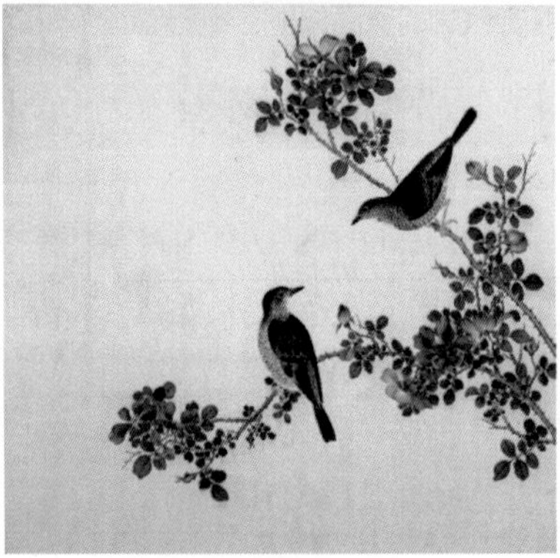

山花雀

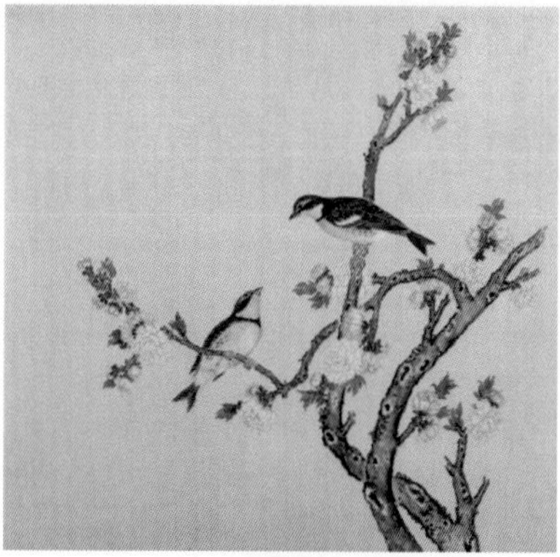

金雀

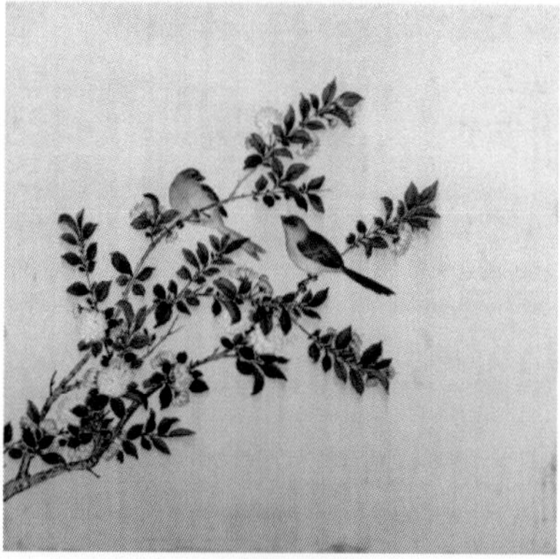

侶鳳逑

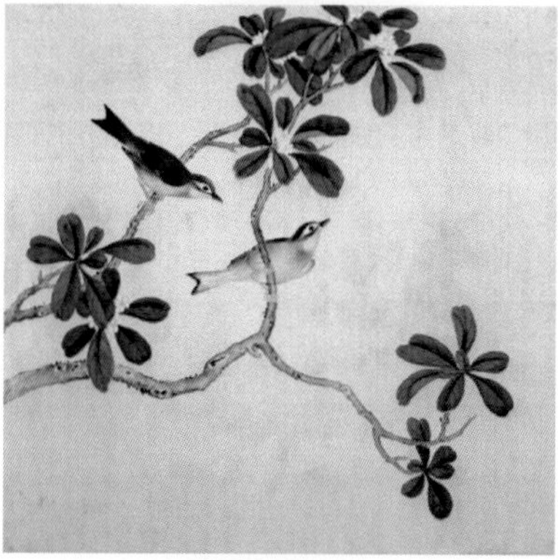

南相思鳥

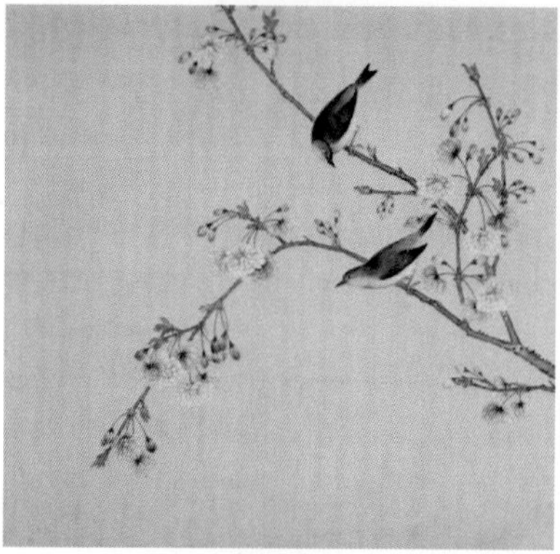

粉眼

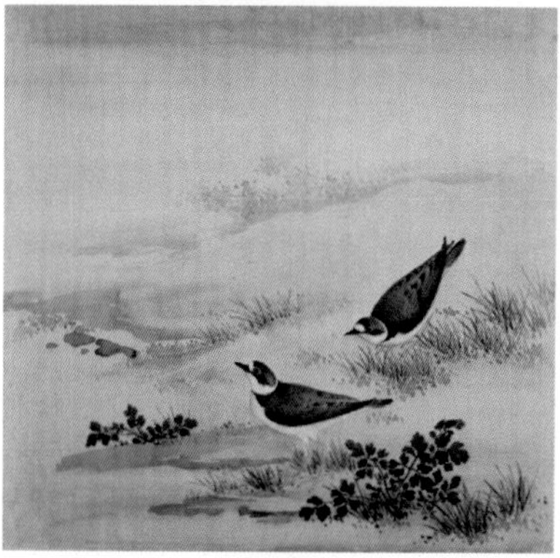

金眼

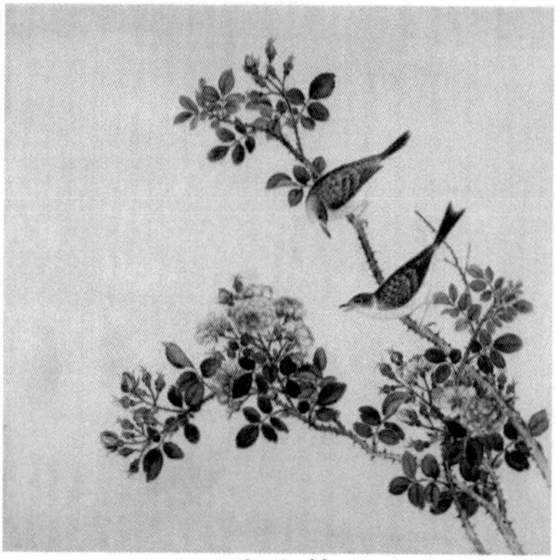

嗝叭鶺

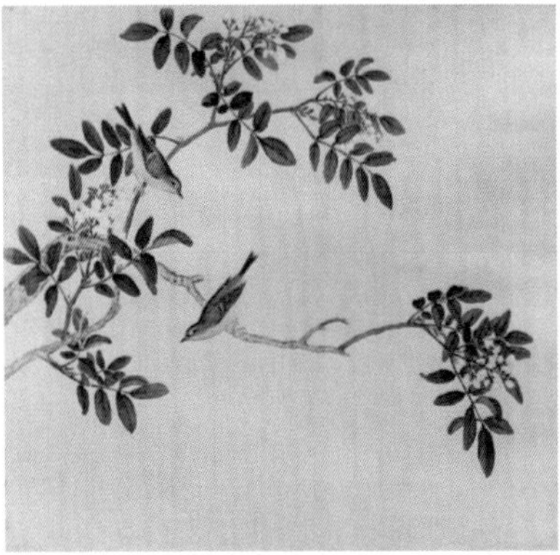
槐串

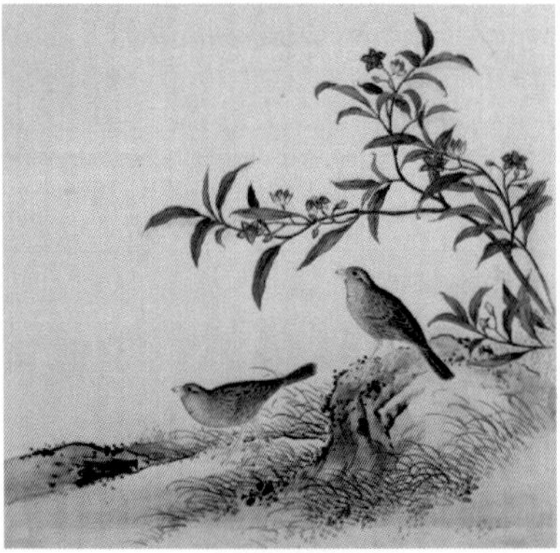
金鈴

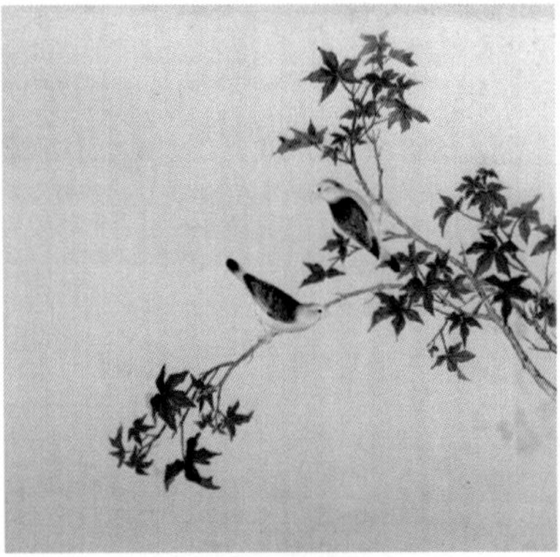
白頭金鈴

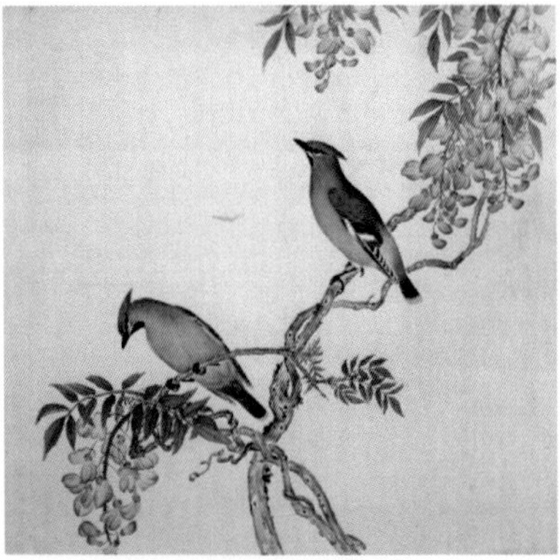
太平雀（十二黃）

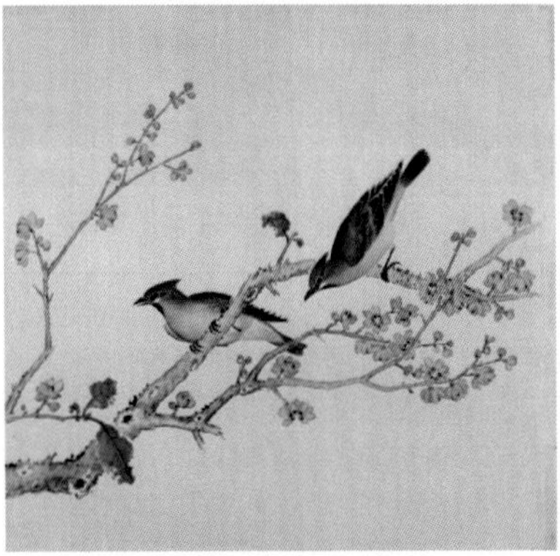
太平雀（十二紅）

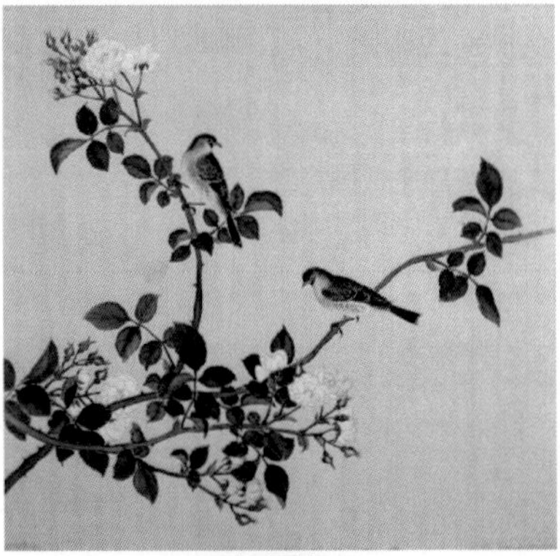
珠頂紅

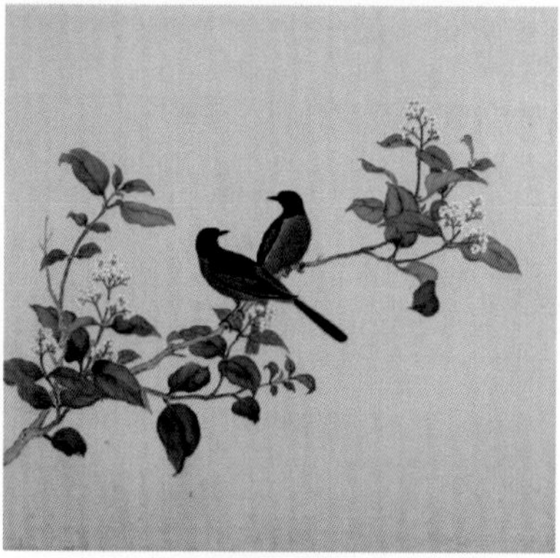

花紅燕

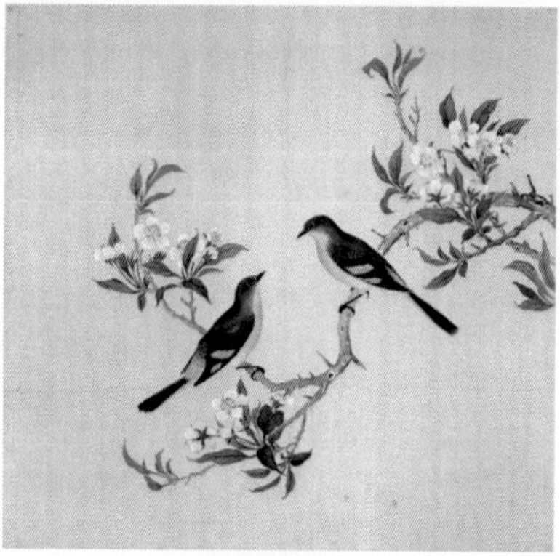

花黃燕

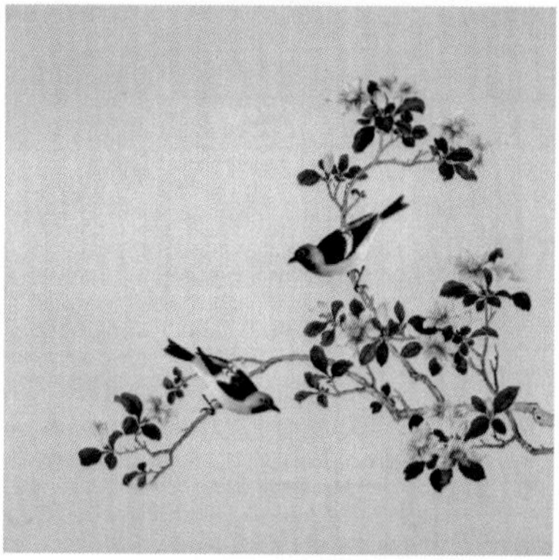

山火燕

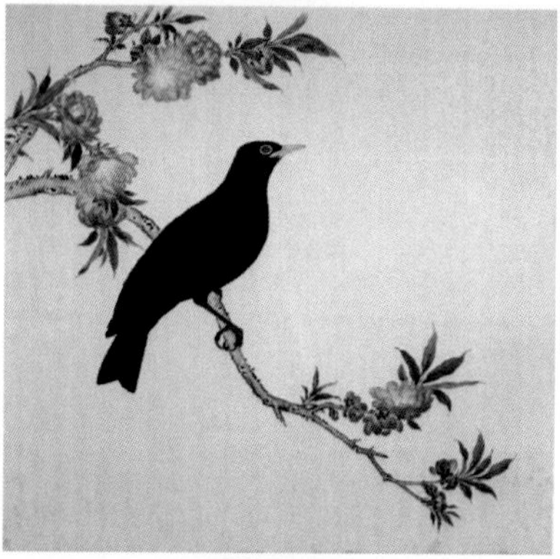

南百舌

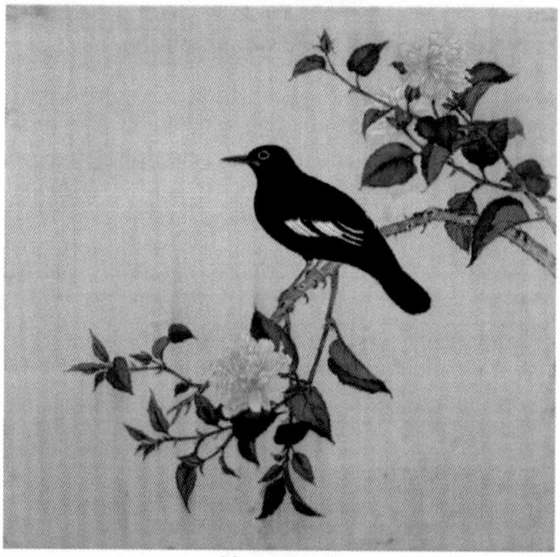

北百舌

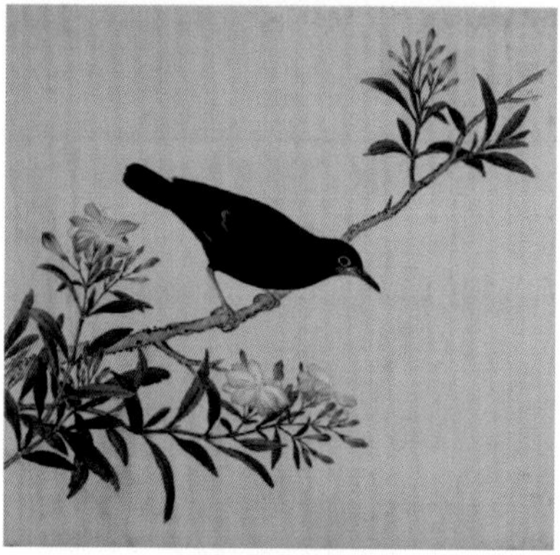

雌北百舌

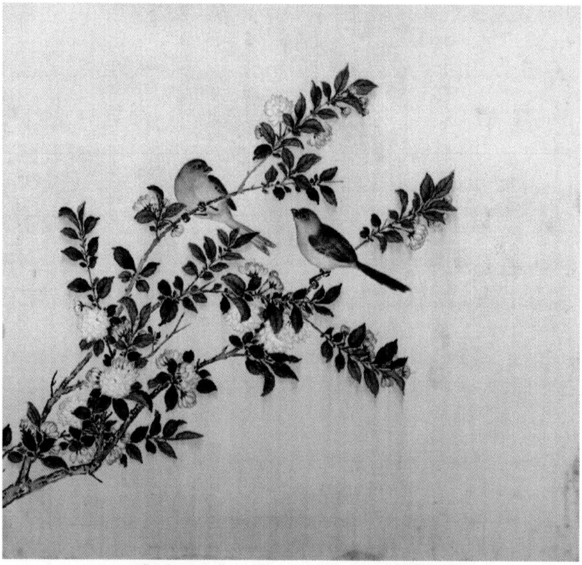

《鳥譜》第三冊　侶鳳逑

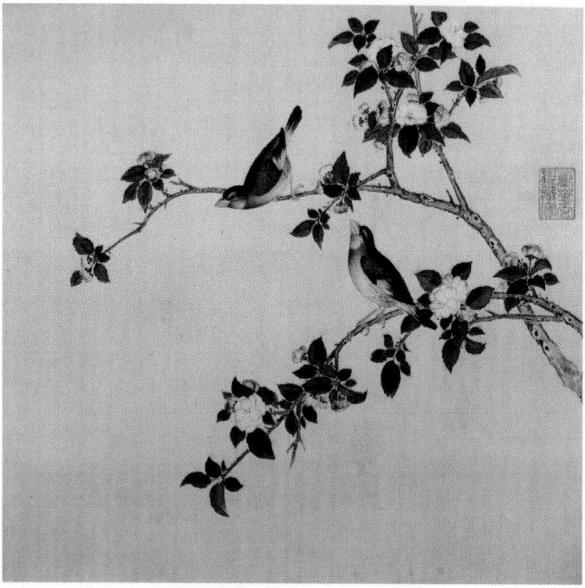

《鳥譜》第三冊　金翅

鳥類漢滿名稱對照表（三）

順次	漢文	滿文	羅馬字轉寫	備註
1	金翅	ᠠᡳᠰᡥᠠ ᠴᡝᠴᡳᡴᡝ	aisha cecike	
2	梧桐	ᡨᡠᡵᡳ ᠴᡝᠴᡳᡴᡝ	turi cecike	
3	柿黃	ᡥᠣᠩᡴᠣ ᠴᡝᠴᡳᡴᡝ	hongko cecike	
4	黃道眉	ᠰᡠᠸᠠᠶᠠᠨ ᡶᠠᡳᡨᠠᠩᡤᠠ ᠴᡝᠴᡳᡴᡝ	suwayan faitangga cecike	
5	淡黃道眉	ᠰᡠᠨᡨᡠ ᠴᡝᠴᡳᡴᡝ	suntu cecike	
6	五道眉	ᠵᡳᠩᠵᠠᡵᠠ	jingjara	

順次	漢文	滿文	羅馬字轉寫	備註
7	白道眉	ᠶᡝᠨᡨᡠ ᠴᡝᠴᡳᡴᡝ	yentu cecike	
8	畫眉	ᠶᠠᡩᠠᠯᡳ ᠴᡝᠴᡳᡴᡝ	yadali cecike	
9	百舌	ᡳᠯᡝᠩᡤᡠ ᠴᡝᠴᡳᡴᡝ	ilenggu cecike	
10	石畫眉	ᠸᡝᡥᡝ ᠶᠠᡩᠠᠯᡳ ᠴᡝᠴᡳᡴᡝ	wehe yadali cecike	
11	白眉	ᡧᠠᡩᠠᠯᡳ ᠴᡝᠴᡳᡴᡝ	šadali cecike	
12	山畫眉	ᠠᠯᡳᠨ ᠶᠠᡩᠠᠯᡳ ᠴᡝᠴᡳᡴᡝ	alin yadali cecike	

順次	漢文	滿文	羅馬字轉寫	備註
13	燕雀	ᠴᡳᠪᡳᡵᡤᠠᠨ	cibirgan	
14	麻鷚	ᠰᡳᠪᡳᡵᡤᠠᠨ	sibirgan	
15	白花雀	ᡧᠠᡥᠠᠯᡨᡠ ᠴᡝᠴᡳᡴᡝ	šahaltu cecike	
16	葫蘆頭	ᡥᠣᠯᡨᡠ ᠴᡝᠴᡳᡴᡝ	holtu cecike	
17	山花雀	ᠠᠯᡥᠠᡨᡠ ᠴᡝᠴᡳᡴᡝ	alhatu cecike	
18	魚鱗雀	ᠮᠠᡵᡠᡨᡠ ᠴᡝᠴᡳᡴᡝ	marutu cecike	
19	金雀	ᠠᡳᡩᠠᠨᠠ	aidana	

順次	漢文	滿文	羅馬字轉寫	備註
20	黃鴡	ᡥᡡᠸᠠᠩᡩᠠᠨᠠ	hūwangdana	
21	侶鳳逑	ᡴᡳᡩᡠᠨ ᠴᡝᠴᡳᡴᡝ	kidun cecike	
22	相思鳥	ᡝᡴᡳᡩᡠᠨ ᠴᡝᠴᡳᡴᡝ	ekidun cecike	
23	黃頭	ᠰᡠᠸᠠᡴᡳᡩᡠᠨ ᠴᡝᠴᡳᡴᡝ	suwakidun cecike	
24	鶺鴒	ᠮᡠᡧᡠ	mušu	
25	南相思鳥	ᠵᡠᠯᡝᡵᡤᡳᠩᡤᡝ ᡴᡳᡩᡠᠨ ᠴᡝᠴᡳᡴᡝ	julergingge kidun cecike	
26	相思	ᡴᡳᡩᡠᠨ ᠴᡝᠴᡳᡴᡝ	kidun cecike	

順次	漢文	滿文	羅馬字轉寫	備註
27	粉眼	ᠵᡳᠨᠵᡳᠪᠠ	jinjiba	
28	黃雀	ᠰᡠᠸᠠᠶᠠᠨ ᠴᡝᠴᡳᡴᡝ	suwayan cecike	
29	柳葉雀	ᡶᠣᡩᠣᠪᠠ	fodoba	
30	金眼	ᠠᡳᠰᡠᡵᡳ	aisuri	
31	阿蘭	ᠸᡝᠨᡩᡝᡵᡥᡝᠨ	wenderhen	
32	嗝叭鵥	ᡝᠩᡤᡝᡨᡠ ᠴᡝᠴᡳᡴᡝ	enggetu cecike	
33	咭叭鵥	ᡝᠩᡤᡝᡨᡠ ᠴᡝᠴᡳᡴᡝ	enggetu cecike	
34	架格鳥	ᡤᡳᠶᠠᡴᡨᡠ ᠴᡝᠴᡳᡴᡝ	giyaktu cecike	

順次	漢文	滿文	羅馬字轉寫	備註
35	槐串	ᡶᡝᠨᡝᡥᡝ ᠴᡝᠴᡳᡴᡝ	fenehe cecike	
36	銅鈴	ᡥᠣᠩᡤᠣᠨᠣ ᠴᡝᠴᡳᡴᡝ	honggono cecike	
37	桃蟲	ᡨᠣᠮᡳᡴᠠ ᠴᡝᠴᡳᡴᡝ	tomika cecike	
38	金鈴	ᡥᠣᠩᡤᠣᠨ ᠴᡝᠴᡳᡴᡝ	honggon cecike	
39	白頭金鈴	ᠴᠠᡴᡡᠯᡠ ᠴᡝᠴᡳᡴᡝ	cakūlu cecike	
40	太平雀	ᡨᠠᡳᡶᡳᠨᡨᡠ ᠴᡝᠴᡳᡴᡝ	taifintu cecike	

順次	漢文	滿文	羅馬字轉寫	備註
41	十二黃	ᠰᡠᠸᠠᡶᡳᡨᡠ ᠴᡝᠴᡳᡴᡝ	suwafitu cecike	
42	十二紅	ᡶᡠᠯᡶᡳᡨᡠ ᠴᡝᠴᡳᡴᡝ	fulfitu cecike	
43	珠頂紅	ᠴᠠᠯᡳᡥᡡᠨ	calihūn	
44	花紅燕	ᡶᡠᠯᡤᡳᠶᠠᠨ ᠴᡳᠪᡳᡵᡤᠠᠨ	fulgiyan cibirgan	
45	朱衣鳥	ᠴᡳᠨᡠᡵᡤᠠᠨ	cinurgan	
46	赤鷚	ᡶᡠᠯᠠᡵᡤᠠᠨ	fulargan	

順次	漢文	滿文	羅馬字轉寫	備註
47	花黃燕	ᠰᡠᠸᠠᠶᠠᠨ ᠴᡳᠪᡳᡵᡤᠠᠨ	suwayan cibirgan	
48	黃連雀	ᠰᡠᠸᠠᠪᡳᡵᡤᠠᠨ	suwabirgan	
49	山火燕	ᠠᠯᡳᠨ ᠴᡳᠪᡳᡵᡤᠠᠨ	alin cibirgan	
50	五色子	ᠠᠯᡥᠠ ᠴᡳᠪᡳᡵᡤᠠᠨ	alha cibirgan	
51	南百舌	ᠵᡠᠯᡝᡵᡤᡳᠩᡤᡝ ᡴᡡᠪᡠᠯᡳᠨ ᠮᡠᡩᠠᠩᡤᠠ ᠴᡝᠴᡳᡴᡝ	julergingge kūbulin mudangga cecike	
52	反舌	ᡴᡡᠪᡠᠯᡳᠨ ᡳᠯᡝᠩᡤᡠ ᠴᡝᠴᡳᡴᡝ	kūbulin ilenggu cecike	

順次	漢文	滿文	羅馬字轉寫	備註
53	百舌	ᡴᡡᠪᡠᠯᡳᠨ ᠮᡠᡩᠠᠩᡤᠠ ᠴᡝᠴᡳᡴᡝ	kūbulin mudangga cecike	
54	鸜鵒	ᡴᡳᠣᠩᡤᡠᡥᡝ	kiongguhe	
55	望春	ᠨᡳᠶᡝᠩᡤᠠᡵᡳ ᠴᡝᠴᡳᡴᡝ	niyenggari cecike	
56	喚起	ᡤᡠᠸᡝᠨᡩᡝᡥᡝᠨ	guwendehen	
57	喚春	ᠨᡳᠶᡝᠩᡤᡠᠸᡝᡵᡳ ᠴᡝᠴᡳᡴᡝ	niyengguweri cecike	
58	祝鳩	ᡩᡠᡩᡠᠩᡤᡝ ᠴᡝᠴᡳᡴᡝ	dudungge cecike	
59	鶻鵃	ᡶᠠᡴᡩᠠᠩᡤᠠ ᠴᡝᠴᡳᡴᡝ	fakdangga cecike	
60	舍羅	ᡧᠠᡵᡠᡴ	šaruk	

順次	漢文	滿文	羅馬字轉寫	備註
61	鴝鵒	ᡴᡳᠣᠩᡤᡠᡥᡝ	kiongguhe	
62	北百舌	ᠠᠮᠠᡵᡤᡳᠩᡤᡝ ᡴᡡᠪᡠᠯᡳᠨ ᡳᠯᡝᠩᡤᡠ ᠴᡝᠴᡳᡴᡝ	amargingge kūbulin ilenggu cecike	
63	雌北百舌	ᠠᠮᠠᡵᡤᡳᠩᡤᡝ ᡝᠮᡳᠯᡝ ᡴᡡᠪᡠᠯᡳᠨ ᡳᠯᡝᠩᡤᡠ ᠴᡝᠴᡳᡴᡝ	amargingge emile kūbulin ilenggu cecike	

資料來源：《故宮鳥譜》，臺北，國立故宮博物院，民國八十六年十月，第三冊。

已刊《鳥譜》第三冊，計三十幅，所標鳥類名稱，包括：金翅（aisha cecike）、柿黃（hongko cecike）、黃道眉（suwayan faitangga cecike）、淡黃道眉（suntu cecike）、五道眉（jingjara）、白道眉（yentu cecike）、畫眉（yadali cecike）、石畫眉（wehe yadali cecike）、山畫眉（alin yadali cecike）、燕雀（cibirgan）、白花雀（šahaltu cecike）、山花雀（alhatu cecike）、金雀（aidana）、侶鳳逑（kidun cecike）、南相思鳥（julergingge kidun cecike）、粉眼（jinjiba）、金眼（aisuri）、嗝叭觜（enggetu cecike）、槐串（fenehe cecike）、金鈴（honggon cecike）、白頭金鈴（cakūlu cecike）、太平雀（taifintu cecike）、珠頂紅（calihūn）、花紅燕（fulgiyan cibirgan）、花黃燕（suwayan cibirgan）、山火燕（alin cibirgan）、南百舌（julergingge kūbulin mudangga cecike）、北百舌（amargingge kūbulin ilenggu cecike)、雌北百舌(amargingge emile kūbulin ilenggu cecike)。除所列鳥類名稱外，還有別名多種，表三所列名稱，共計六十三種。其中太平雀(taifintu cecike)，即太平鳥，包括十二黃及十二紅。十二黃，滿文讀作"suwafintu cecike",《鳥譜》作"suwafitu"，異。十二紅，滿文讀作"fulfintu cecike",《鳥譜》作"fulfitu cecike"，異。金翅(aisha cecike)，性巧易馴，可教以雜戲，如同梧桐雀(turi cecike)。柿黃，滿文讀作"hongko cecike"，"hongko"，意即「山樑盡頭處」，"hongko cecike"，因自頷至腹，以及近尾背毛俱係柿黃色，故稱柿黃雀，《鳥譜》作「柿黃」。黃道眉，滿文讀作"suwayan faitangga cecike"，意即「黃眉雀」，黃道眉狀如嘉雀，嘉雀，滿文讀作"fiyasha cecike"，句中"fiyasha"，意即「房山牆」，"fiyasha cecike"，意即「家雀」,《鳥譜》作「嘉雀」，異。淡黃道眉，滿文讀作"sontu cecike",《鳥譜》作"suntu cecike"，異。五道眉，滿文讀作"jingjara"，意即「矮小的」。五道眉自觜根至頭頂有蒼毛五道如眉，因此得名，五道眉形如瓦雀。瓦雀，滿文讀作"fiyasha cecike"，意即「家雀」。白道眉，滿文讀作"yentu cecike"，因白眉、白頰、白臆而得名。畫眉(yadali cecike)，其眉長如畫，巧作千聲如百舌。百舌，滿文讀作"ilenggu cecike"，意即「舌雀」，又稱反舌，以其鳴聲反覆如百鳥之音，故名百舌。石畫眉(wehe yadali cecike)，身如雀，一名白眉(šadali cecike)，自頷至腹俱淺白。山畫眉(alin yadali cecike)，因生於塞外山中而得名。燕雀(cibirgan)，因其身黑腹黃有似燕子毛色，故名燕雀，又因燕雀多斑，故俗名麻鷯。

山花雀，滿文讀作"alhatu cecike"，意即「有花紋的雀」。山花雀因自頷臆至腹下及近尾背毛俱黑白相間，如魚鱗連比，故亦名魚鱗雀（marutu cecike）。金雀（aidana），一名黃鴡（hūwangdana），是活躍於京師近西山地方的一種田雀。侶鳳逑，滿文讀作“kidun cecike”，句中“kidun”，意即「思念」，侶鳳逑，一名相思鳥（ekidun cecike），江南人呼為黃頭（suwakidun cecike）。侶鳳逑因雌雄相愛，故一名相思鳥，福建浦城等處的相思鳥，稱為南相思鳥（julergingge kidun cecike）。粉眼形如黃雀而小，滿文讀作“jinjiba”，意即「身小的繡眼鳥」，毛色與新柳相似，故亦名柳葉雀，滿文讀作“fodoba”，意即「柳雀」。金眼，滿文讀作“aisuri”，因金黃眼、深黃眶而得名。其身如阿蘭（wenderhen），無後趾，棲止沙地，不能落木。

嗝叭鸎，又作咭叭鸎，滿文讀作“enggetu cecike”，其鳥如雀，鳴聲架架格格，以為催人架梨格，故名架格鳥（giyaktu cecike），人們見此鳥至，則開始種田。槐串（fenehe cecike），性喜槐樹濃蔭，可以藏身，常於槐樹依止，其身如黃雀而小。因其音如銅鈴有韻而清，故又名銅鈴（honggono cecike），亦即銅鈴雀。金鈴嫩黃鸎，滿文讀作“honggon cecike”，意即「鈴雀」，因其鳴聲短小，星星如鈴而得名。因其鸎嫩黃，黃頷，臆帶淺黃，淺黃足，黃色為其主要特徵，故又名金鈴，亦即金黃色的鈴雀。白頭金鈴身小於黃鈴，滿文讀作“cakūlu cecike”，“cakūlu”，意即「白脖子」，鳥類毛色的特點是白色，白頭金鈴即因白頭、白爪、腹白、尾下白而得名。「翮」，滿文讀作“niowangnio”，意即「羽毛的莖」，太平雀尾尖杏黃，六翮，每翮上各有黃白毛一節，合左右共有十二節，故名十二黃。翮上各有紅白毛一節，尾尖色亦鮮紅的太平雀，則稱十二紅。珠頂紅雀鳥，滿文讀作“calihūn”，意即「紅頭雀」，因其頭圓如珠，頂毛紅如丹，故稱珠頂紅。花紅燕，滿文讀作“fulgiyan cibirgan”，意即「紅花燕」，背下近尾毛及臆腹俱純紅，膊翅毛兼紅黑二色，一名朱衣鳥，滿文讀作“cinurgan”，意即「朱衣燕」，形如瓦雀（fiyasha cecike），其紅毛則類似丹砂，善鳴，即古之赤鷃（fulargan）。花黃燕，滿文讀作“suwayan cibirgan”，意即「黃花燕」，背黑黃色，近尾毛色純黃，蒼黑翅有薑黃毛一節，臆前腹下純黃，亦名黃連雀（suwabirgan）。山火燕，滿文讀作“alin cibirgan”，意即「山燕雀」，因其身有五色，故名「五色子」，滿文讀作“alha cibirgan”，意即「花燕雀」。

反舌，是一種鳥，形小於鸜鵒（kiongguhe），因其聲數轉，故名反舌鳥，滿文讀作“kūbulin ilenggu cecike”，意即「變化舌頭之鳥」。反舌鳥能變其舌，反易其聲，以效百鳥鳴聲，故稱百舌，滿文讀作“kūbulin mudangga cecike”，意即「音調變化曲折之雀」，分為南百舌（julergingge kūbulin mudangga cecike）、北百舌（amargingge kūbulin ilengge cecike）、雌北百舌（amargingge emile kūbulin ilenggu cecike）。反舌鳥是一種候鳥（erin be sara gasha），就是知時鳥，二、三月始鳴，五月無聲，江南人謂之喚春（niyengguweri cecike），一名望春（niyenggari cecike），又名喚起（guwendehen）。因反舌鳥近似斑鳩，故一名祝鳩（dudungge cecike），佛經稱百舌鳥為舍羅（šaruk）。百舌象聲作鵖鴔（fakdangga cecike），俗稱牛屎鴝哥（wahūtu cecike），就是牛屎八哥，或因臭氣而得名。

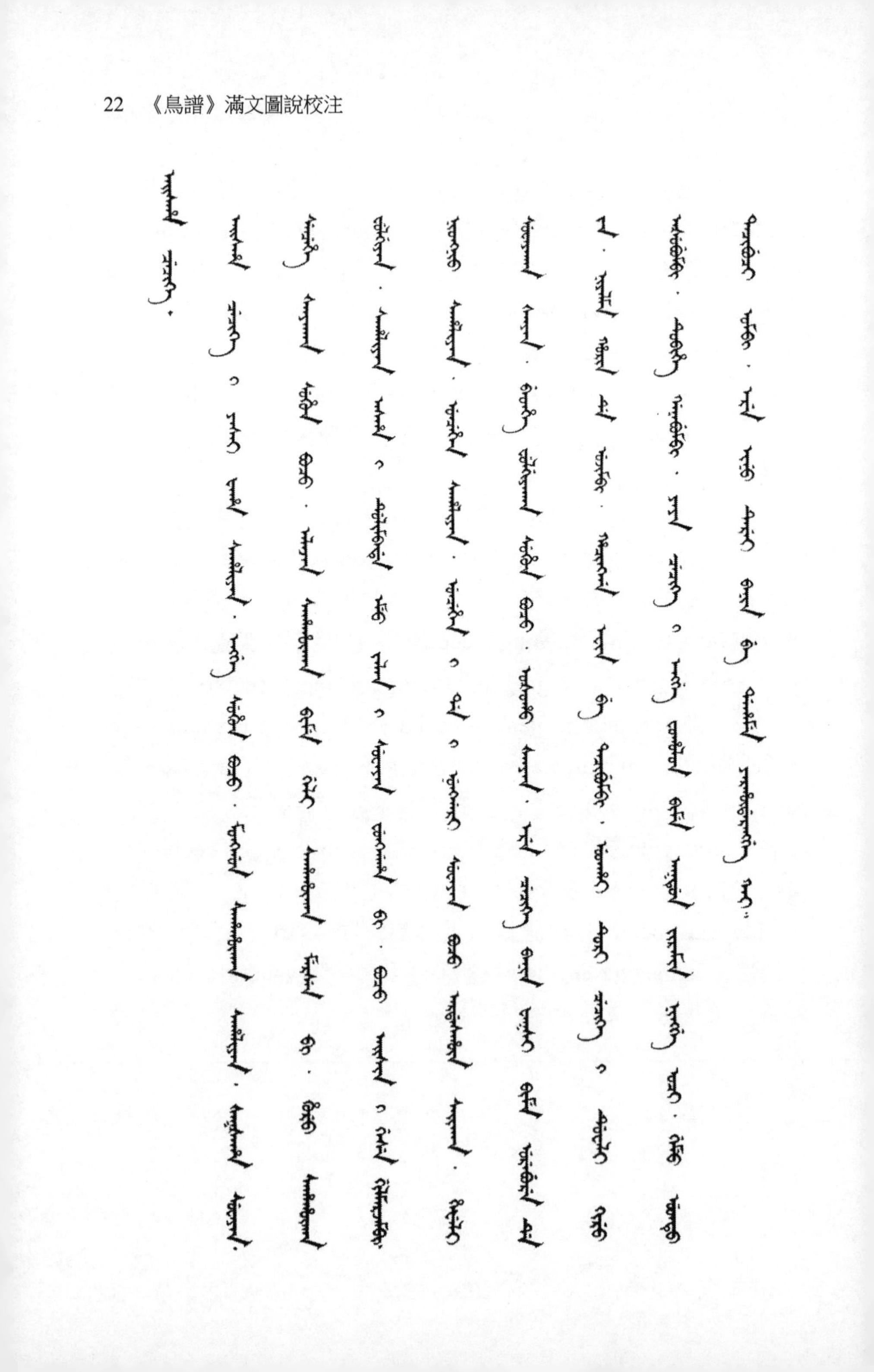

[illegible]

aisha cecike.

aisha cecike i yasai faha sahaliyan, engge suhun boco, monggon sahahūkan sahaliyan, šakšaha suwayan, sencehe šanyakan suhun boco, alajan sahahūkan bime geli sahahūkan mersen bi, huru sahahūkan fulgiyan, sahaliyan asha i dulimbade emu jalan i suwayan funggaha bi, boco aisin i gese gilmarjambi, niongnio sahaliyan, uncehen sahaliyan, uncehen i da i nunggari suwayan boco ardashūn saikan, hefeli suwayakan šanyan, bethe fulgiyakan suhun boco, ošoho šanyan. ere cecike banin faksi bime urebure de ja, niyalma horin de ujimbi, hacingga efin be tacibumbi, uthai turi cecike i duwali kiru ašubumbi, tubihe ganabumbi. yaya cecike i engge foholon bime akdun jiramin ningge oci, gemu uttu tacibuci ombi, ere inu terei banin be dahame yarhūdarangge kai.

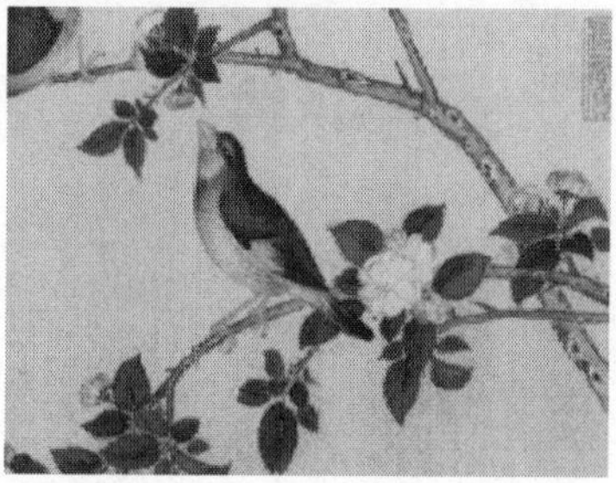

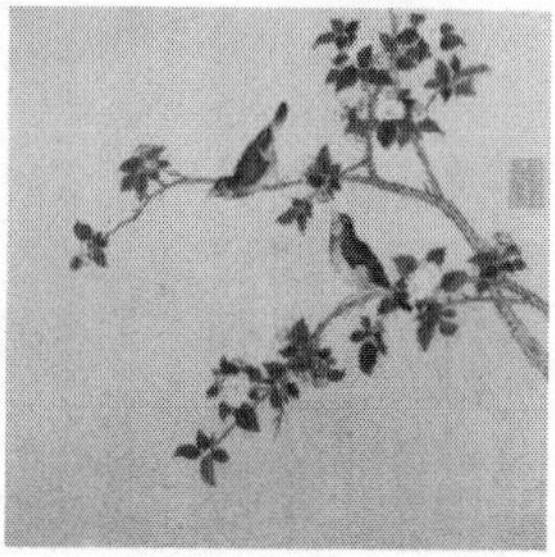

金翅

金翅，黑睛，米色觜，蒼黑項，黃頰，米白頷，蒼臆並有蒼點，蒼赤背，黑翅中有黃節[1]，色粲如金，黑翮，黑尾，尾根茸毛黃色嬌倩，黃白腹，米紅足，白爪。此鳥性巧而易馴，人家籠畜之，教以雜戲，如梧桐之屬[2]，令之銜旗取果。大凡鳥之觜短而堅厚者，皆可使然，亦因其性而導之也。

1 有黃節，滿文讀作“emu jalan i suwayan funggaha bi”，意即「有一節黃毛」。
2 梧桐，滿文讀作“turi cecike”，意即「梧桐雀」。

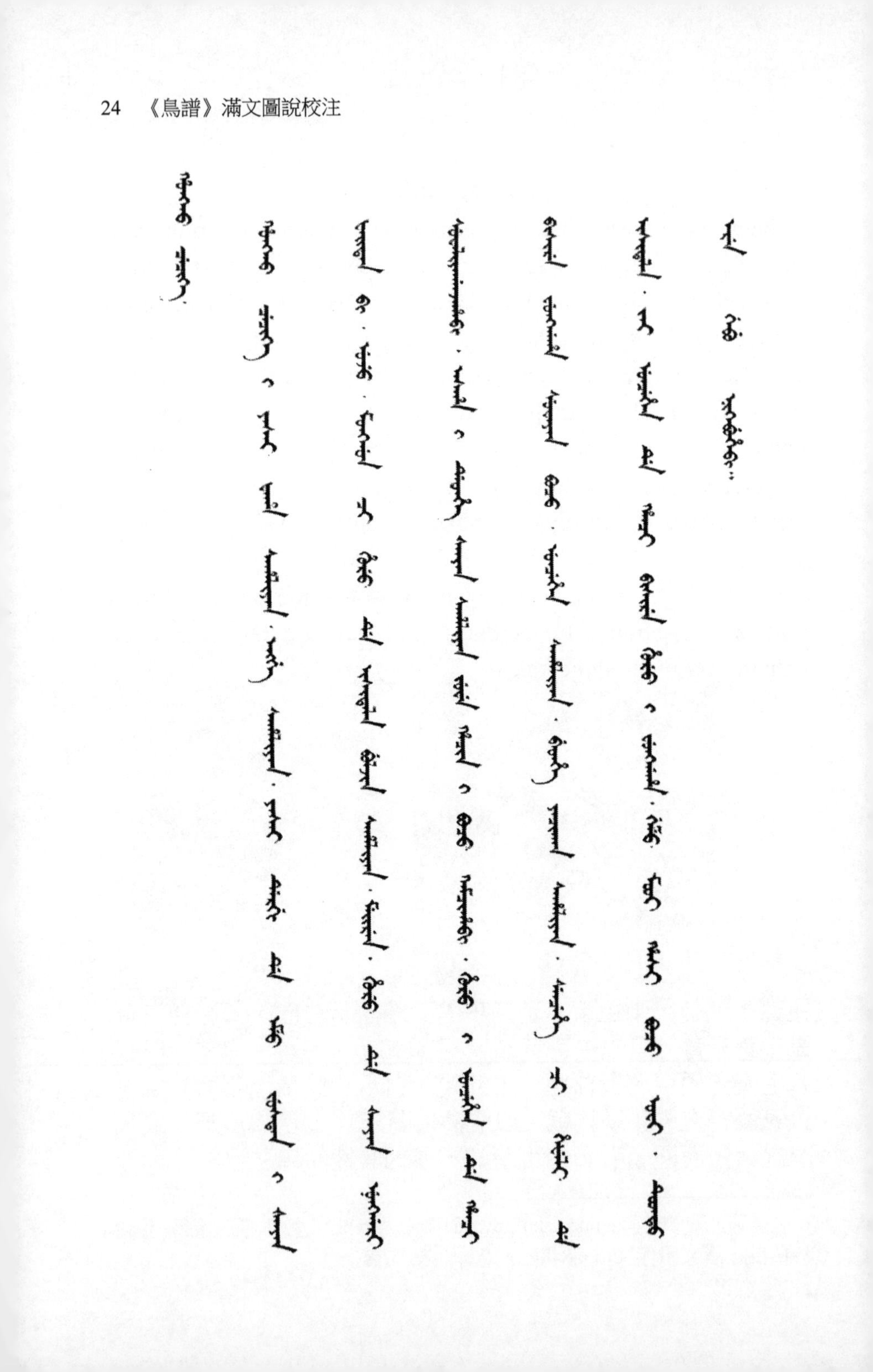

[illegible]

[illegible]

[illegible]

[illegible]

[illegible]

[illegible]

[illegible]

[illegible]

hongko cecike.

hongko cecike i yasai faha sahaliyan, engge sahaliyan, yasai dergi de emu justan i šanyan faitan bi, uju, monggon ci huru de isitala buljin sahaliyan, meiren, huru de šanyan nunggari suwaliyaganjahabi, asha i dethe šanyan sahaliyan juwe hacin i boco kamcihabi, huru i uncehen de hanci bisire funggaha suwayan boco, uncehen sahaliyan, bethe yacikan sahaliyan, sencehe ci hefeli de isitala, jai uncehen de hanci bisire huru i funggaha, gemu mooi hasi boco ofi, tuttu ere gebu nikebuhebi.

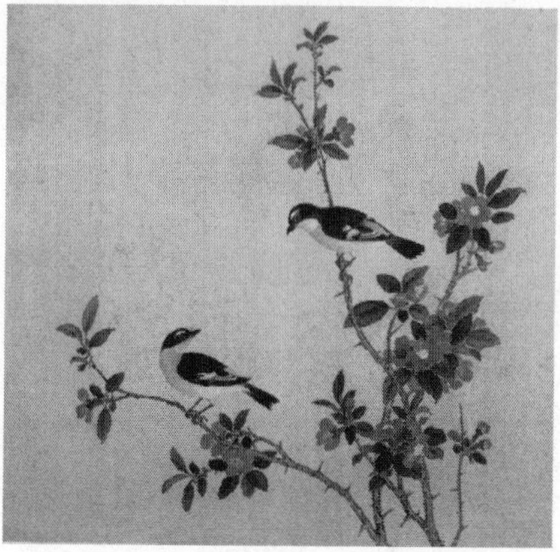

柿黃

柿黃，黑睛，黑觜，目上有白眉一道，頭、項至背純黑，肩、背雜細白毛，翅毛兼白黑二色，背近尾處色黃[3]，黑尾，青黑足，頷至腹，及近尾背毛俱柿黃色[4]，故得此名。

---

3 背近尾處色黃，滿文讀作"huru i uncehen de hanci bisire funggaha suwayan boco"，意即「背近尾處之毛色黃」。

4 柿黃色，漢文「柿子」，滿文讀作"moo i hasi"，滿文"mooi hasi boco"，漢譯作「柿黃色」。"hongko"，意即「山梁盡頭處」，"hongko cecike"因自頷至腹，以及近尾背毛俱係柿黃色，故名柿黃。

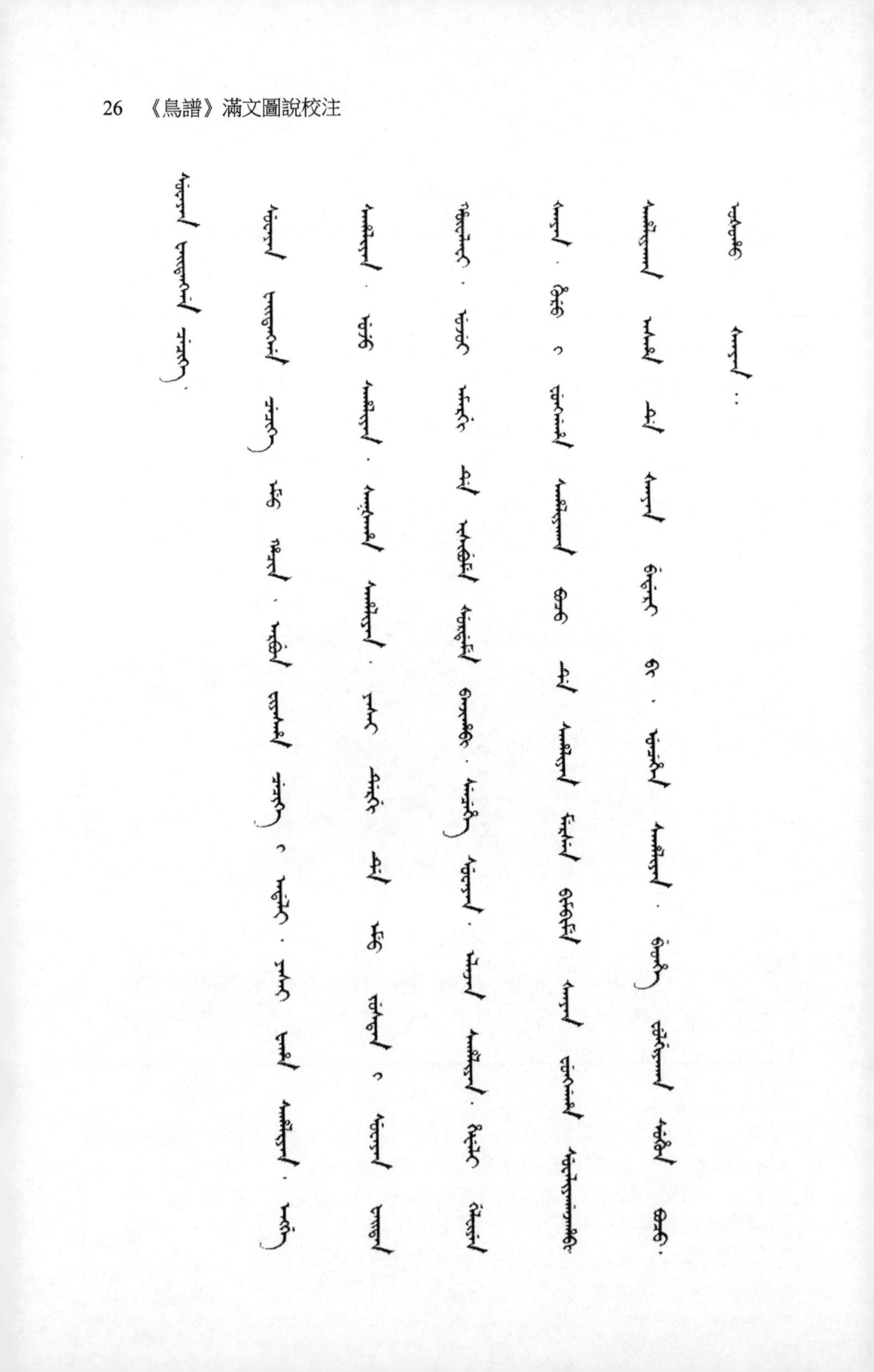

suwayan faitangga cecike.

suwayan faitangga cecike emu hacin, arbun fiyasha cecike i adali, yasai faha sahaliyan, engge sahaliyan, uju sahaliyan, šakšaha sahaliyan, yasai dergi de emu justan i suwayan faitan hūwalafi, ujui amargi de isibume šurdeme banjihabi, sencehe suwayan, alajan sahaliyan, hefeli gelfiyen šanyan, huru i funggaha sahaliyakan boco de sahaliyan mersen bimbime, šanyan funggaha suwaliyaganjahabi, sahaliyakan asha de šanyan bederi bi, uncehen sahaliyan, bethe fulgiyakan suhun boco, ošoho šanyan.

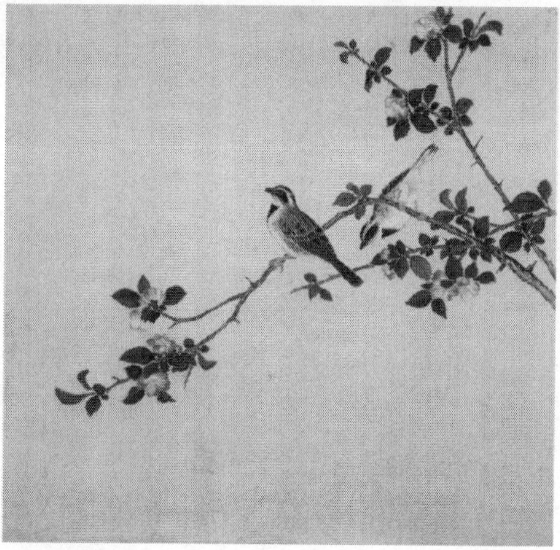

黃道眉[5]

黃道眉一種，狀如嘉雀[6]，黑睛，黑觜，黑頂[7]，黑頰，目上有黃眉一道，分岐環至腦後，黃頷，黑臆，淺白腹，背毛蒼質黑斑，白毛閒之，蒼翅白襴[8]，黑尾，米紅足，白爪。

5 黃道眉，滿文讀作“suwayan faitangga cecike”，意即「黃眉雀」。
6 嘉雀，滿文讀作“fiyasha cecike”，意即「家雀」。
7 黑頂，滿文讀作“uju sahaliyan”，意即「黑頭」。
8 白襴，滿文讀作“šanyan bederi”，意即「白斑」。

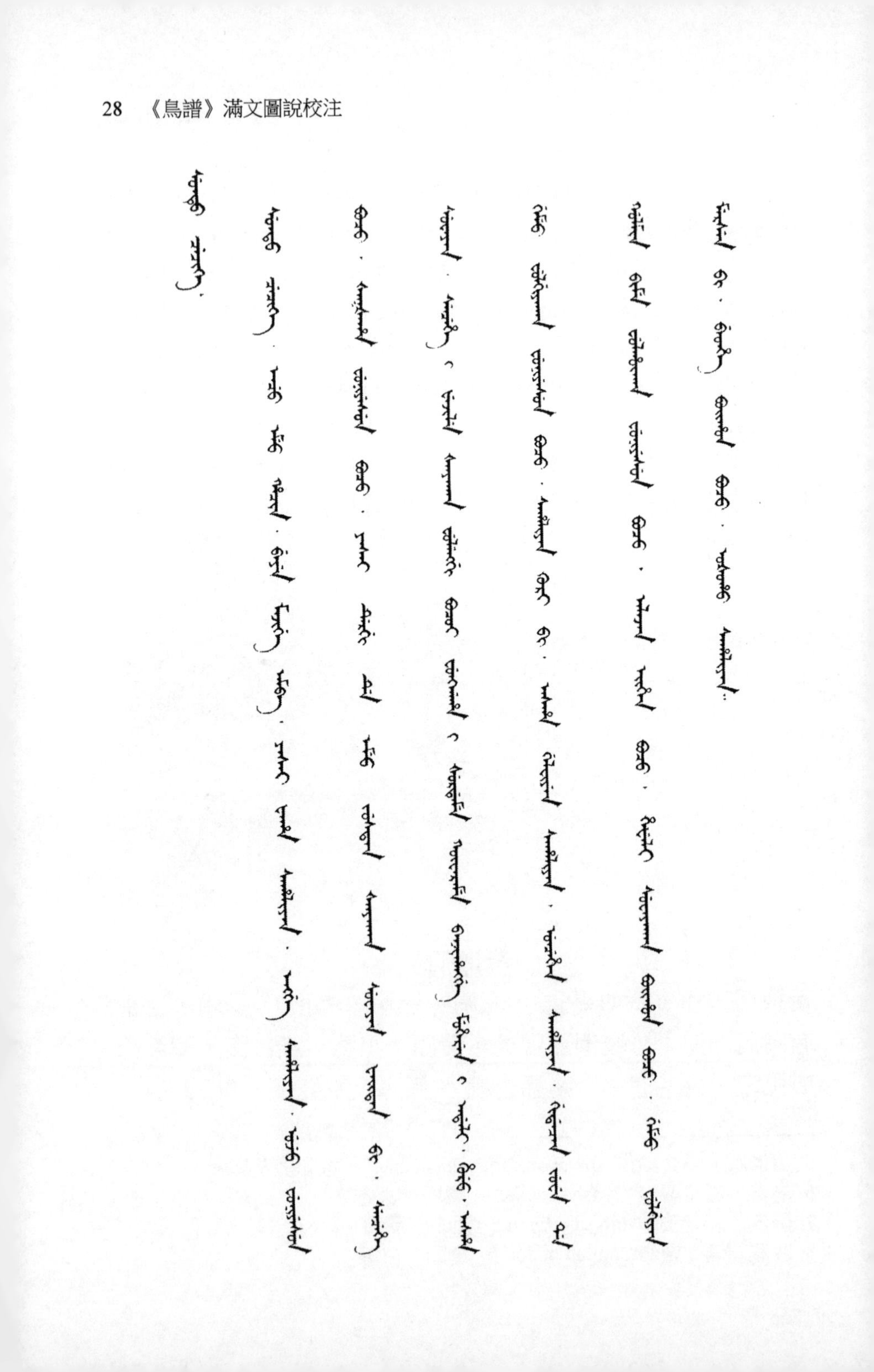

[illegible]

[illegible]

[illegible]

[illegible]

[illegible]

[illegible]

[illegible]

suntu cecike.

suntu cecike encu emu hacin, beye majige amba, yasai faha sahaliyan, engge sahaliyan, uju funiyesun boco , šakšaha funiyesun boco, yasai dergi de emu justan šanyakan suwayan faitan bi, sencehe suwayan, sencehe i fejile šanyakan fulenggi bocoi funggaha i šurdeme kūwarame banjihangge muheren i adali, huru, asha gemu fulgiyakan funiyesun boco, sahaliyan kuri bi, asha gelfiyen sahaliyan, uncehen sahaliyan, gidacan juwe da golmin bime fulhūkan funiyesun boco, alajan eihen boco, hefeli suwayakan boihon boco, gemu fulgiyan mersen bi, bethe boihon boco, ošoho sahaliyan.

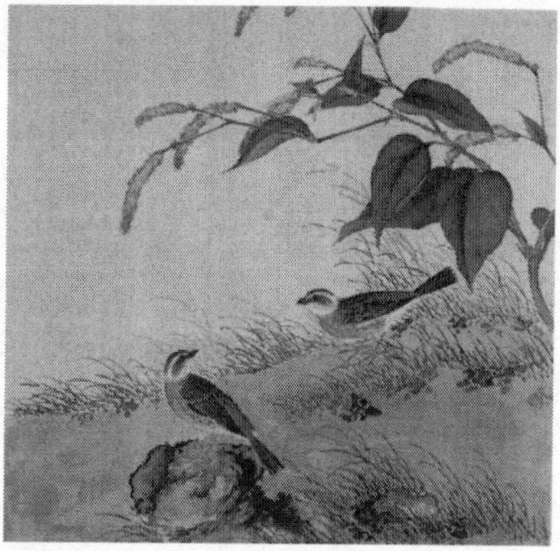

淡黃道眉[9]

黃道眉別一種[10]，身稍大，黑睛，黑觜，褐頂，褐頰，目上有白黃眉一道，黃頷，頷下灰白毛旋繞如環，背、翅俱紅褐，黑斑，淺黑翅，黑尾，蓋尾赤褐長毛二莖，赭臆，土黃腹，俱有赤點，土色足，黑爪。

9 淡黃道眉，新滿文讀作“sontu cecike”，此作“suntu cecike”，異。

10 黃道眉，新滿文讀作“suwayan faitangga cecike”，此作“suntu cecike”與淡黃道眉易混淆。

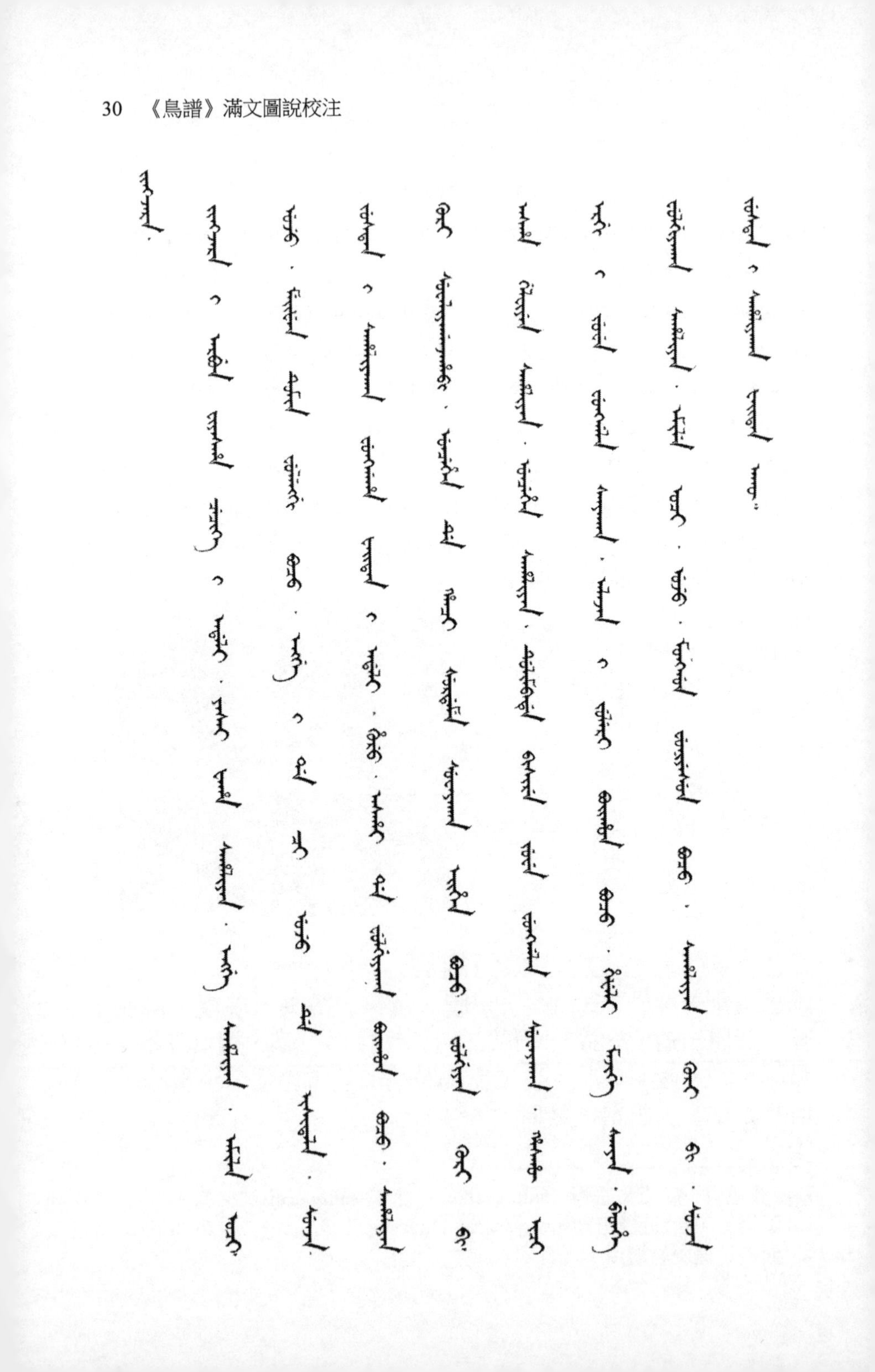

jingjara.

jingjara i arbun fiyasha cecike i adali, yasai faha sahaliyan, engge sahaliyan, amila oci, uju, meifen tumin fulenggi boco, engge i da ci uju de isitala, sunja justan i sahaliyakan funggaha faitan i adali, huru, ashai da fulgiyakan boihon boco, sahaliyan kuri suwaliyaganjahabi, uncehen de hanci šurdeme suwayakan eihen boco, fulgiyan kuri bi, asha gelfiyen sahaliyan, uncehen sahaliyan, dulimbade bisire juwe funggala suwayakan, hashū ici ergi i juwe funggala šanyakan, alajan i juleri boihon boco, hefeli majige šanyan, bethe fulgiyakan sahaliyan. emile oci, uju, monggon funiyesun boco, sahaliyan kuri bi, sunja justan i sahaliyakan faitan akū.

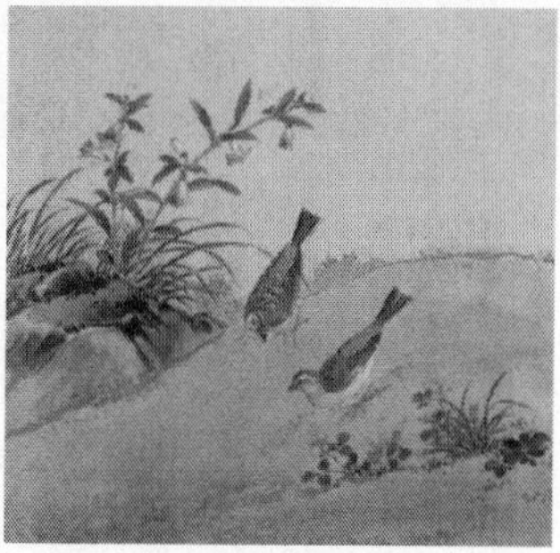

五道眉[11]

五道眉，形如瓦雀，黑睛，黑觜，雄者頭、頸深灰色，觜根至頂，有蒼毛五道如眉，背、膊土赤色，黑斑相間，近尾赭黃色[12]，赤斑[13]，淺黑翅，黑尾，中二莖帶黃，左右二莖帶白，臆前土色，腹微白，赤黑足。雌者頭、項褐色，有黑斑，無蒼眉五道也。

11 五道眉，滿文讀作“jingjara”，意即「矮小的」，五道眉雀因有五道如眉的黑毛而得名。

12 近尾赭黃色，滿文讀作“uncehen de hanci šurdeme suwayakan eihen boco”意即「近尾環以赭黃色」。

13 赤斑，滿文讀作“fulgiyan kuri bi”，意即「有赤斑」。

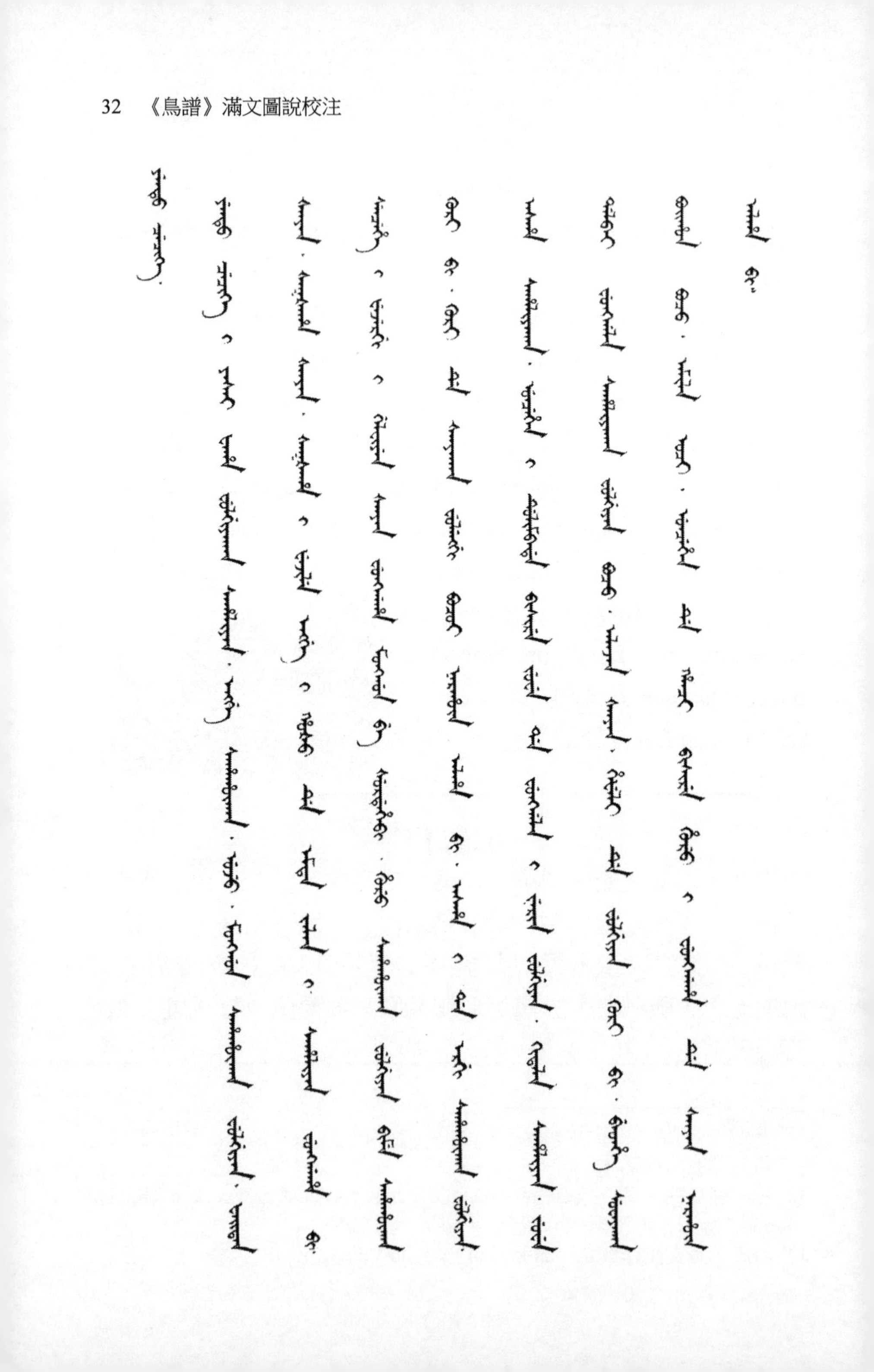

[illegible]

[illegible]

[illegible]

[illegible]

[illegible]

[illegible]

[illegible]

[illegible]

[illegible]

yentu cecike.

yentu cecike i yasai faha fulgiyakan sahaliyan, engge sahahūkan, uju, monggon sahahūkan fulgiyan, faitan šanyan, šakšaha šanyan, šakšaha i fejile engge i hošo de emte jalan i sahaliyan funggaha bi, sencehe i fejergi i gelfiyen šanyan funggaha monggon be šurdehebi, huru sahahūkan fulgiyan bime sahahūkan kuri bi, kuri de šanyakan fulenggi bocoi narhūn alha bi, asha i da ergi sahahūkan fulgiyan, asha sahaliyakan, uncehen i dulimbade bisire juwe da funggala i jerin fulgiyan, kitala sahaliyan. juwe dalbai funggala sahaliyakan fulgiyan boco, alajan šanyan, hefeli de fulgiyan kuri bi, bethe suwayakan boihon boco, amila oci, uncehen de hanci bisire huru i funggaha de šanyan narhūn alha bi.

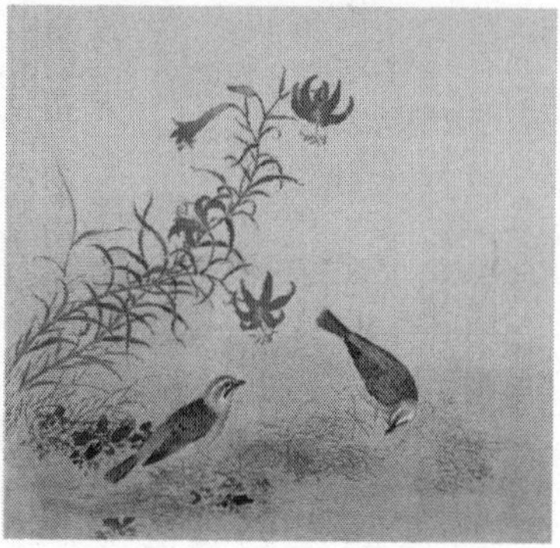

白道眉

白道眉，赤黑睛，蒼觜，蒼赤頂、項，白眉，白頰，頰下吻間[14]，各黑毛一節，頷下縹白毛環項[15]，蒼赤背，蒼斑，斑上有灰白細紋，翅根蒼赤，翅淺黑，尾中二毛赤邊，黑莖。兩旁黑赤色，白臆，赤斑腹，土黃足。雄者，近尾背毛有細白紋。

---

14 吻間，滿文讀作“engge i hošo”，意即「觜角」。
15 縹白，滿文讀作“gelfiyen šanyan”，意即「淺白」。

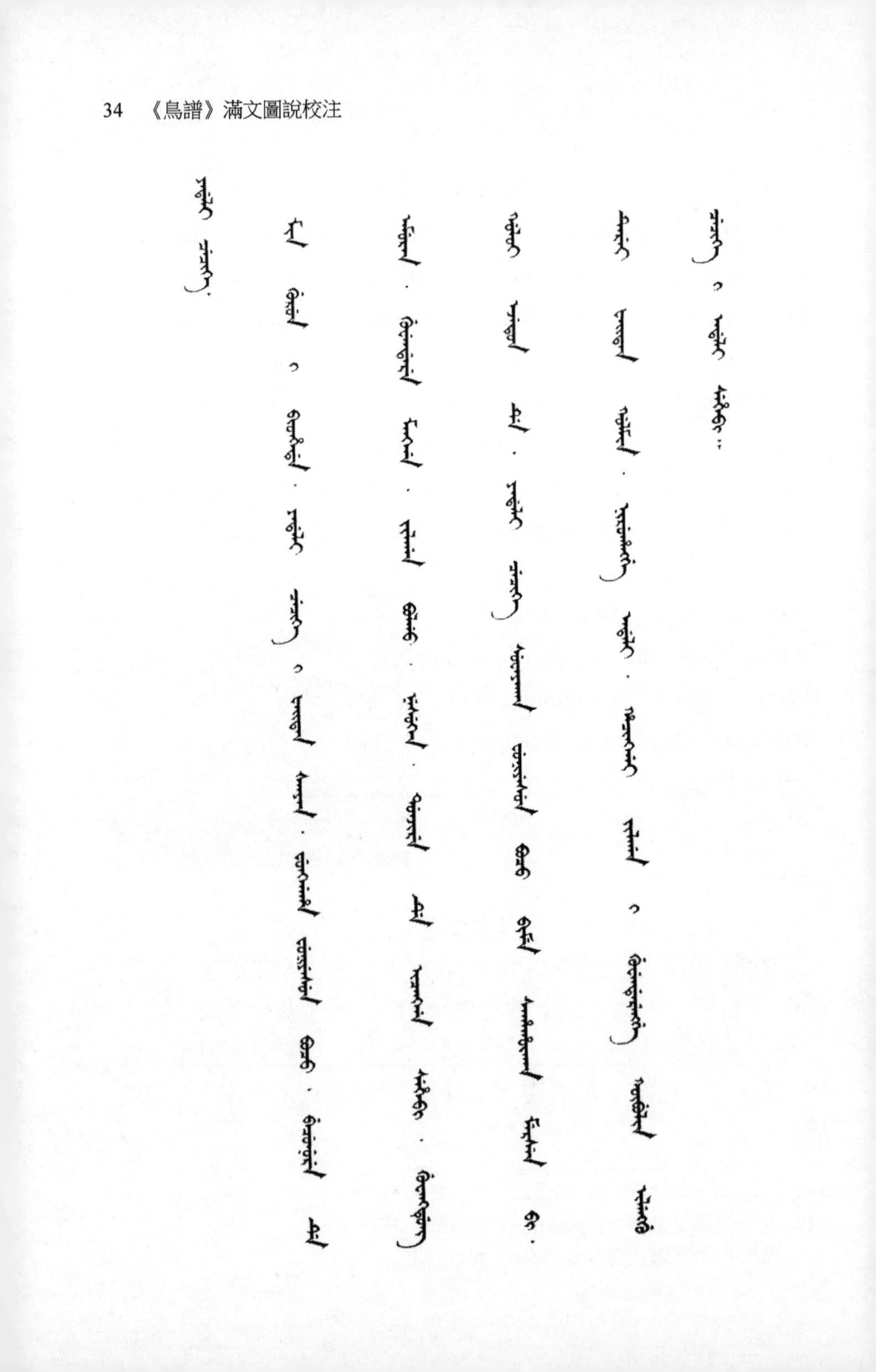

yadali cecike.

min gurun i bithede, yadali cecike i faitan šanyan, funggaha funiyesun boco, becunure de amuran, guwendere mangga, jilgan bolgo, nesuken, donjire de icangga sehebi. guwangdung goloi ejetun de, yadali cecike suwayakan funiyesun boco bime sahahūkan mersen bi. terei faitan golmin, niruhangge alali, hacinggai jilgan i guwenderengge kūbulin ilenggu cecike i adali sehebi.

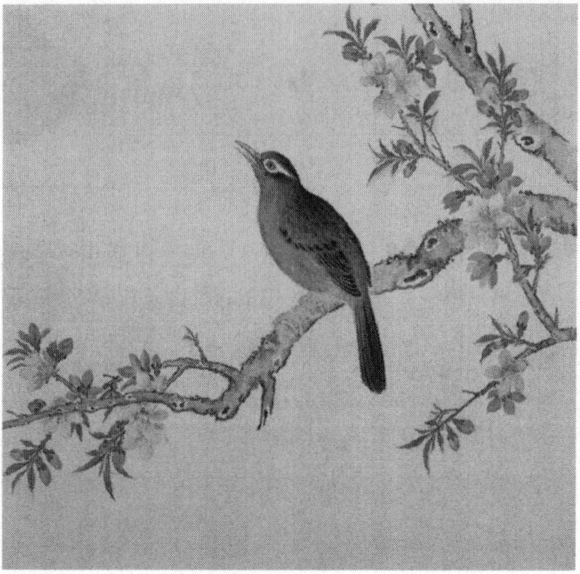

畫眉

《閩書》：畫眉白眉，褐質[16]，好鬥，善鳴，清圓可聽。《粵志》：畫眉黃褐色，有蒼點，其眉長如畫，巧作千聲如百舌[17]。

16 褐質，滿文讀作“funggaha funiyesun boco”，意即「毛褐色」。
17 百舌，滿文讀作“ilenggu cecike”，意即「舌雀」，又稱反舌，以其鳴聲反覆如百鳥之音，故名百舌。

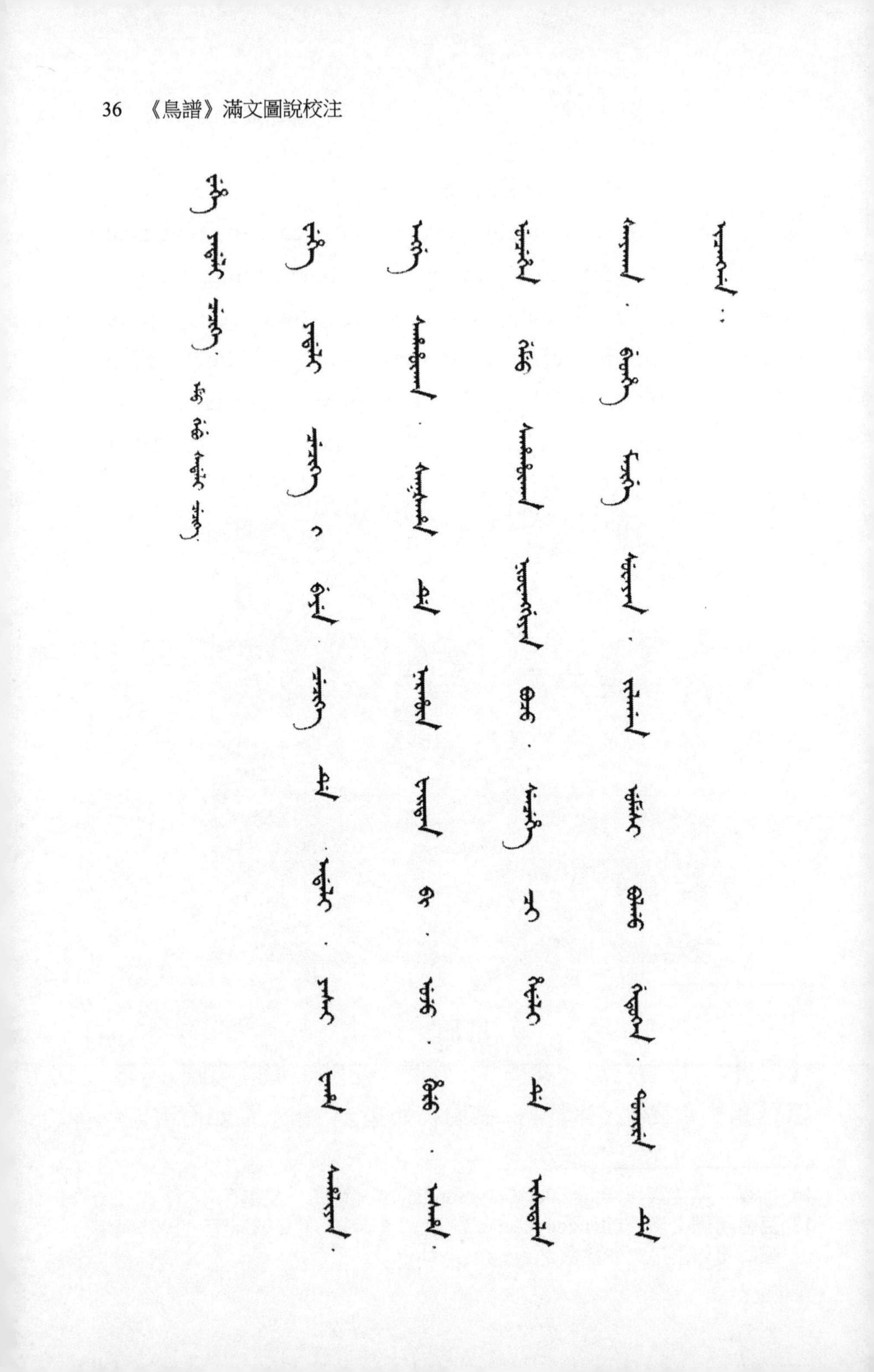

wehe yadali cecike, emu gebu šadali cecike.

wehe yadali cecike i beye, cecike de adali, yasai faha sahaliyan, engge sahahūkan, šakšaha de narhūn faitan bi, uju, huru, asha, uncehen gemu sahahūkan niowanggiyan boco, sencehe ci hefeli de isitala šanyakan, bethe majige suwayan, jilgan umesi bolgo getuken, donjire de icangga.

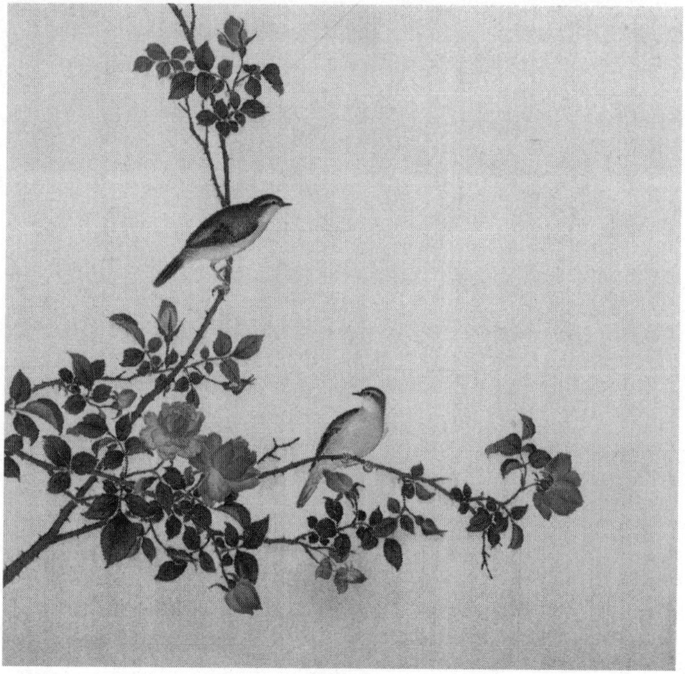

石畫眉，一名白眉

石畫眉，身如雀，黑睛，蒼觜，頰有細眉，頭、背、翅、尾俱蒼綠色，頷至腹淺白，足微黃，聲極清轉可聽[18]。

---

18 清轉可聽，滿文讀作“bolgo getuken, donjire de icangga”，意即「清明順耳可聽」。

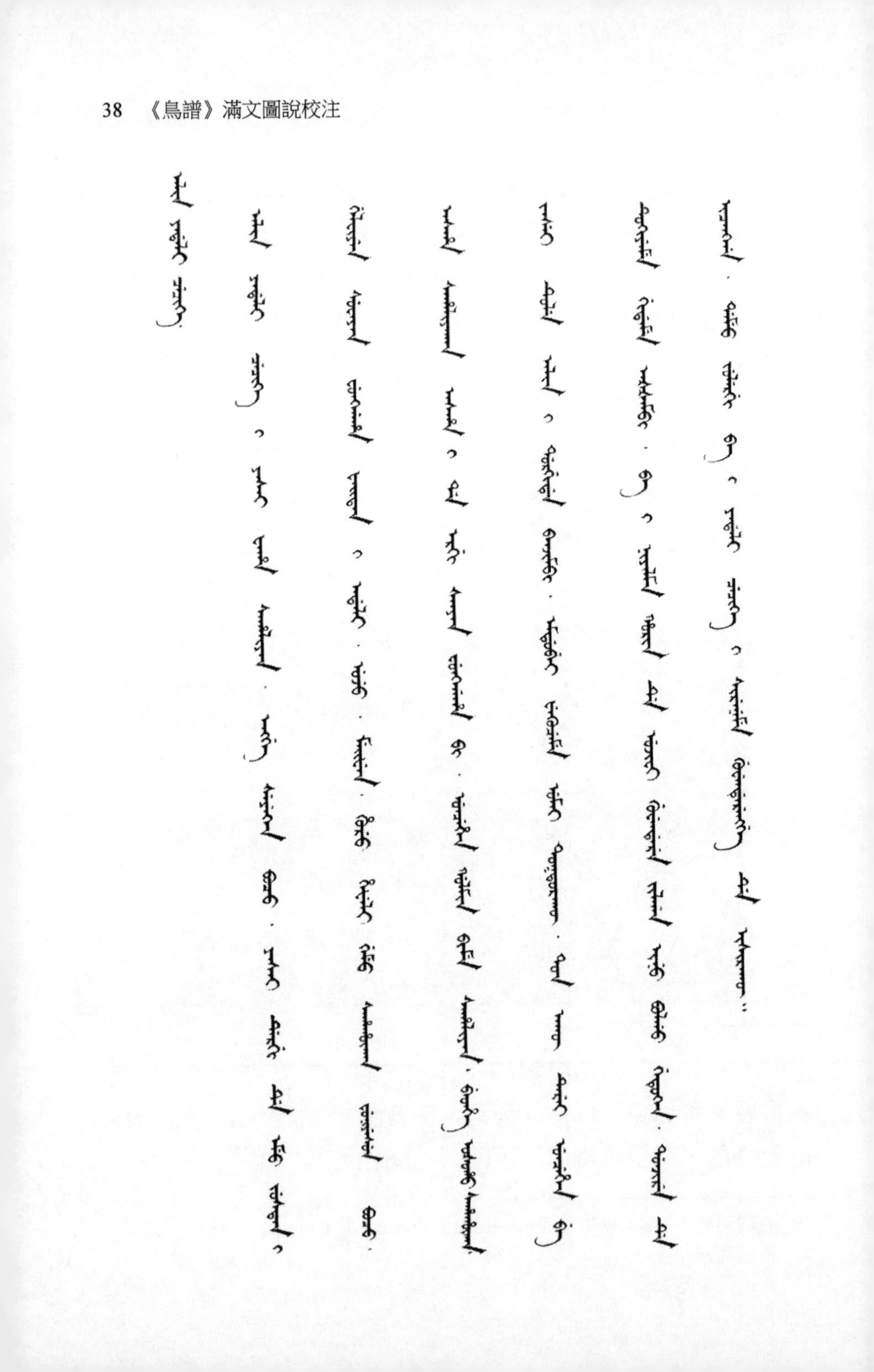

[illegible]

alin yadali cecike.

alin yadali cecike i yasai faha sahaliyan, engge šeyeken boco, yasai dergi de emu justan i gelfiyen suwayan funggaha faitan i adali, uju, meifen, huru, hefeli gemu sahahūkan funiyesun boco, asha sahaliyakan, asha i da ergi šanyan funggaha bi, uncehen golmin bime sahaliyan, bethe, ošoho sahahūkan. jasei tule alin i dorgide banjimbi, emdubei fekuceme umai toktorakū, ton akū terei uncehen be tukiyeme gidame aššambi, ba i niyalma horin de ujifi guwendere jilgan inu bolgo getuken, donjire de icangga, damu julergi ba i yadali cecike i sireneme guwenderengge de isirakū.

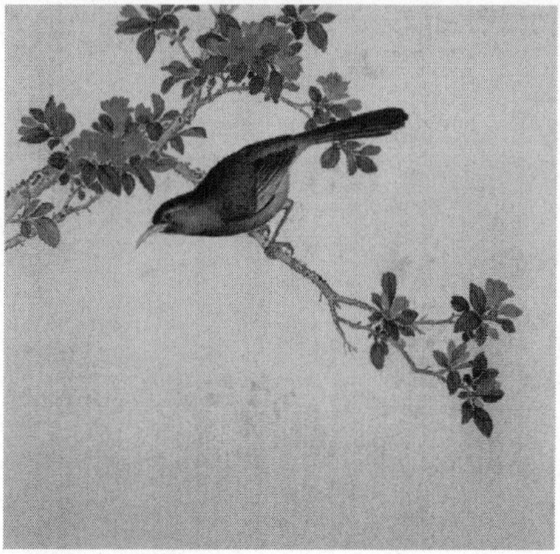

山畫眉

山畫眉，黑睛，玉色觜[19]，目上有淺黃毛一道如眉，頭、頸、背、腹俱蒼褐色，淺黑翅，翅根有白毛，長黑尾，蒼足爪。生於塞外山中，跳躍不定，時低昂其尾，土人籠畜，鳴聲亦圓轉可聽，但不及南畫眉之緜婉耳。

19　玉色觜，滿文讀作“engge šeyeken boco”，意即「略白色觜」。

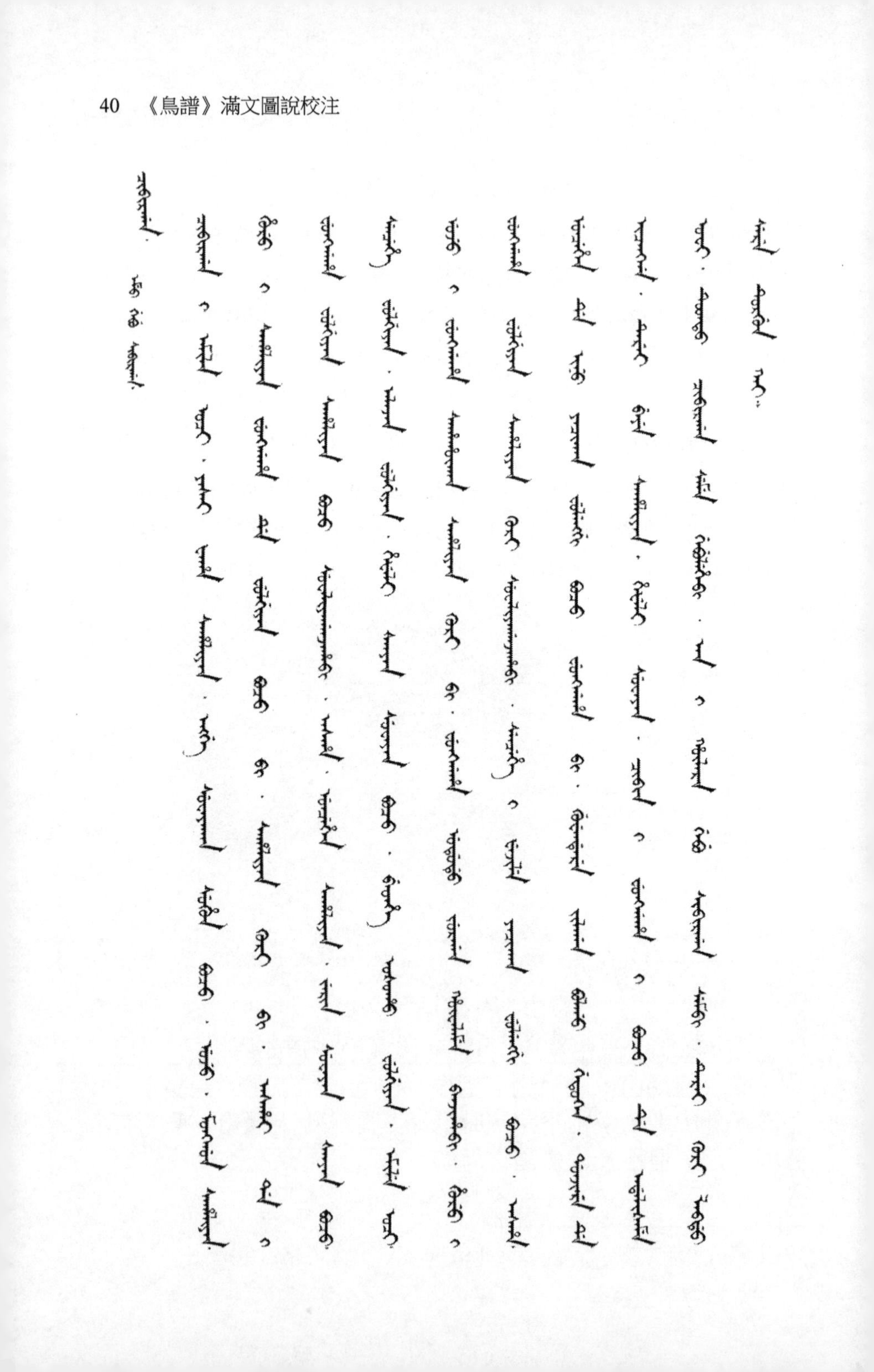

[illegible]

cibirgan, emu gebu sibirgan.

cibirgan i amila oci yasai faha sahaliyan, engge suwayakan suhun boco, uju, monggon sahaliyan, huru i sahaliyan funggaha de fulgiyan boco bi, sahaliyan kuri bi, ashai da i funggaha fulgiyan sahaliyan boco suwaliyaganjahabi, asha, uncehen sahaliyan, jerin suwayan šanyan boco, sencehe fulgiyan, alajan fulgiyan, hefeli šanyan suwayan boco, bethe, ošoho fulgiyan. emile oci uju i funggaha sahahūkan sahaliyan kuri bi, funggaha ududu jurgan hūwalame banjihabi, huru i funggaha fulgiyan sahaliyan kuri suwaliyaganjahabi, sencehe i fejile yacikan fulenggi boco, asha, uncehen de inu yacikan fulenggi boco funggaha bi. guwendere jilgan bolgo getuken, donjire de icangga, terei beye sahaliyan, hefeli suwayan cibin i funggaha i boco de adališame ofi, tuttu cibirgan seme gebulehebi, an i hūlara gebu sibirgan sembi, terei kuri labdu sere turgun kai.

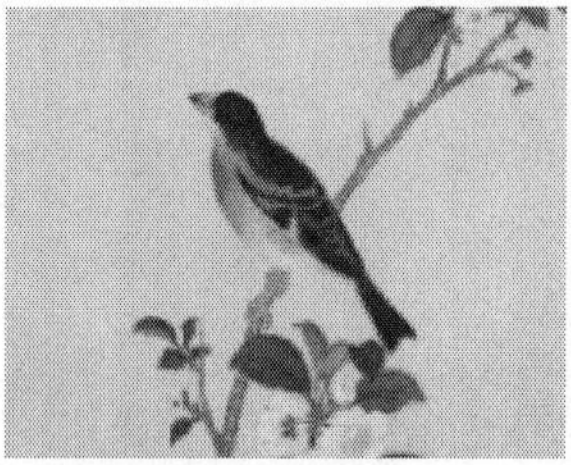

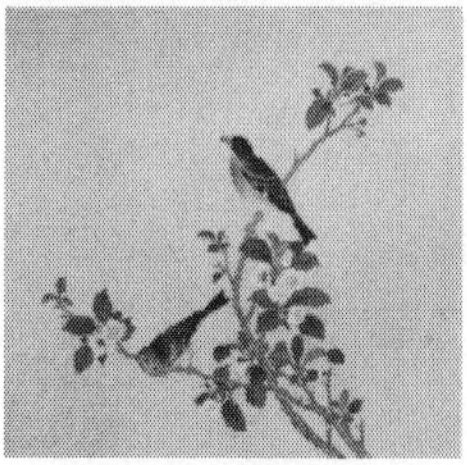

燕雀，一名麻鷯

燕雀，雄者黑睛，米黃觜，黑頂、項，背黑毛帶赤，有黑斑，膊毛赤黑相間，黑翅尾，黃白邊，赤頷，赤臆，白黃腹，赤足爪。雌者頭上蒼質黑斑[20]，毛分數道，背毛赤黑雜斑，頷下青灰色，翅尾亦帶青灰毛。鳴聲圓轉可聽，以其身黑腹黃有似乎燕子毛色，故名燕雀，俗名麻鷯，謂其多斑也。

20 頭上蒼質黑斑，滿文讀作"uju i funggaha sahahūkan sahaliyan kuri bi"，意即「頭毛有蒼黑斑」。

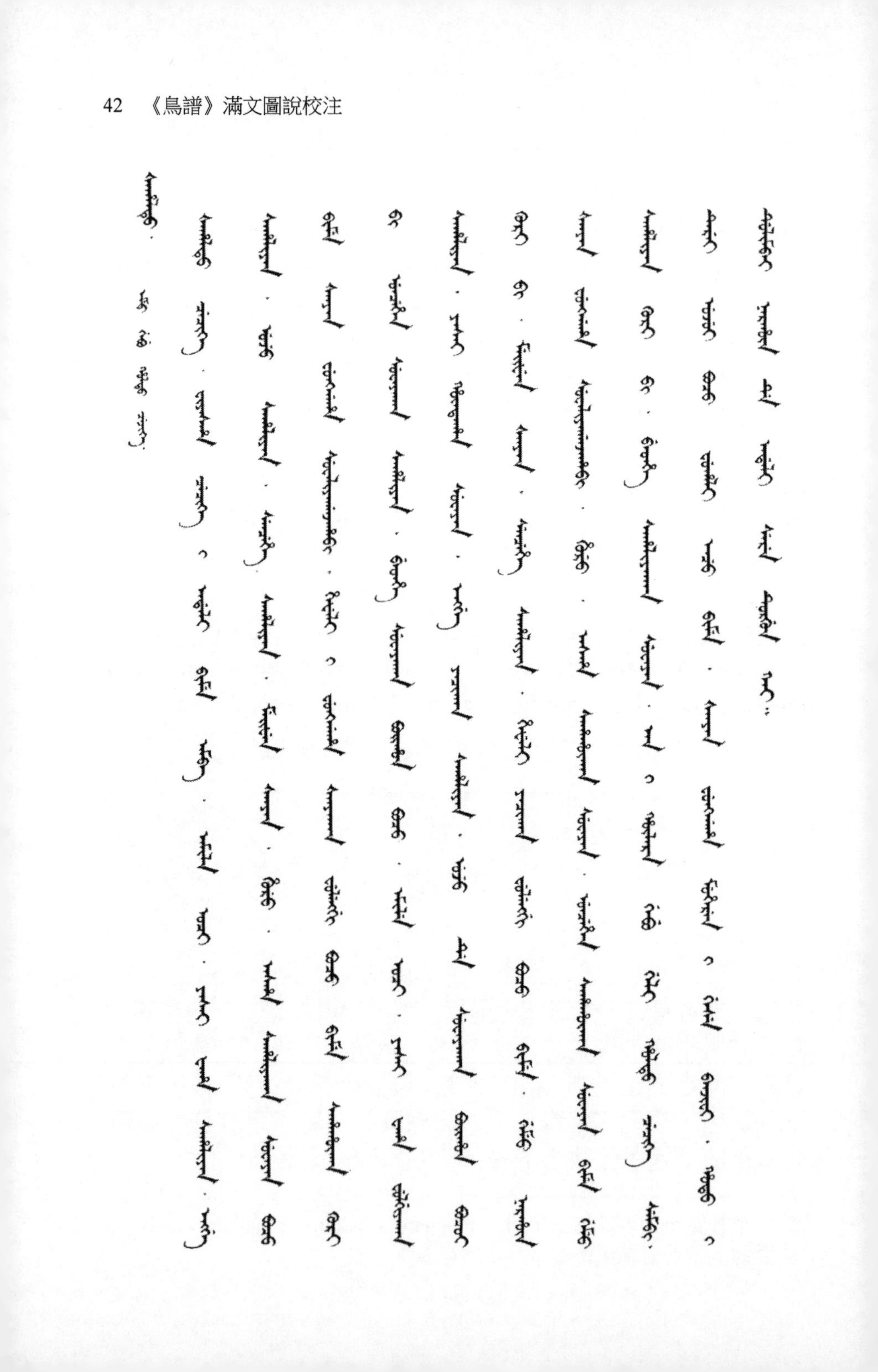

šahaltu, emu gebu holtu cecike.

šahaltu cecike fiyasha cecike i adali bime amba, amila oci, yasai faha sahaliyan, engge sahaliyan, uju sahaliyan, sencehe sahaliyan, meifen šanyan, huru, asha sahaliyakan suwayan boco bime šanyan funggaha suwaliyaganjahabi, hefeli i funggaha šanyakan fulenggi boco bime sahahūkan kuri bi, uncehen suwayakan sahaliyan, bethe suwayakan boihon boco. emile oci, yasai faha fulgiyakan sahaliyan, yasai hūntahan suwayan, engge yacikan sahaliyan, uju de suwayakan boihon bocoi kuri bi, meifen šanyan, sencehe sahaliyan, hefeli yacikan fulenggi boco bime, gemu narhūn šanyan funggaha suwaliyaganjahabi, huru, asha sahahūkan suwayan, uncehen sahahūkan suwayan bime, gemu sahaliyan kuri bi, bethe sahaliyakan suwayan. an i hūlara gebu geli holtu cecike sembi, terei ujui boco fuhali encu bime, šanyan funggaha muheren i gese banjifi, hoto i dulimbai narhūn de adali sere turgun kai.

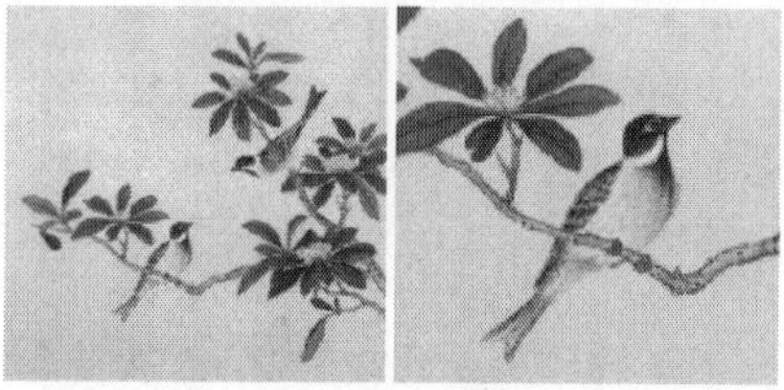

白花雀[21]，一名葫蘆頭

白花雀，似喜雀而大[22]，雄者黑睛，黑觜，黑頭，黑頷，白項，其背、翅黑黃色間以白毛，腹毛灰白色，有蒼斑，黃黑尾，土黃足。雌者，赤黑睛，黃眶，青黑觜，頭有土黃斑，白項，黑頷，青灰腹，俱雜以細白毛，蒼黃背翅，蒼黃尾，俱有黑斑，黑黃足。俗又名葫蘆頭，以其頭色獨異，且白毛若環，有似葫蘆腰約也[23]。

21 白花雀，新滿文讀作"sahaltu cecike"，此作"šahaltu"，異。
22 喜雀，滿文讀作"fiyasha cecike"，意即「家雀」，又作「嘉雀」，「喜」，當作「嘉」。
23 腰約，滿文讀作"dulimbai narhūn"，意即「中細」。

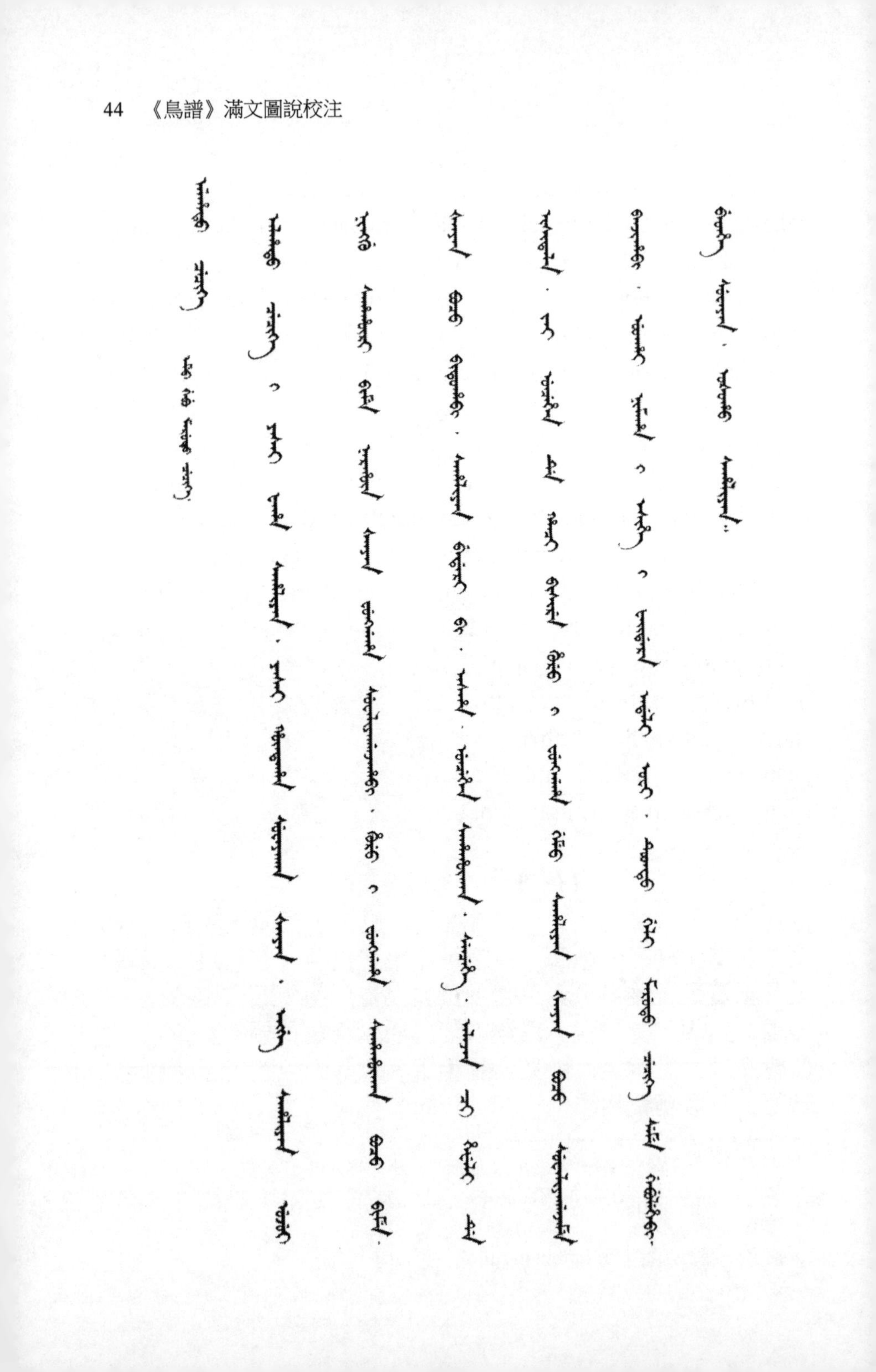

alhatu cecike, emu gebu marutu cecike.

alhatu cecike i yasai faha sahaliyan, yasai hūntahan suwayakan šanyan, engge sahaliyan, ujui ninggu sahahūri bime narhūn šanyan funggaha suwaliyaganjahabi, huru i funggaha sahahūkan boco bime šanyan boco bituhabi, sahaliyan bederi bi, asha, uncehen sahahūkan, sencehe, alajan ci hefeli de isitala, jai uncehen de hanci bisire huru i funggaha, gemu sahaliyan šanyan boco suwaliyaganjame banjihabi, uthai nimaha i esihe i faidara adali ofi, tuttu geli marutu cecike seme gebulehebi, bethe suwayan, ošoho sahaliyan.

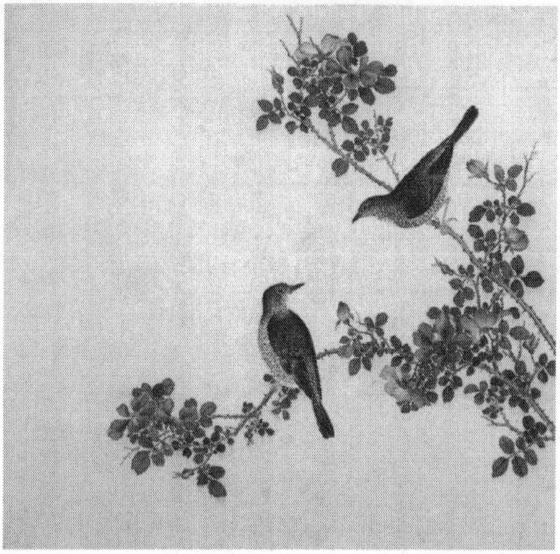

山花雀[24]，一名魚鱗雀

山花雀，黑睛，黃白眶，黑觜，頭上蒼黑間以細白毛，背毛蒼質白緣，黑斑，蒼翅尾，頷、臆至腹下及近尾背毛，俱黑白相間，如魚鱗連比，故亦名魚鱗雀，黃足，黑爪。

24 山花雀，滿文讀作“alhatu cecike”，意即「有花紋的雀」，或「花花斑斑的雀」。

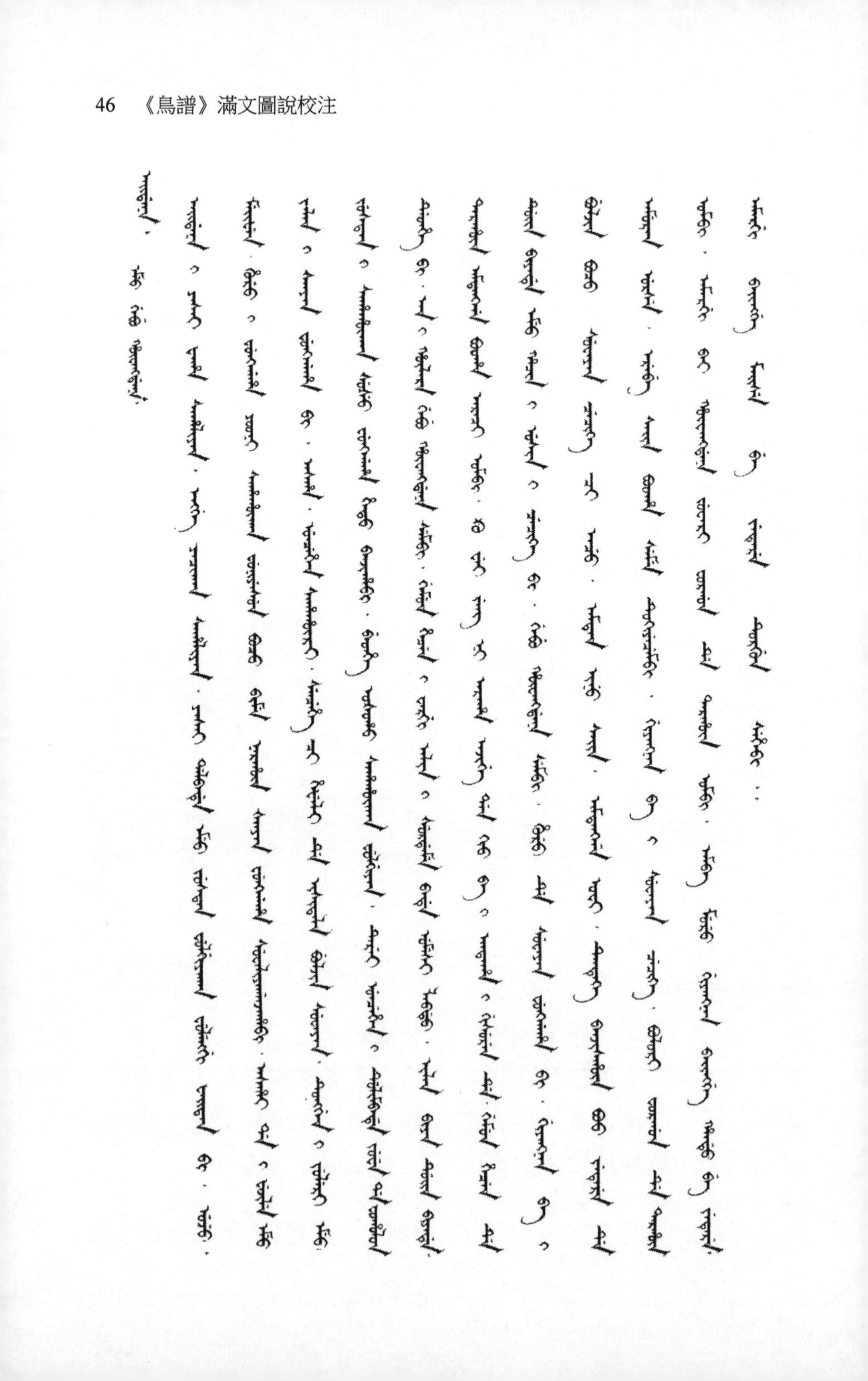

[illegible]

aidana, emu gebu hūwangdana.

aidana i yasai faha sahaliyan, engge yacikan sahaliyan, yasai dalbade emu justan fulgiyakan fulenggi faitan bi, uju, meifen, huru i funggaha yooni sahahūkan funiyesun boco bime narhūn šanyan funggaha suwaliyaganjahabi, ashai da i fejile emu jalan i šanyan funggaha bi, asha, uncehen sahahūri, sencehe ci hefeli de isitala buljin suwayan, tunggen i juleri emu justan i sahahūkan šušu funggaha hetu banjihabi, bethe, ošoho sahahūkan fulgiyan, terei uncehen i dulimbade juwe da foholon dethe bi. an i hūlara gebu hūwangdana sembi. gemun hecen i wargi alin i šurdeme bade umesi labdu, ilan biya duin biyade tarhūn amtangga booha araci ombi. k'o wei jeng ni araha ajige dan kio ba i antaha i gisuren de, gemun hecen de duin biyade, emu hacin i usin i cecike bi, gebu hūwangdana sembi. huru de suwayan funggaha bi, giyangnan ba i buljin boco, suwayan cecike ci encu, amtan inu sain, amtangga ofi, tenteke banjishūn boo jetere de amuran urse, erebe sain booha seme tukiyecembi. giyangnan ba i suwayan cecike, bolori forgon de tarhūn ombi, amargi bai hūwangdana juwari forgon de tarhūn ombi, amba muru giyangnan baingge handu be jetere, amargi bainggie maise be jetere turgun sehebi.

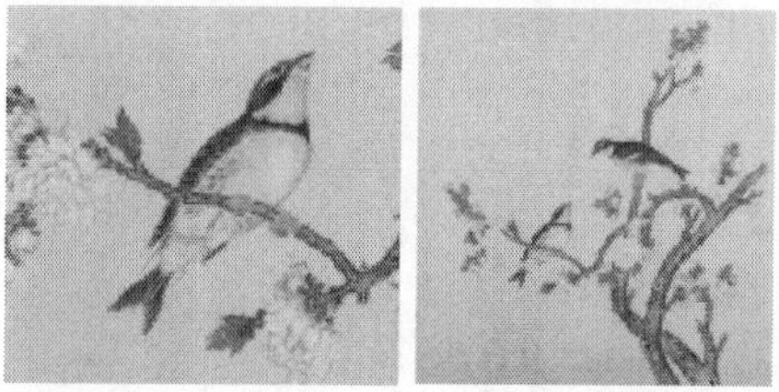

金雀，一名黃鴡

金雀，黑睛，青黑觜，眼旁有灰紅眉一道，頭、項、背毛俱蒼褐色雜細白毛，膊下白毛一節，蒼黑翅尾，頷至腹純黃，臆前界以蒼紫一道[25]，蒼赤足爪，其尾中分兩短岐。俗名黃鴡，京師近西山處極多，三、四月間，肥美可充庖饌。柯維楨《小丹邱客談》云：京師四月間有一種田雀，名曰黃胆，背有黃羽，與江鄉[26]黃雀純色者別，味亦腴美，比之披綿朵頤者侈為珍饌。而江南黃雀以秋而肥，北地黃鴡以夏而肥，疑江南所食者稻，北地所食者麥也。

25 臆前界以蒼紫一道，滿文讀作“tunggen i juleri emu justan i sahahūn šušu funggaha hetu banjihabi”，意即「胸前橫生蒼紫毛一道」。

26 江鄉，滿文讀作“giyangnan”，意即「江南」。

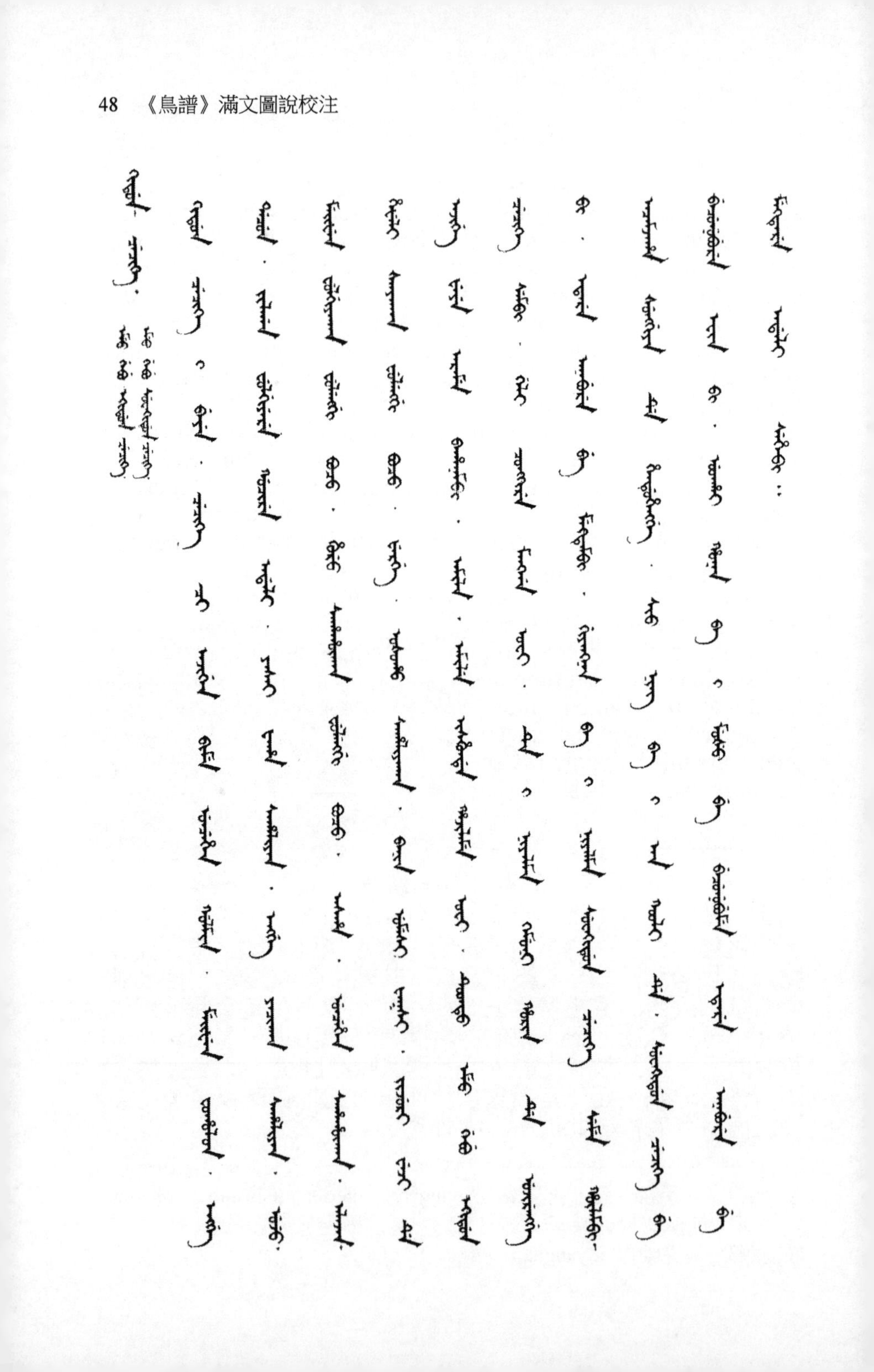

kidun cecike, emu gebu ekidun cecike, emu gebu suwakidun cecike.

kidun cecike i beye, cecike ci ajigen bime uncehen golmin, meifen foholon, engge dacun, jilgan fulgiyere gocire adali, yasai faha sahaliyan, engge yacikan sahaliyan, uju, meifen fulgiyakan fulenggi boco, huru sahahūkan fulenggi boco, asha, uncehen sahahūkan, alajan, hefeli šanyakan fulenggi boco, ferge, ošoho sahaliyakan, banin umesi faksi, jijuri weji de ajige feye arame bahanambi. amila, amile〔emile〕ishunde hajilame ofi, tuttu emu gebu ekidun cecike sembi. geli congkire mangga ofi, te i niyalma kemuni horin de ujirengge bi, etere anabure be mektembi, giyangnan ba i niyalma suwakidun cecike seme hūlambi. acamjaha šunggiya de henduhengge, sio ning ba i an kooli de, suwakidun cecike be becunubure efin bi, uthai honan ba i mušu be becunubume etere anabure be mektere adali sehebi.

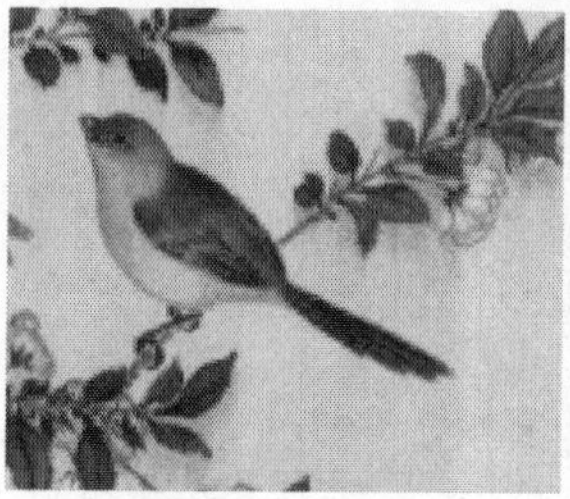

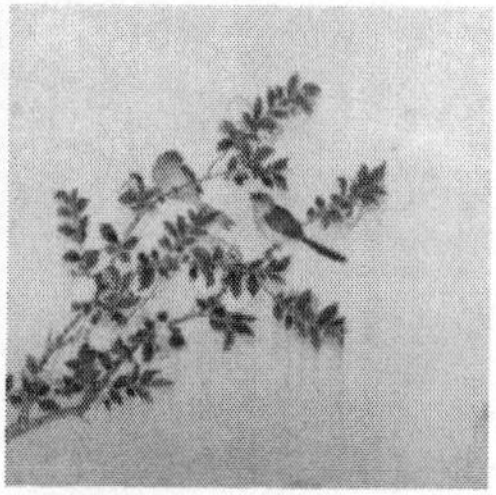

侶鳳逑[27]，一名相思鳥[28]，一名黃頭

侶鳳逑，身小於雀，而長尾短項利喙，聲如吹噓，黑睛，青黑觜，紅灰頭、項，蒼灰背，蒼翅、尾，灰白臆、腹，淺黑趾、爪，性最巧，能為小巢于叢藪間，雌雄相愛，故一名相思鳥。又健鬥，今人多籠畜之以博勝負，江南人呼為黃頭。《彙雅》云：休寧風俗有鬥黃頭之戲，如中州之鬥鵪鶉以博勝負[29]。

27 侶鳳逑，滿文讀作"kidun cecike"，句中"kidun"，意即「思念」，"kidun cecike"，意即「相思鳥」。

28 相思鳥，滿文讀作"ekidun cecike"，意即「侶鳳逑」。

29 中州，滿文讀作"honan ba"，意即「河南地方」。

ᠵᡠᡵᡤᠠᠨ ᡩᡝᠶᡝᠩᡤᡠ ᠴᡝᠴᡳᡴᡝ

ᠵᡠᡵᡤᠠᠨ ᡩᡝᠶᡝᠩᡤᡠ ᠴᡝᠴᡳᡴᡝ᠈ ᠶᠠᠰᠠ ᡳ ᡥᡡᠨᡨᠠᡥᠠᠨ ᠰᠠᡥᠠᠯᡳᠶᠠᠨ᠈ ᡠᠵᡠ ᠰᠠᡥᠠᠯᡳᠶᠠᠨ ᠪᠣᠴᠣ ᠪᡳ᠈

ᡤᡡᠯᡳᠶᠠᠨ᠈ ᠰᡠᡥᡠᠮᡝ ᡠᠨᠴᡝᡥᡝᠨ᠈ ᡶᡠᠯᡤᡳᠶᠠᠨ ᠪᡝᡨᡥᡝ᠈ ᠰᡠᠸᠠᠶᠠᠨ ᠪᠣᠴᠣ ᠰᡝᠮᡝ᠈ ᠴᡝᠴᡳᡴᡝ ᠪᡳ᠈

julergingge kidun cecike.

julergingge kidun cecike i yasai faha sahaliyan, yasai hūntahan šanyan, engge fulgiyan, šakšaha de suwayan faitan bi, sencehe suwayan, alajan fulgiyakan suwayan, uju, meifen sahaliyakan niowanggiyan, huru i boco majige tumin, asha sahaliyan bime, jerin suwayan, uncehen sahaliyan, bethe fulgiyakan suwayan. amila emile asuru ishunde aljarakū, emke be horime, emke be sindaci deyene manggi, uthai bederembi, tuttu ofi, kidun sere gebu bihebi. fugiyan bai buyarame ejehe bithe de, pu ceng ni bade kidun cecike be bahaci, amila emile be emu horin de ujimbi, emke be horimbi, emke be sindambi, udu goro bade genefi inenggi goidaha seme, urunakū songko be baime bederefi, šurdeme deyeme damu hūdukan i dosiki sembi. horin de bisire emke ini amasi bederehe be sabume, inu guwendeme urgunjere adali fekucembi. tomoci ishunde uju be ashai fejile sisimbi, sasari ilicarangge fuhali juru holbun〔holbon〕i adali hajilambi. ming gurun i ye hiyan dzu i araha kidun cecike i fujurun i šutucin de, gasha i amba ici cecike de adali. engge fulgiyan, funggaha niowanggiyan, amila emile juruleme tomome ofi, butaci toktofi juru bahambi. aika emke be sindaci, tanggū ba seme baihanjimbi, kidun cecike seme gebulehengge, cohome ere turgun kai sehebi.

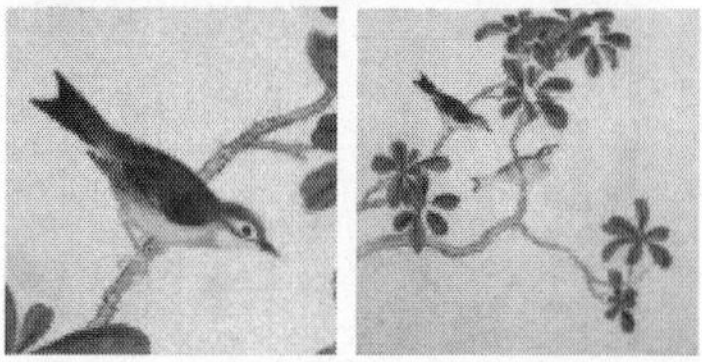

南相思鳥

南相思鳥，黑睛，白眶，赤觜，頰有黃眉，黃頷，赤黃臆，黑綠頂、項，背色稍深，黑翅黃邊，黑尾，赤黃足。雌雄未嘗相離，閉一縱一，飛去輒歸，故有相思之號。《閩小紀》云：浦城得相思鳥，合雌雄一籠，閉一縱一，即遠去久之，必覓道歸，宛轉自求速入。居者於其初歸，亦鳴躍喜接。宿則以首互沒翼中，距立若伉儷之重焉[30]。明葉顯祖〈相思鳥賦〉序云：鳥大如爵[31]，朱味[32]，綠色[33]。雌雄並棲，捕必雙得；如縱其一，百里尋赴，名曰相思，職是之故。

30 距立若伉儷之重焉，滿文讀作“sasari ilicarangge fuhali juru holbon i adali hajilambi”，意即「同立竟若伉儷之親焉」。

31 鳥大如爵，滿文讀作“gasha i amba ici cecike de adali”，意即「鳥大如雀」。

32 朱味，滿文讀作“engge fulgiyan”，意即「赤觜」，或「朱觜」。

33 綠色，滿文讀作“funggaha niowanggiyan”，意即「綠毛」。

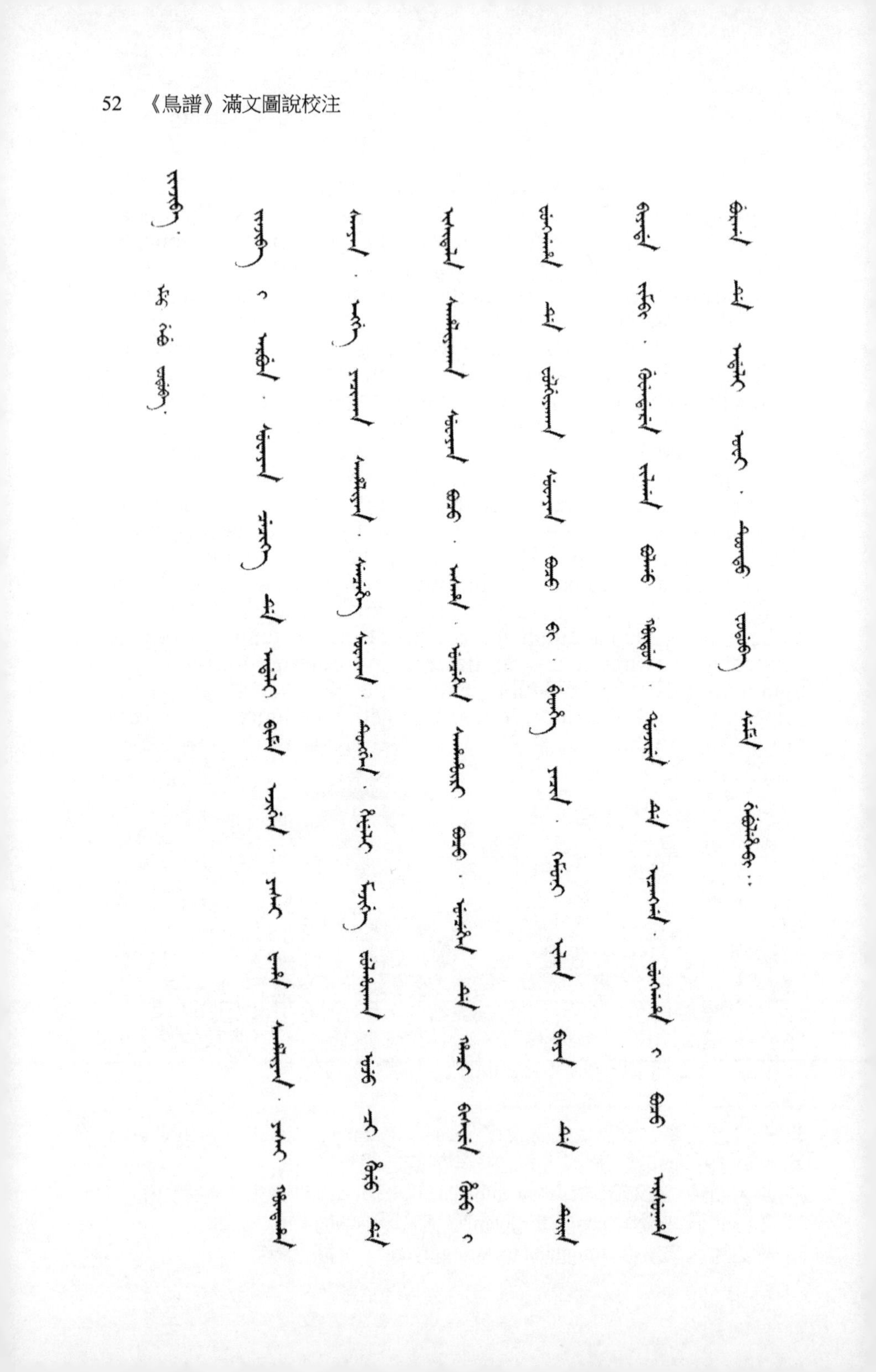

jinjiba, emu gebu fodoba.

jinjiba i arbun suwayan cecike de adali bime ajigen, yasai faha sahaliyan, yasai hūntahan šanyan, engge yacikan sahaliyan, sencehe suwayan, tunggen, hefeli majige fulhūkan, uju ci huru de isitala sahaliyakan suwayan boco, asha, uncehen sahahūri boco, uncehen de hanci bisire huru i funggaha de fulgiyakan suwayan boco bi, bethe yacin. kemuni ilan biya de duin biyade jimbi, guwendere jilgan bolgo hūdun, donjire de icangga, funggaha i boco arsunaha burga de adali ofi, tuttu fodoba seme gebulehebi.

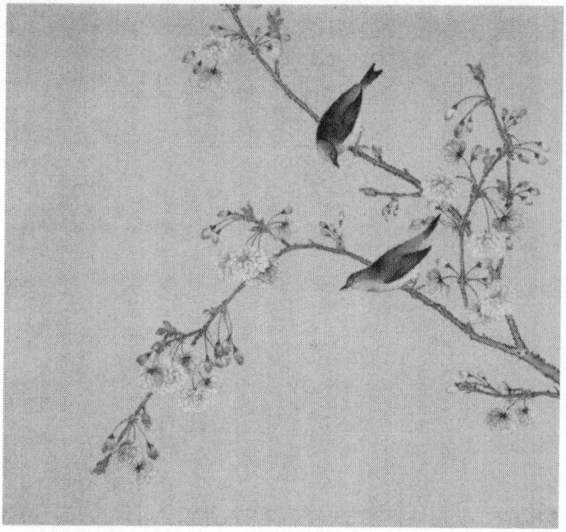

粉眼[34]**，一名柳葉雀**[35]

粉眼，形如黃雀而小，黑睛，白眶，青黑觜，黃頷，胸、腹微紅，頂至背黑黃色，翅、尾蒼黑色，近尾背毛帶赤黃，青足。常以三、四月來，鳴聲清短可聽，毛色與新柳相類，故亦名柳葉雀。

34 粉眼，滿文讀作“jinjiba”，意即「身小的粉眼鳥」。
35 柳葉雀，滿文讀作“fodoba”，意即「柳雀」。

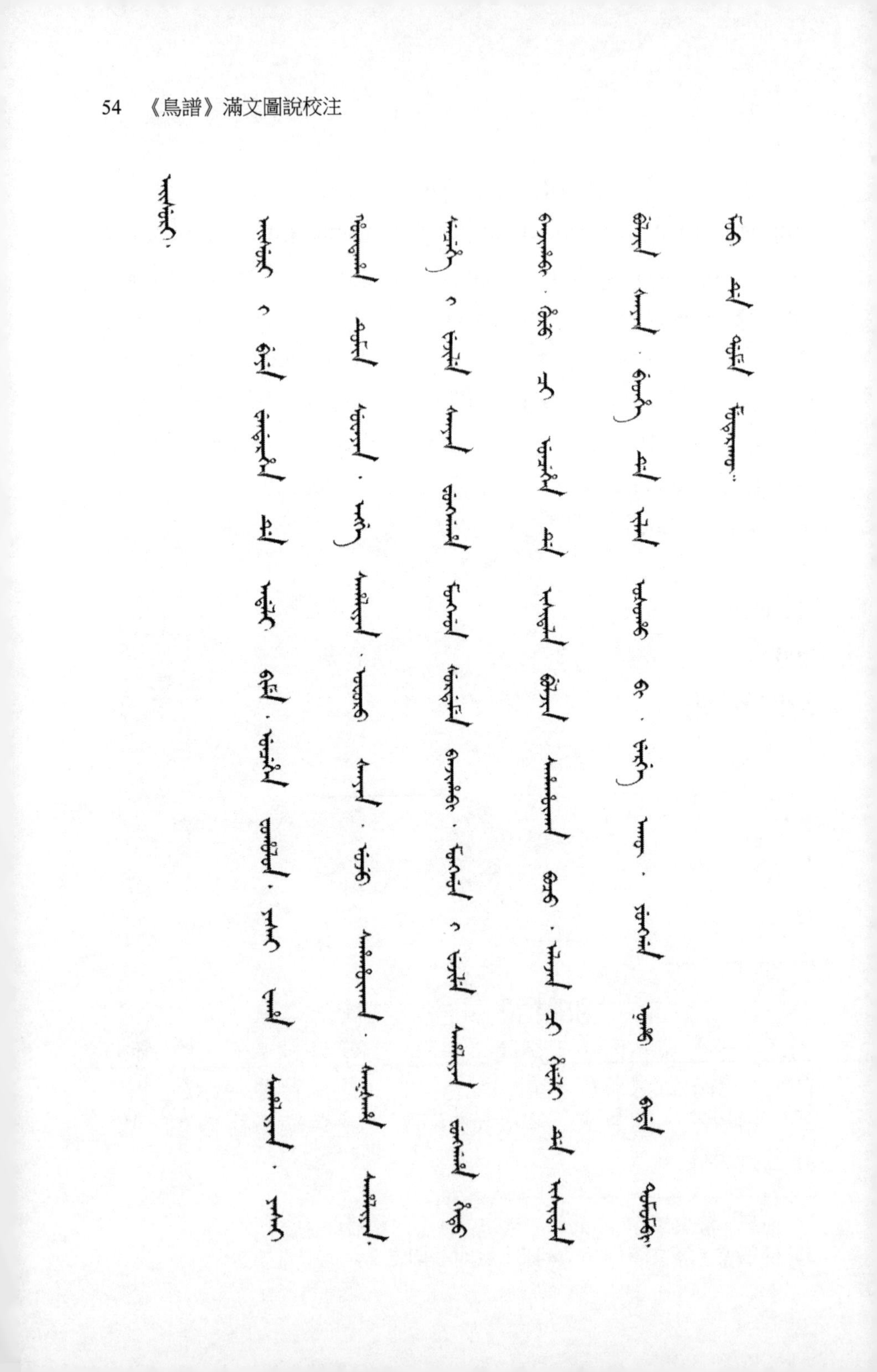

aisuri.

aisuri i beye wenderhen de adali bime, uncehen foholon, yasai faha sahaliyan, yasai hūntahan tumin suwayan, engge sahaliyan, oforo šanyan, uju sahahūkan, šakšaha sahaliyan, sencehe i fejile šanyan funggaha monggon šurdeme banjihabi, monggon i fejile sahaliyan funggaha hetu banjihabi, huru ci uncehen de isitala buljin sahahūkan boco, alajan ci hefeli de isitala buljin šanyan, bethe de ilan ošoho bi, ferge akū, yunggan noho bade tomombi, moo de dome muterakū.

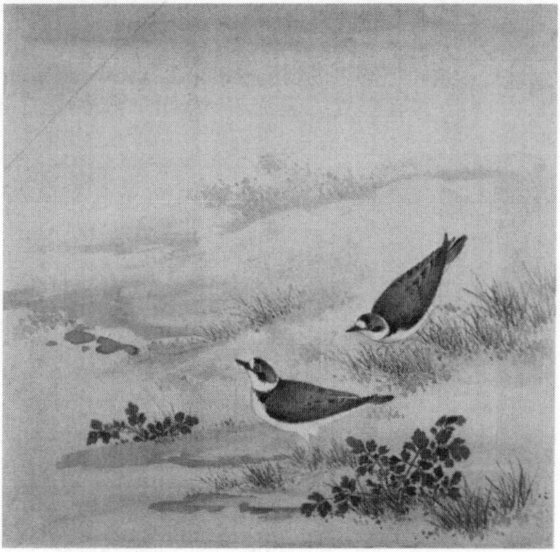

金眼

金眼，身如阿蘭，而尾短，黑睛，深黃眶，黑觜，白鼻，蒼頂[36]，黑頰，頷下白毛環項，項下界以黑毛[37]，背至尾純蒼色，臆至腹純白，足三岐[38]，無後趾，棲止沙地，不能登木。

36 蒼頂，滿文讀作"uju sahahūkan"，意即「蒼頭」。

37 項下界以黑毛，滿文讀作"monggon i fejile sahaliyan funggaha hetu banjihabi"，意即「項下橫生黑毛」。

38 足三岐，滿文讀作"bethe de ilan ošoho bi"，意即「足有三爪」。

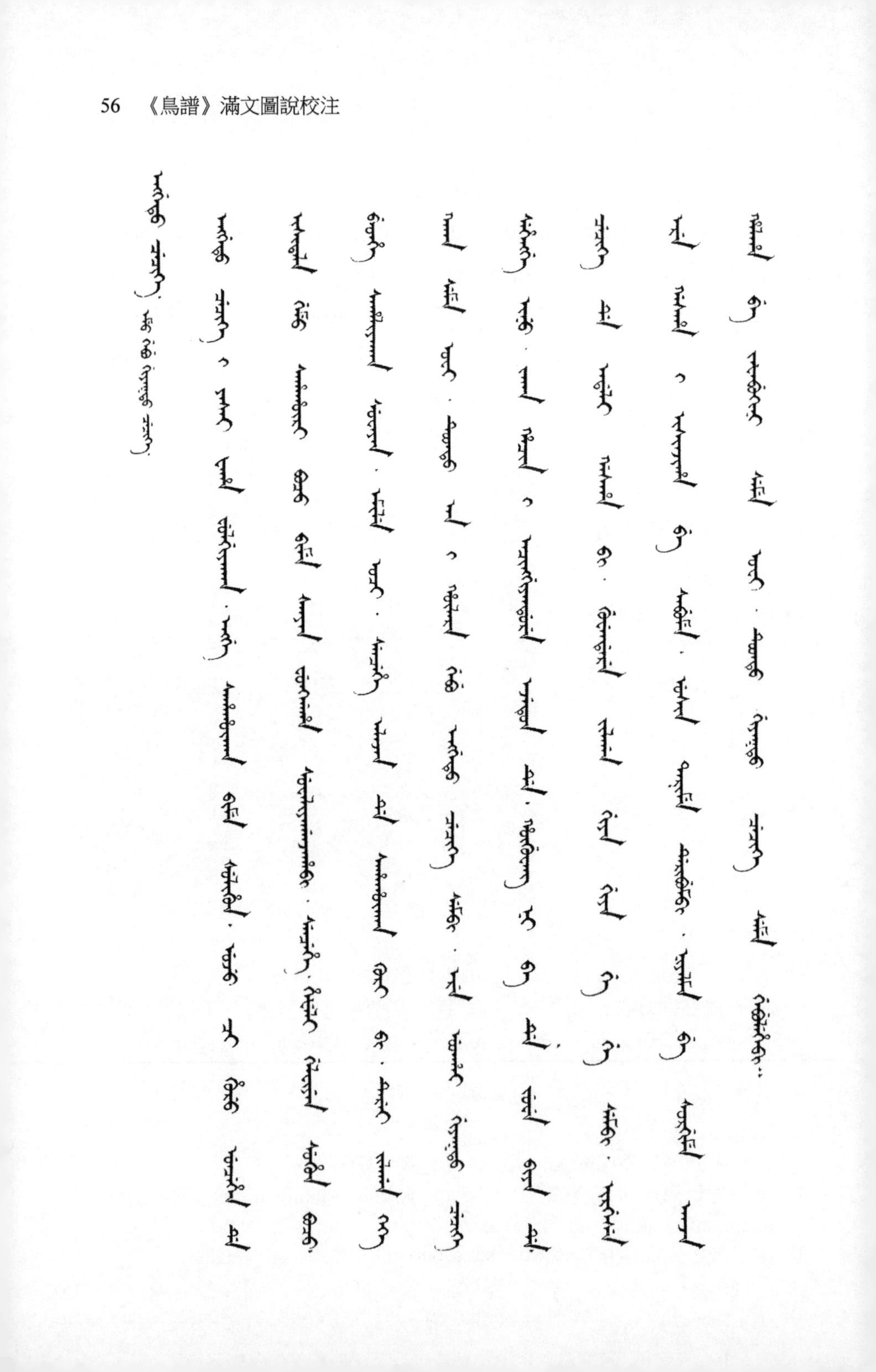

enggetu cecike, emu gebu giyaktu cecike.

enggetu cecike i yasai faha fulgiyakan, engge sahahūkan bime šulihun, uju ci huru, uncehen de isitala gemu sahahūri boco bime šanyan funggaha suwaliyaganjahabi, sencehe, hefeli gelfiyen suhun boco, bethe sahaliyakan suwayan, emile oci, sencehe, alajan de sahahūkan kuri bi, terei jilgan keke kaka seme ofi, tuttu an i hūlara gebu enggetu cecike sembi, ere uthai giyaktu cecike sehengge inu. jaka hacin i acinggiyandure ejetun de, hūguwang ni ba de juwe biya de, cecike de adali gasha bi, guwendere jilgan giya giya ge ge sembi, irgese ere gasha i isinjiha be sabume, usin tarime deribumbi, niyalma be šorgime anja halha be jafabukini seme ofi, tuttu giyaktu cecike seme gebulehebi.

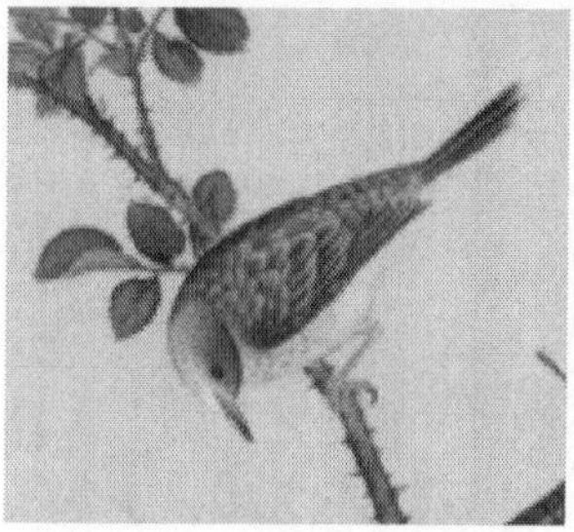

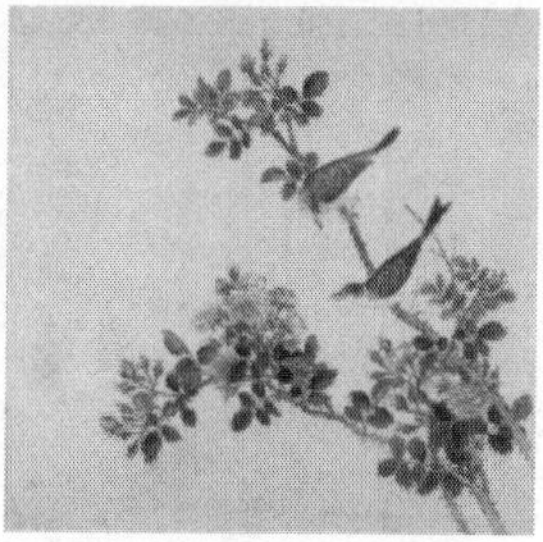

嗝叭鵥，一名架格鳥

嗝叭鵥，淺赤睛，蒼尖喙，頭至背、尾俱蒼黑色，間以白毛，頷、腹淺米色，黑黃足。雌者頷、臆有蒼斑，其聲格格然，故俗名咭叭鵥[39]，即所謂架格鳥也。《物類相感志》云：荊楚之地[40]，二月時，有鳥如雀，鳴聲云架架格格，民候此鳥則入田[41]，以為催人架犁格也[42]，名架格鳥。

39 咭叭鵥，滿文讀作"enggetu cecike"，意即「嗝叭鵥」，此作「咭叭鵥」，異。
40 荊楚之地，滿文讀作"hūguwang ni ba"，意即「湖廣地方」。
41 民候此鳥則入田，滿文讀作"irgese ere gasha i isinjiha be sabume usin tarime deribumbi"，意即「民見此鳥至，則開始種田。」
42 犁格，滿文讀作"anja halhan"，意即「耒耜」，此作"anja halha"，異。

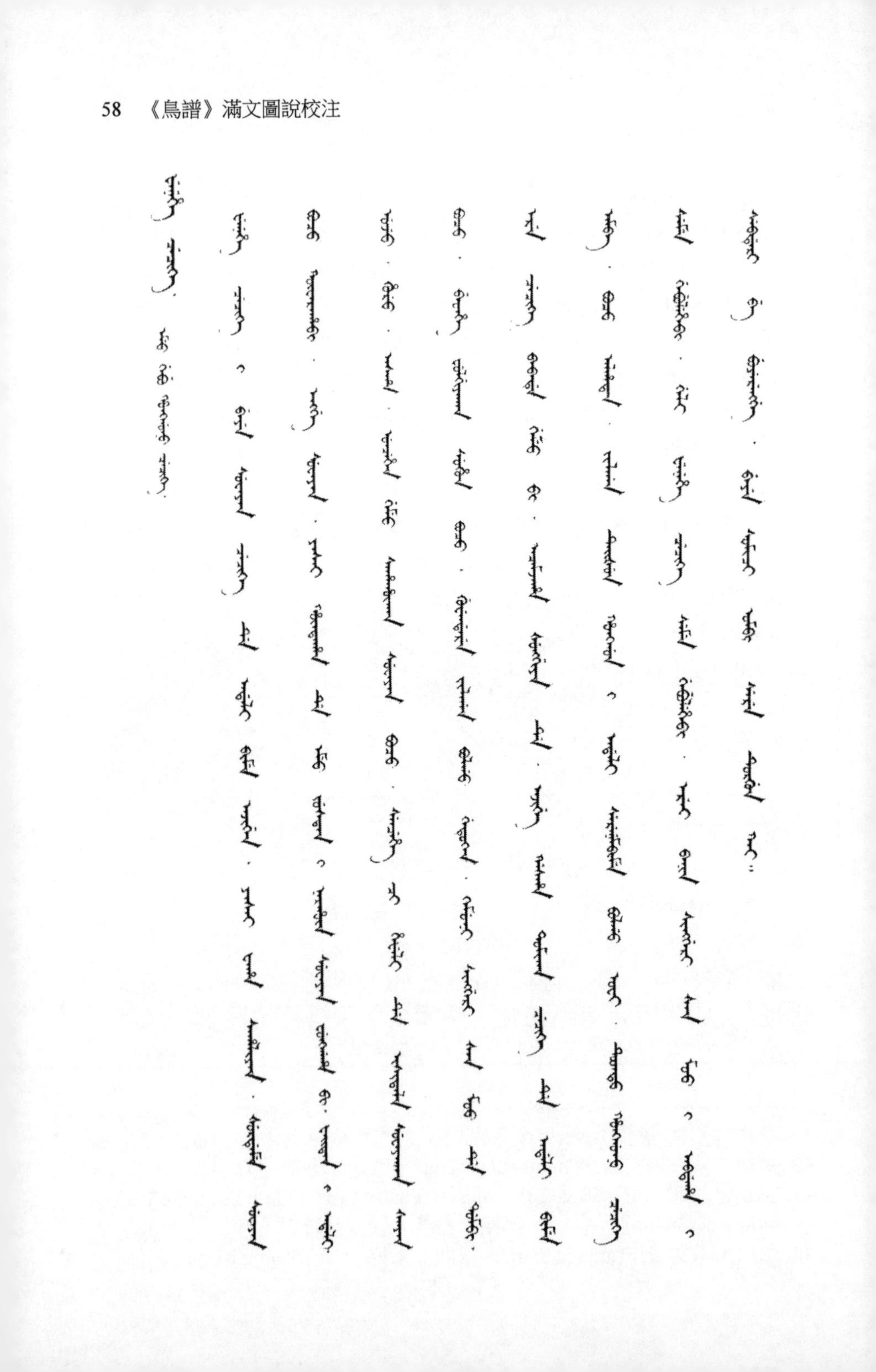

fenehe cecike, emu gebu honggono cecike.

fenehe cecike i beye suwayan cecike de adali bime ajigen, yasai faha sahaliyan, šurdeme suwayan boco kūwarahabi, engge suwayan, yasai hūntahan de emu justan i narhūn suwayan funggaha bi, faitan i adali, uju, huru, asha, uncehen gemu sahahūkan suwayan boco, sencehe ci hefeli de isitala suwayakan šanyan boco, bethe fulgiyakan suhun boco, guwendere jilgan bolgo getuken, kemuni singgeri šan moo de dombi. ere cecike babade gemu bi. acamjaha šunggiya de, ajige gasha tomika cecike de adali bime amba, boco alhata, jilgan teišun honggon i adali serenembime bolgo ofi, tuttu honggono cecike seme gebulehebi, geli fenehe cecike seme gebulehebi, erei banin singgeri šan moo i abdaha i sebderi be buyerengge, beye somici ombi sere turgun kai.

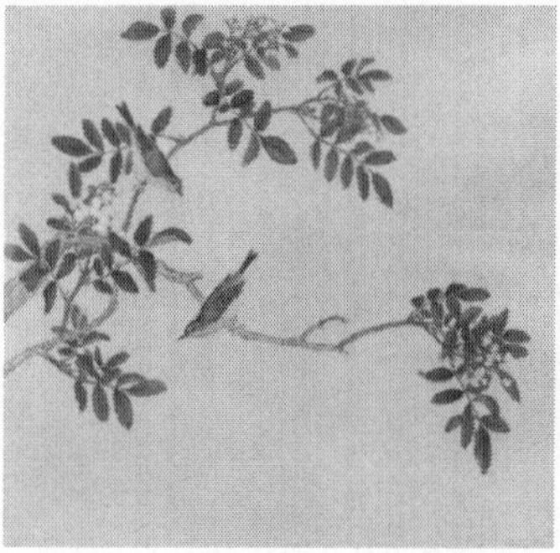

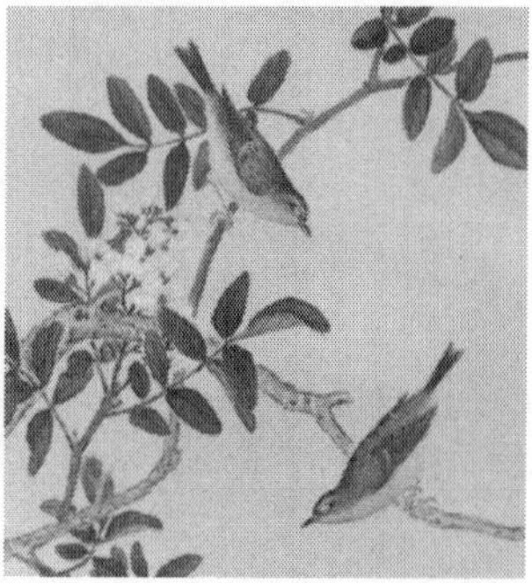

槐串，一名銅鈴

槐串，身如黃雀而小，黑睛黃暈，黃觜，目眶上有細黃道如眉。頭、背、翅、尾俱蒼黃色，頷至腹黃白色，米紅足。鳴聲清轉，常於槐樹依止[43]，是處有之。《彙雅》云：小鳥如桃蟲而大，斑色，音如銅鈴有韻而清，故名銅鈴，亦名槐串，性喜槐之濃陰，可以藏身也。

43 槐樹，滿文讀作"singgeri šan moo"，意即「鼠耳樹」。

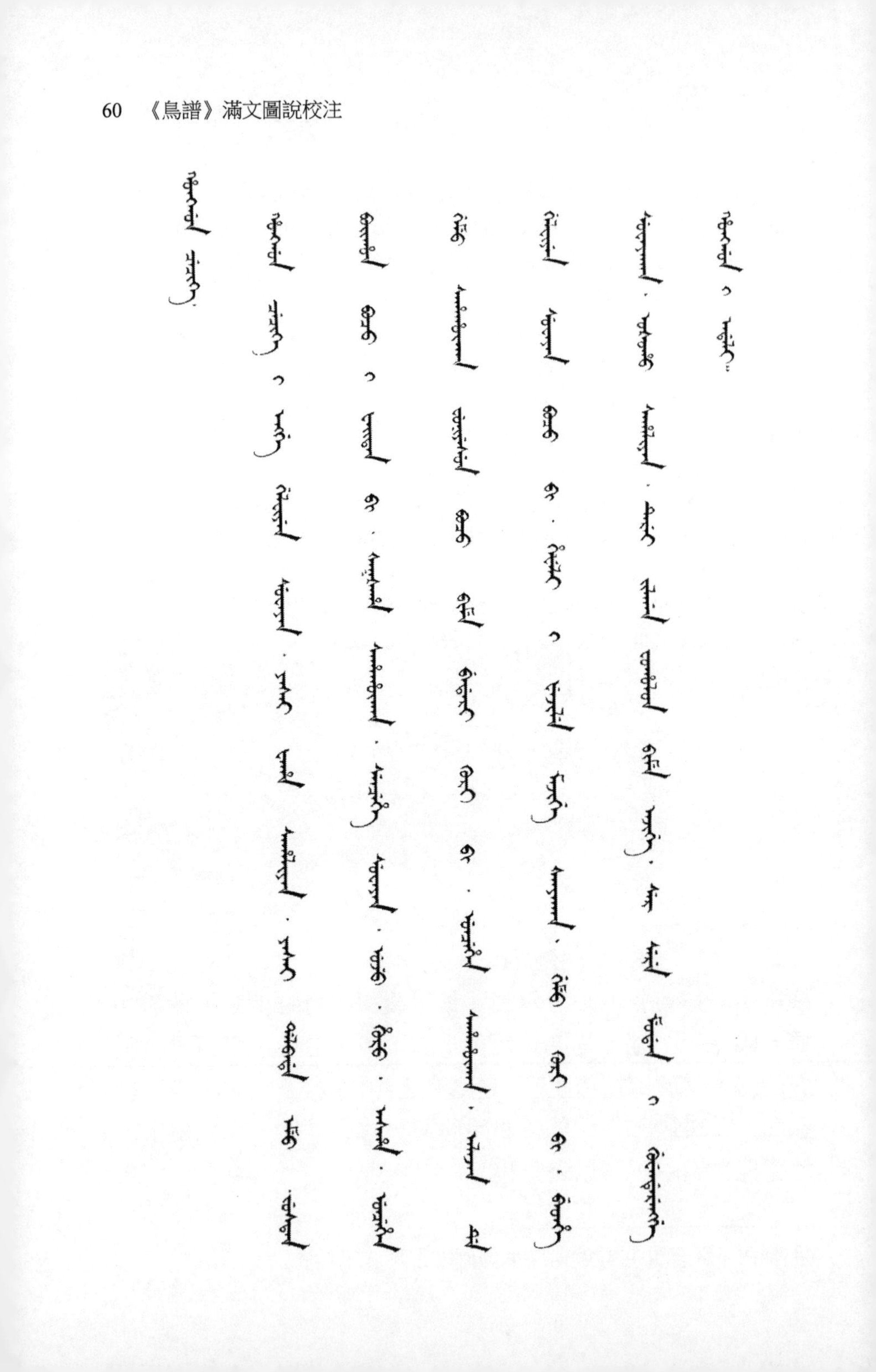

[illegible]

[illegible]

[illegible]

[illegible]

[illegible]

[illegible]

[illegible]

honggon cecike.

honggon cecike i engge gelfiyen suwayan, yasai faha sahaliyan, yasai dalbade emu justan boihon boco i faitan bi, šakšaha sahahūkan, sencehe suwayan, uju, huru, asha, uncehen gemu sahahūkan funiyesun boco bime bederi kuri bi, uncehen sahahūkan, alajan de gelfiyen suwayan boco bi, hefeli i fejile majige šanyakan, gemu kuri bi, bethe suwayakan, ošoho sahaliyan, terei jilgan foholon bime ajige, ser sere mudan i guwenderengge honggon i adali.

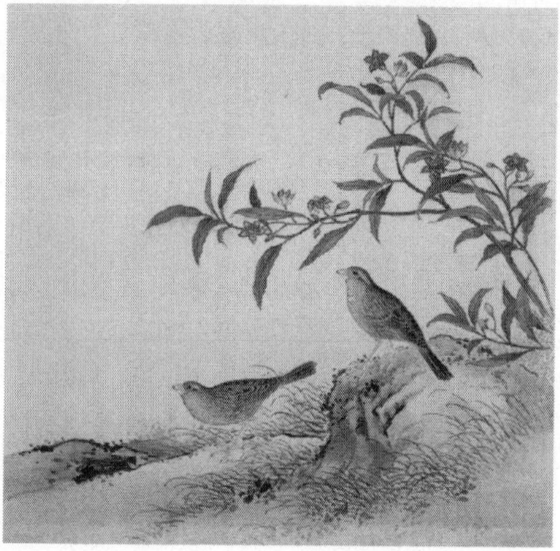

金鈴[44]

金鈴，嫩黃鶺[45]，黑目，目旁有土色眉一道，蒼頰，黃頷，頂[46]、背、翅、尾俱蒼褐，有斑紋，蒼尾，臆帶淺黃，腹下微白，俱有斑，淺黃足，黑爪，其聲短而小，星星如鈴云。

44 金鈴，滿文讀作“honggon cecike”，意即「鈴雀」，因其鳴聲短小如鈴而得名。

45 嫩黃鶺，滿文讀作“engge gelfiyen suwayan”，意即「淺黃鶺」。

46 頂，滿文讀作“uju”，意即「頭」。

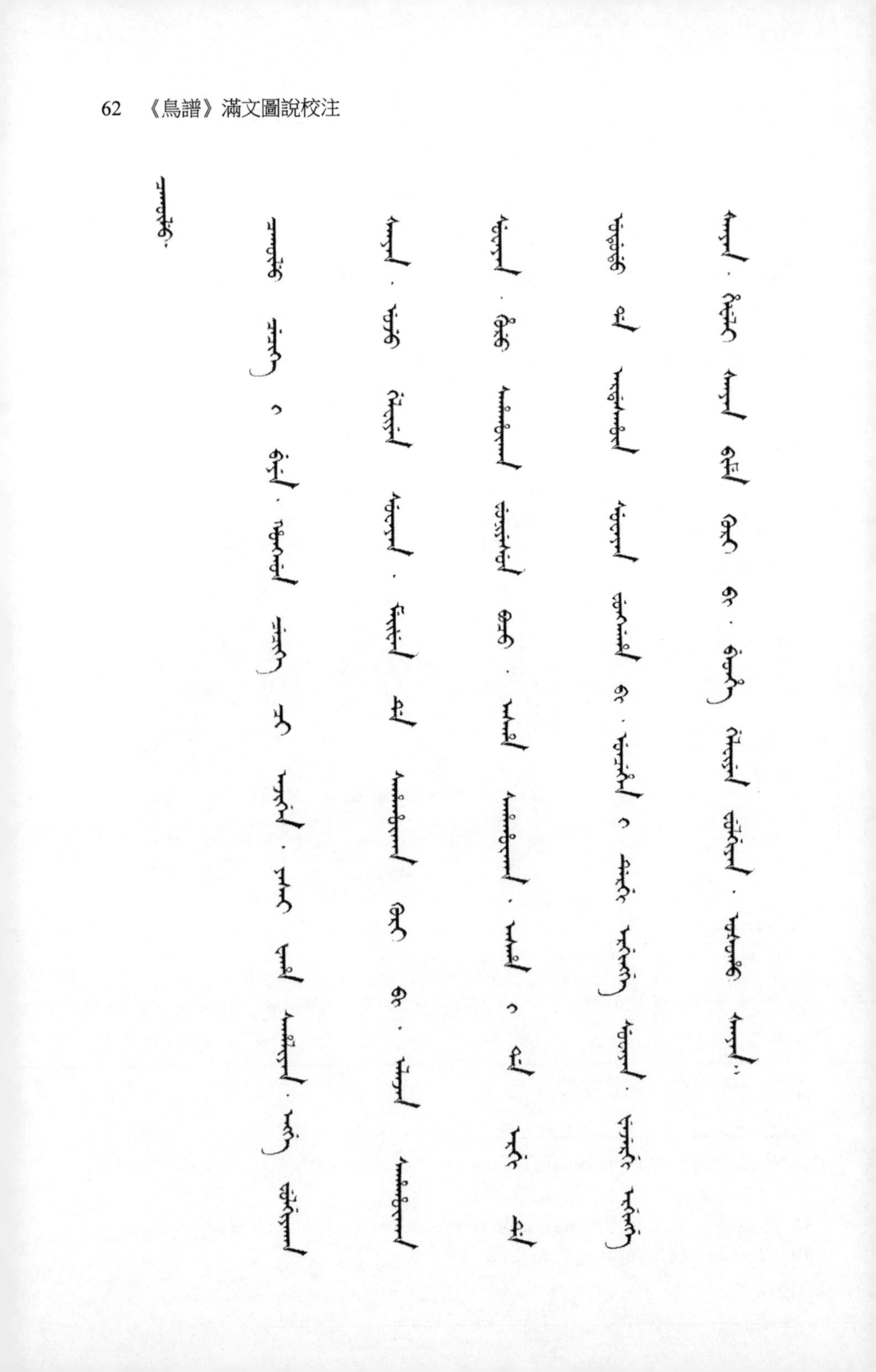

[illegible]

cakūlu.

cakūlu cecike i beye, honggon cecike ci ajigen, yasai faha sahaliyan, engge fulgiyakan šanyan, uju gelfiyen suwayan, meifen de sahahūkan kuri bi, alajan sahahūkan suwayan, huru sahahūkan funiyesun boco, asha sahahūkan, asha i da ergi de ududu da ardashūn suwayan funggaha bi, uncehen i dergi ergingge suwayan, fejergi ergingge šanyan, hefeli šanyan bime kuri bi, bethe gelfiyen fulgiyan, ošoho šanyan.

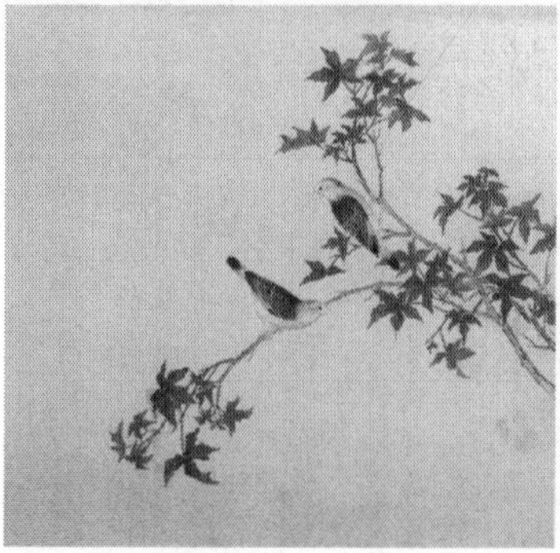

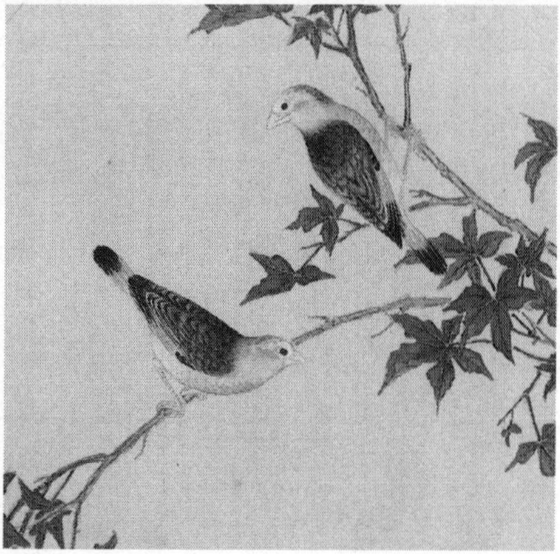

白頭金鈴[47]

白頭金鈴，身小於金鈴，黑睛，紅白觜[48]，淺黃頭，頸有蒼斑，蒼黃臆，蒼褐背，黑翅[49]，翅根有嬌黃毛數莖，尾上黃下白，腹白帶斑，粉紅足[50]，白爪。

47 白頭金鈴，按滿文“cakūlu”，意即「白頭的」，或「白頸的」，“cakūlu cecike”，意即「白頭雀」，白頭金鈴，滿文讀作“cakūlu honggon cecike”，此作“cakūlu”，異。

48 紅白觜，滿文讀作“engge fulgiyakan šanyan”，意即「微紅白觜」。

49 黑翅，滿文讀作“asha sahahūkan”，意即「蒼翅」。

50 粉紅足，滿文讀作“bethe gelfiyen fulgiyan”，意即「淺紅足」。

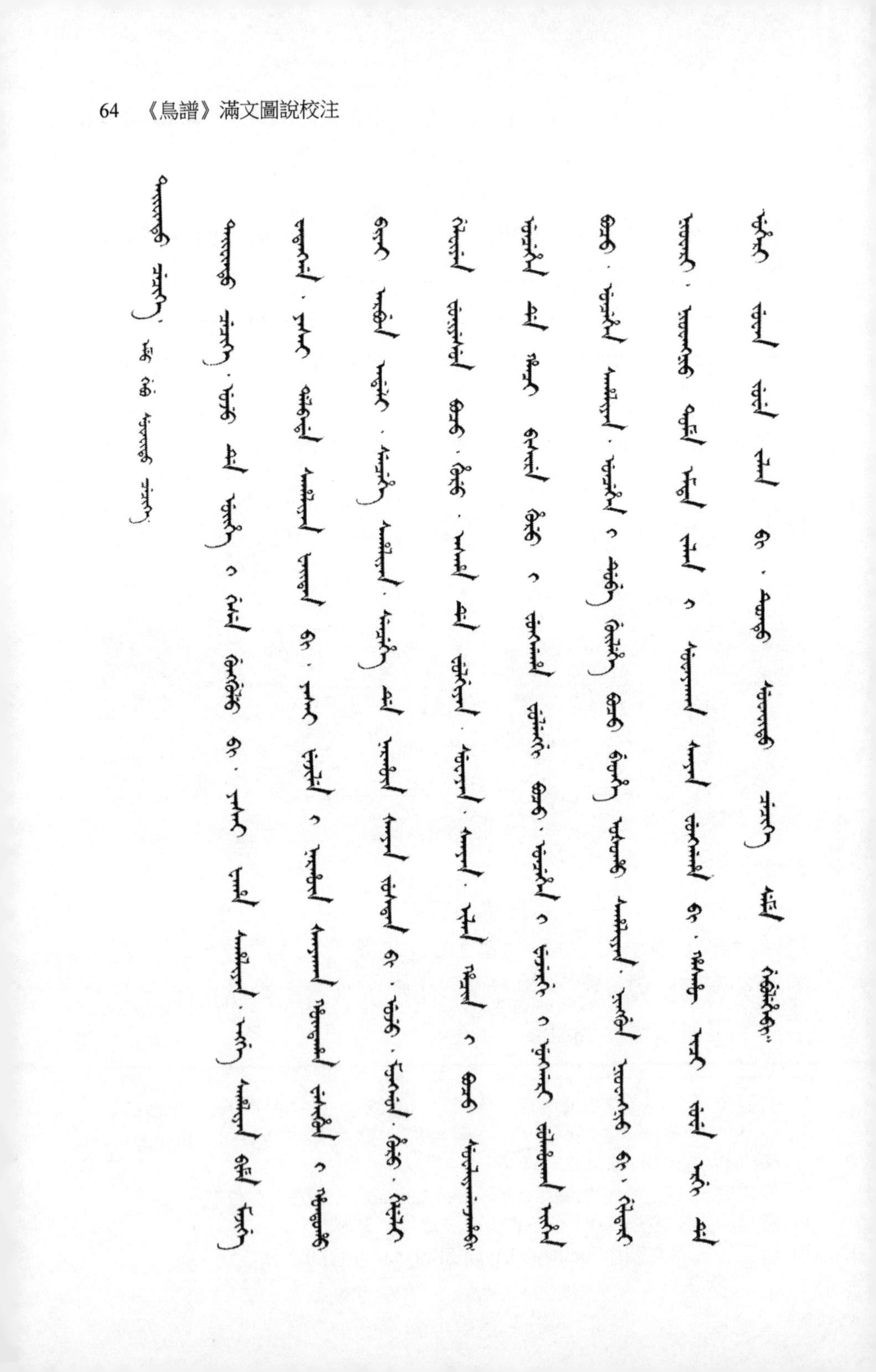

taifintu cecike, emu gebu suwafitu cecike.

taifintu cecike, uju de uihe i gese gunggulu bi, yasai faha sahaliyan, engge sahaliyan bime majige watangga, yasai dalbade sahaliyan faitan bi, yasai fejile i narhūn šanyakan hūntahan wesihun i hontoho biyai arbun adali, sencehe sahaliyan, sencehe de narhūn šanyan justan bi, uju, monggon, huru, hefeli gelfiyen funiyesun boco, huru, asha de fulgiyan, suwayan, šanyan, ilan hacin i boco suwaliyaganjahabi, uncehen de hanci bisire huru i funggaha fulenggi boco, uncehen i fejergi i nunggari fulhūkan eihen boco, uncehen sahaliyan, uncehen i dube guilehe boco, bethe ošoho sahaliyan, ninggun niowangnio bi, giltari niowari, niowangnio tome emte jalan i suwayakan šanyan funggaha bi, hashū ici juwe ergi de uheri juwan juwe jalan bi, tuttu suwafitu cecike seme gebulehebi.

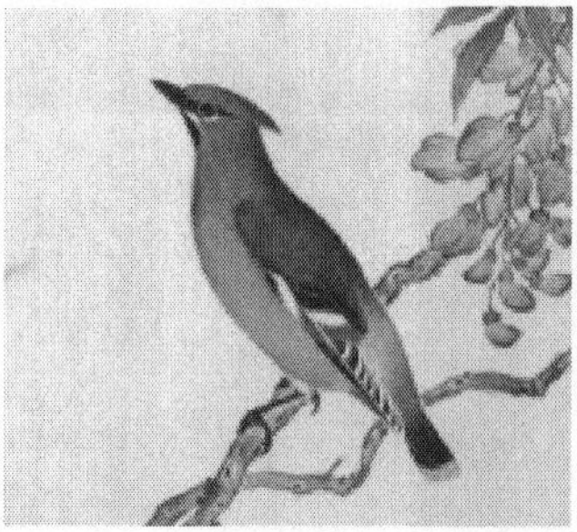

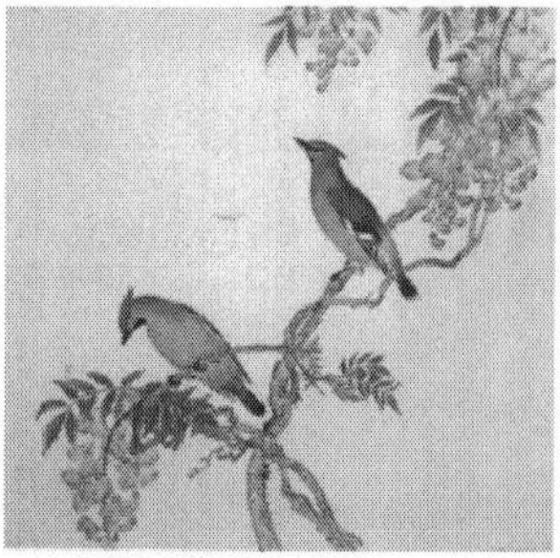

太平雀，一名十二黃[51]

太平雀，頂有角冠，黑睛，黑觜，微勾，目旁有黑眉，目下細白眶如仰月形，黑頷，頷上有細白道，頭、頸、背、腹淺褐色，背、翅間以紅黃白三色，近尾背毛灰色，尾下細毛赭紅色，黑尾，尾尖杏黃，黑足、爪，六翮[52]，毛極光澤，每翮上各有黃白毛一節，合左右有十二節，故名十二黃。

51 十二黃，按滿文“suwafintu cecike”，漢譯作「十二黃」，此作“suwafitu cecike”，異。

52 漢字「翮」，滿文讀作“niongnio”，意即「羽毛的莖」，此作“niowangnio”，異。

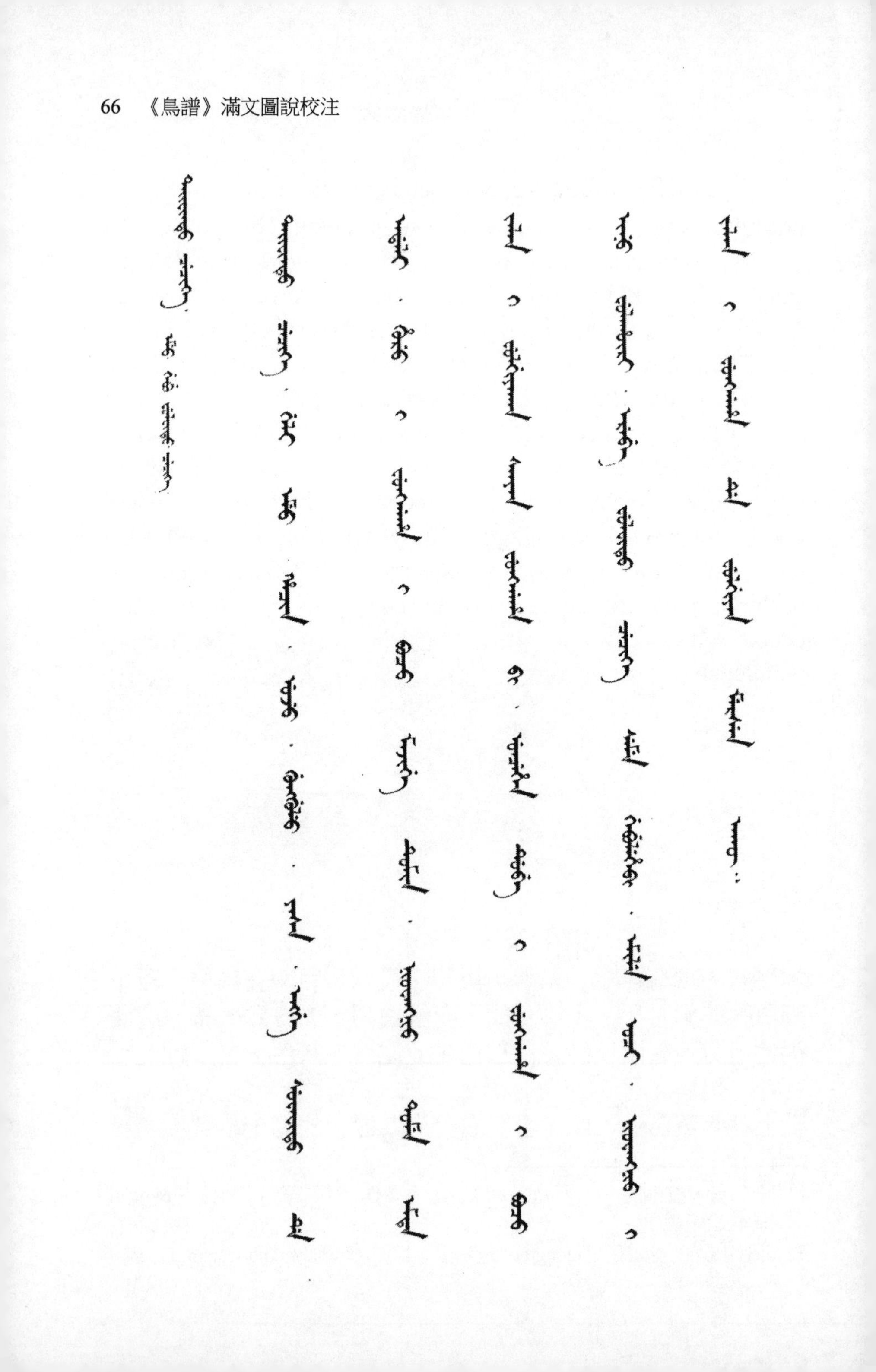

[illegible]

taifintu cecike, emu gebu fulfitu cecike.

taifintu cecike, geli emu hacin, uju, gunggulu, yasa, engge suwafitu de adali, huru i funggaha i boco majige tumin, niowangnio tome emte jalan i fulgiyakan šanyan funggaha bi, uncehen dube i funggaha i boco inu fulahūri, erebe fulfitu cecike seme gebulehebi. emile oci, niowangnio i jalan i funggaha de fulgiyan mersen akū.

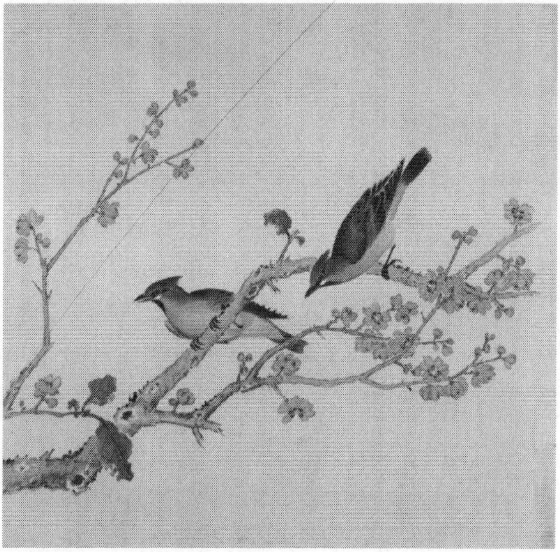

太平雀，一名十二紅[53]

太平雀又一種，頭、角、眼、觜與十二黃相同，背毛色略深，翮上各有紅白毛一節，尾尖色亦鮮紅[54]，名十二紅。其雌者節毛無紅點[55]。

53 十二紅，按滿文“fulfintu cecike”，漢譯作「十二紅」，此作“fulfitu cecike”，異。

54 尾尖色亦鮮紅，滿文讀作“uncehen dube i funggaha i boco inu fulahūri”意即「尾尖毛色亦鮮紅」。

55 雌者節毛無紅點，滿文讀作“emile oci, niowangnio i jalan i funggaha de fulgiyan meršen akū”，意即「雌者翮節之毛無紅點」。

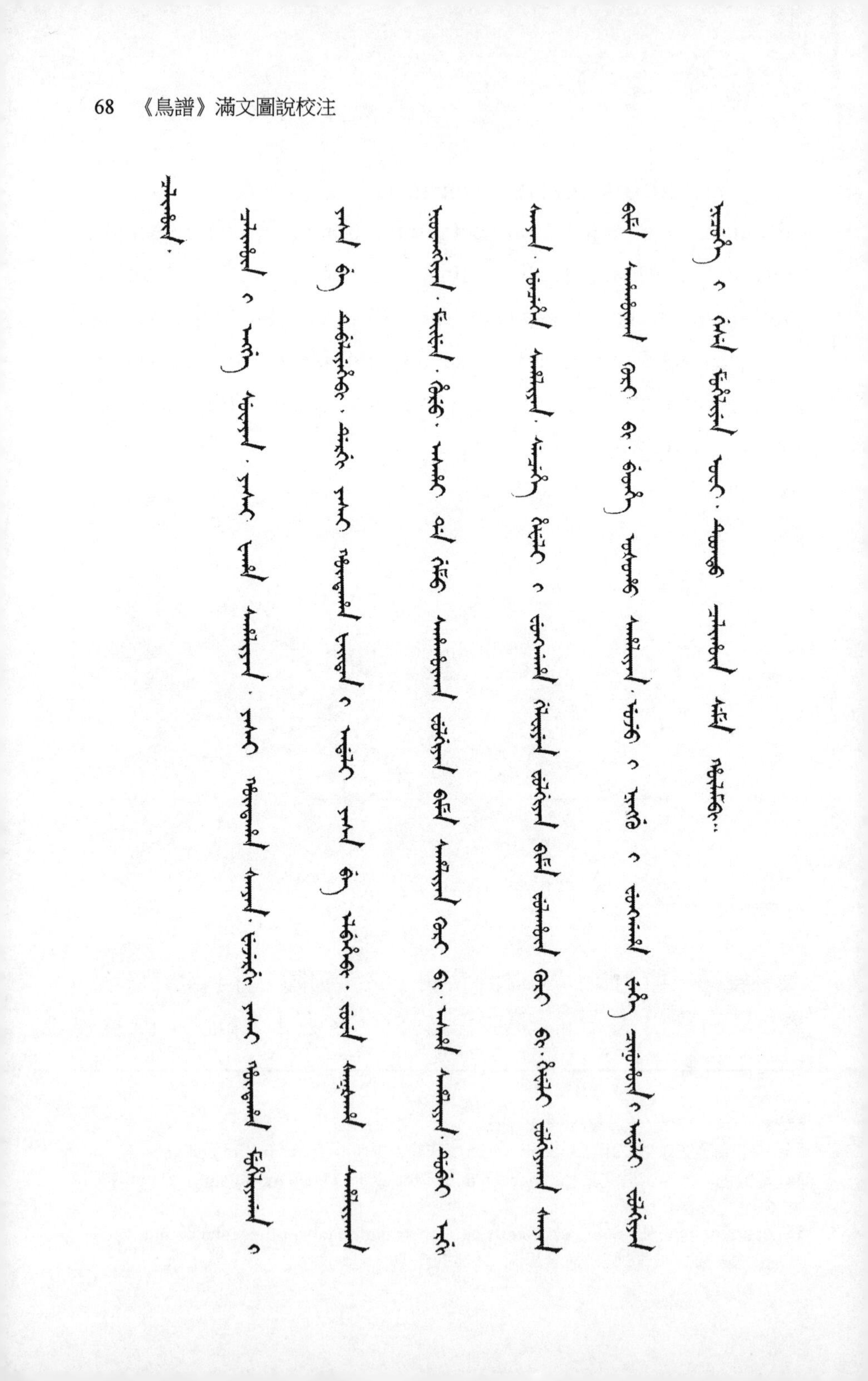

[illegible]

calihūn.

calihūn i engge suwayan, yasai faha sahaliyan, yasai hūntahan šanyan, fejergi yasai hūntahan muheliyaggan i yasa be tebeliyehebi, dergi yasai hūntahan faitan i adali yasa be elbehebi, juwe šakšaha sahaliyakan niowanggiyan, meifen, huru, ashai da gemu sahahūkan fulgiyan bime sahaliyan kuri bi, asha sahaliyan, dubei ergi šanyan, uncehen sahaliyan, sencehe, hefeli i funggaha gelfiyen fulgiyan bime fulahūn kuri bi, hefeli fulgiyakan šanyan bime sahahūkan kuri bi, bethe, ošoho sahaliyan, uju i ninggu i funggaha wehe cinuhūn i adali fulgiyan, nicuhe i gese muheliyen ofi, tuttu calihūn seme hūlambi.

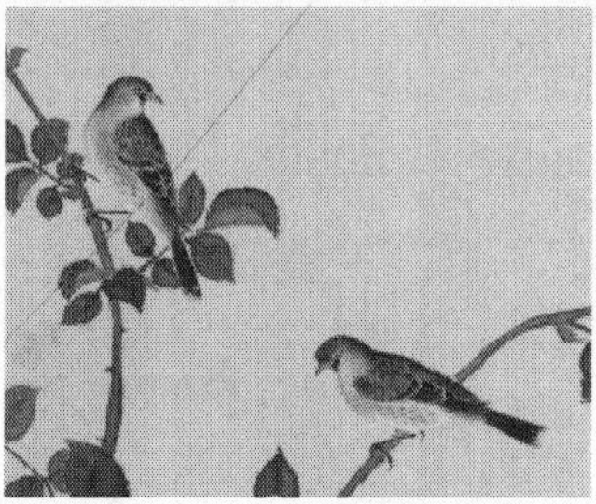
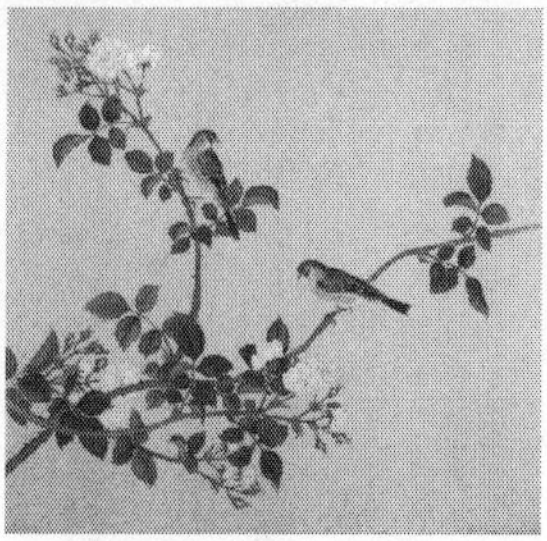

珠頂紅[56]

珠頂紅，黃觜，黑睛，白眶，其眶下圓抱目，上則覆目如眉[57]，兩頰黑綠，項、背、膊俱蒼赤帶黑斑，黑翅，白尖，黑尾，頷、臆粉紅質水紅斑[58]，紅白腹蒼斑，黑足、爪，其頂毛紅如丹[59]，圓如珠，故得珠頂紅之稱。

56 珠頂紅，滿文讀作“calihūn”，意即「紅頭雀」，因其頭圓如珠，故又稱珠頂紅。

57 上則覆目如眉，滿文讀作“dergi yasai hūntahan faitan i adali yasa be elbehebi.”意即「上眶覆目如眉」。

58 頷、臆，滿文讀作“sencehe, hefeli”，意即「頷、腹」，滿漢文義頗有出入。

59 紅如丹，滿文讀作“wehe cinuhūn i adali fulgiyan”，意即「紅如硃砂」，或「紅如丹砂」。

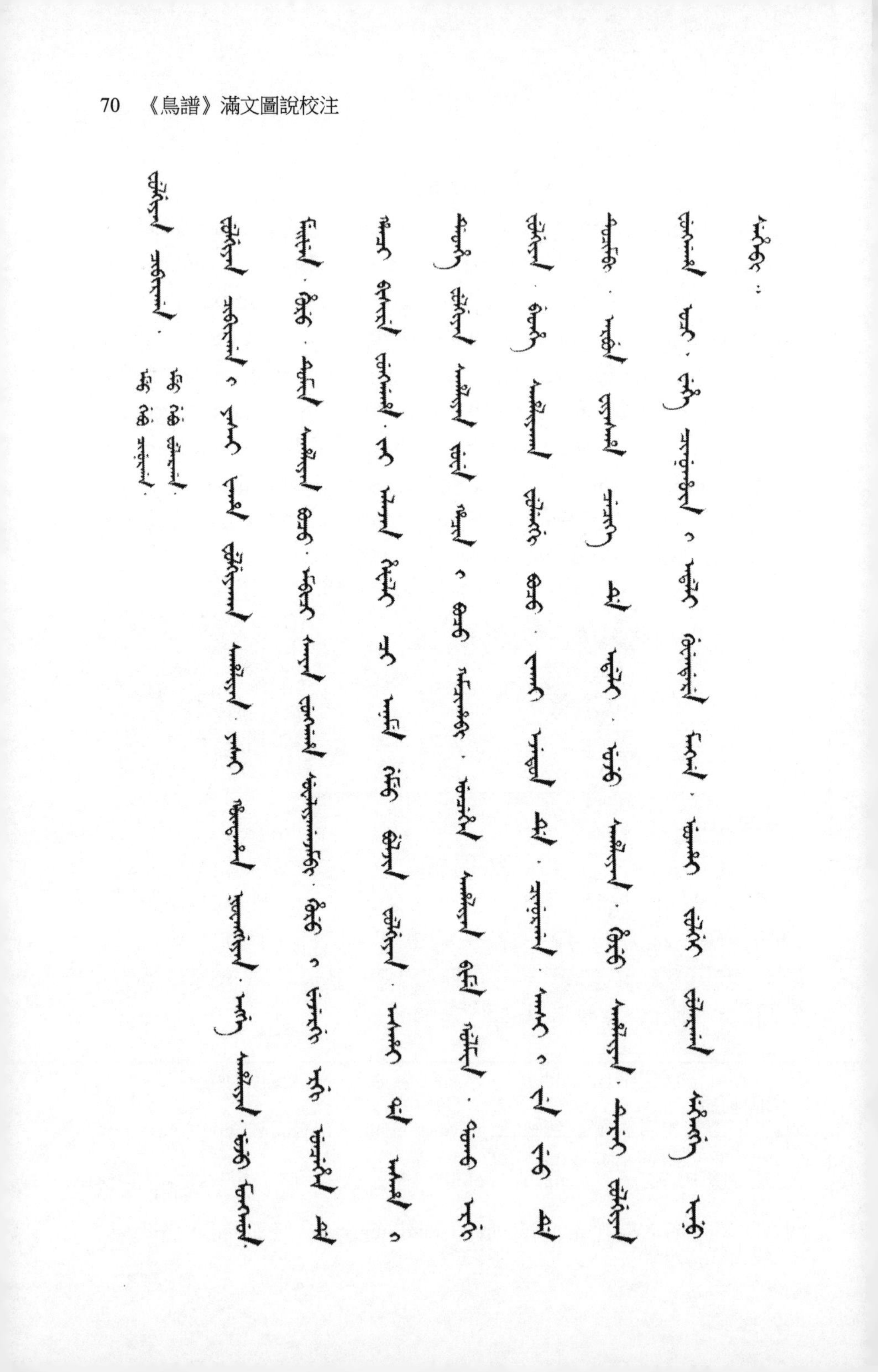

[illegible]

[illegible]

[illegible]

[illegible]

[illegible]

[illegible]

[illegible]

[illegible]

[illegible]

[illegible]

fulgiyan cibirgan, emu gebu cinurgan, emu gebu fulargan.

fulgiyan cibirgan i yasai faha fulgiyakan sahaliyan, yasai hūntahan niowanggiyan, engge sahaliyan, uju, monggon, meifen, huru tumin sahaliyan boco, embici šanyan funggaha suwaliyaganjambi, huru i fejergi ergi uncehen de hanci bisire funggaha, jai alajan, hefeli ci aname gemu buljin fulgiyan, ashai da, asha i dethe fulgiyan sahaliyan juwe hacin i boco kamcihabi, uncehen sahaliyan bime golmin, doko ergi fulgiyan, bethe sahaliyakan fulenggi boco. jakai ejetun de, cinurgan sansi i je jeo de tucimbi, arbun fiyasha cecike de adali, uju sahaliyan, huru sahaliyan, terei fulgiyan funggaha oci, wehe cinuhūn i adali, guwendere mangga, uthai julgei fulargan sehengge inu sehebi.

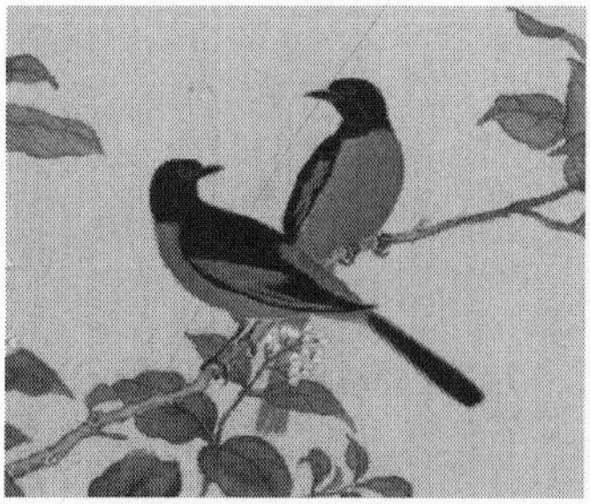

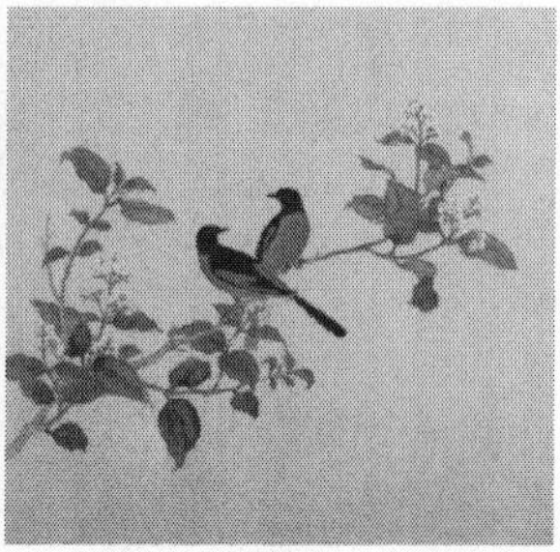

花紅燕[60]，一名朱衣鳥[61]，一名赤鷃

花紅燕，赤黑睛，綠眶，黑觜，頭、頸、項、背深黑色，或間以白毛，背下近尾毛及臆、腹俱純紅，膊、翅毛兼紅黑二色，長黑尾，紅裏，灰黑足。《物志》云：朱衣鳥出山西澤州，形如瓦雀，黑頭，黑背，其紅處類丹砂[62]，善鳴，即古之赤鷃也。

60 花紅燕，滿文讀作“fulgiyan cibirgan”，意即「紅花燕」。

61 朱衣鳥，滿文讀作“cinurgan”，意即「朱衣燕」。

62 其紅處類丹砂，滿文讀作“terei fulgiyan funggaha oci, wehe cinuhūn i adali”，意即「其紅毛則類丹砂」。

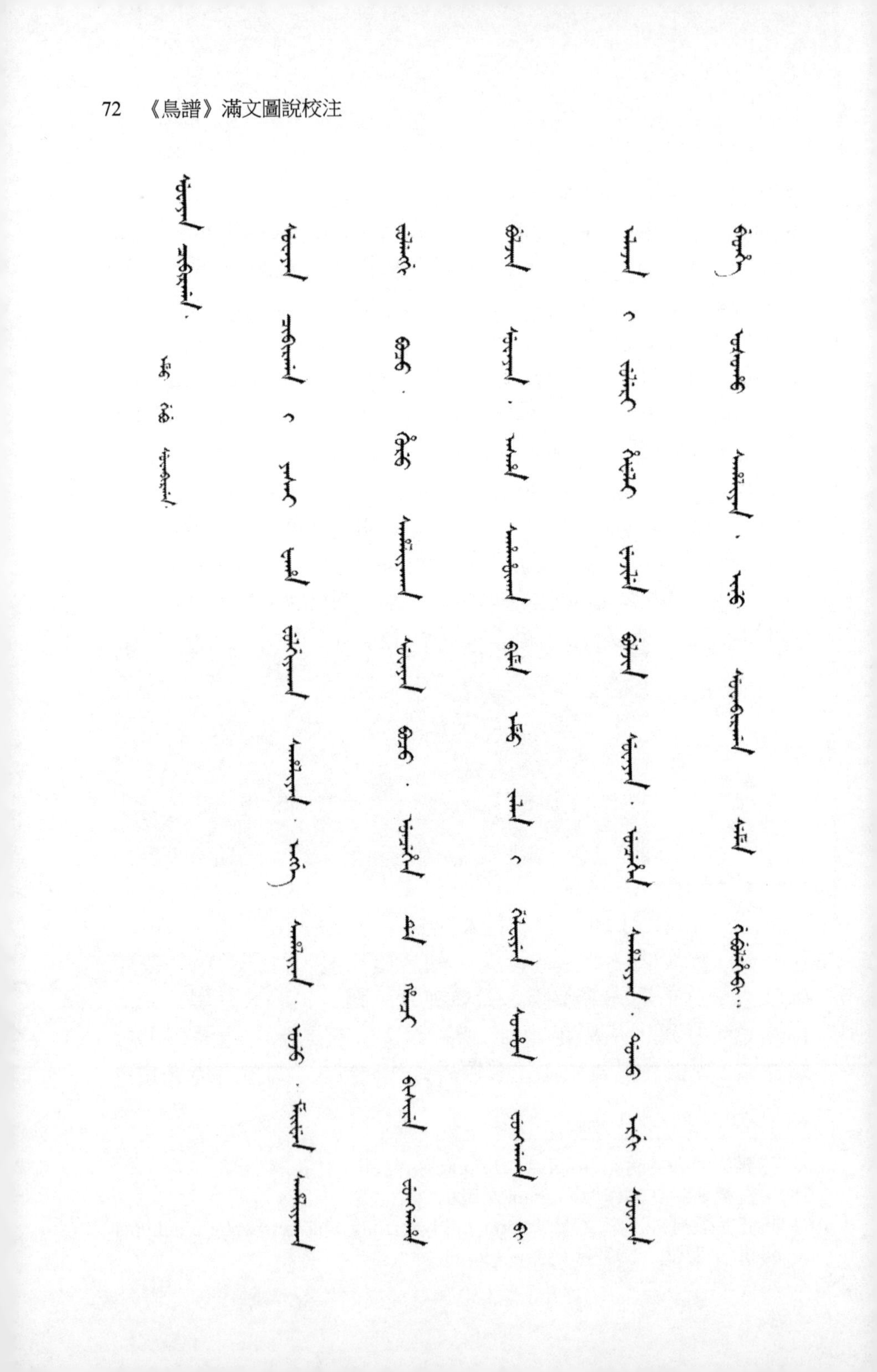

suwayan cibirgan, emu gebu suwabirgan.

suwayan cibirgan i yasai faha fulgiyakan sahaliyan, engge sahaliyan, uju, meifen sahaliyakan fulenggi boco, huru sahaliyakan suwayan boco, uncehen de hanci bisire funggaha buljin suwayan, asha sahahūkan bime emu jalan i gelfiyen sohon funggaha bi, alajan i juleri hefeli fejile buljin suwayan, uncehen sahaliyan, doko ergi suwayan, bethe, ošoho sahaliyan, inu suwabirgan seme gebulehebi.

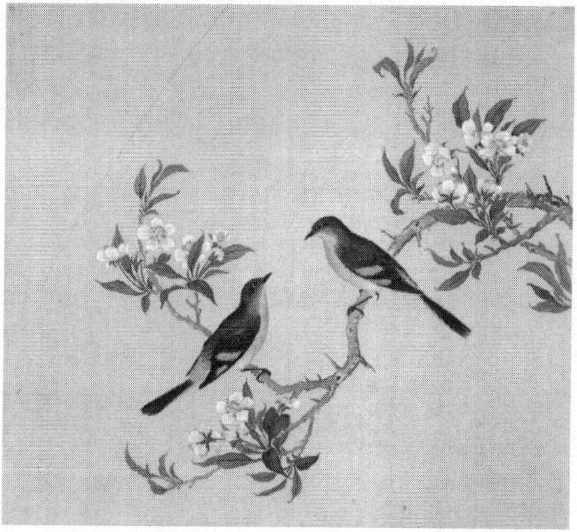

花黃燕[63]，一名黃連雀。

花黃燕，赤黑睛，黑觜，頭、項黑灰色，背黑黃色，近尾毛色純黃，蒼黑翅有薑黃毛一節[64]，臆前腹下純黃，黑尾，黃裏，黑足、爪，亦名黃連雀。

63 花黃燕，滿文讀作“suwayan cibirgan”，意即「黃花燕」。

64 薑黃毛，滿文讀作“gelfiyen sohon funggaha”，意即「淡黃毛」，或「米黃毛」。

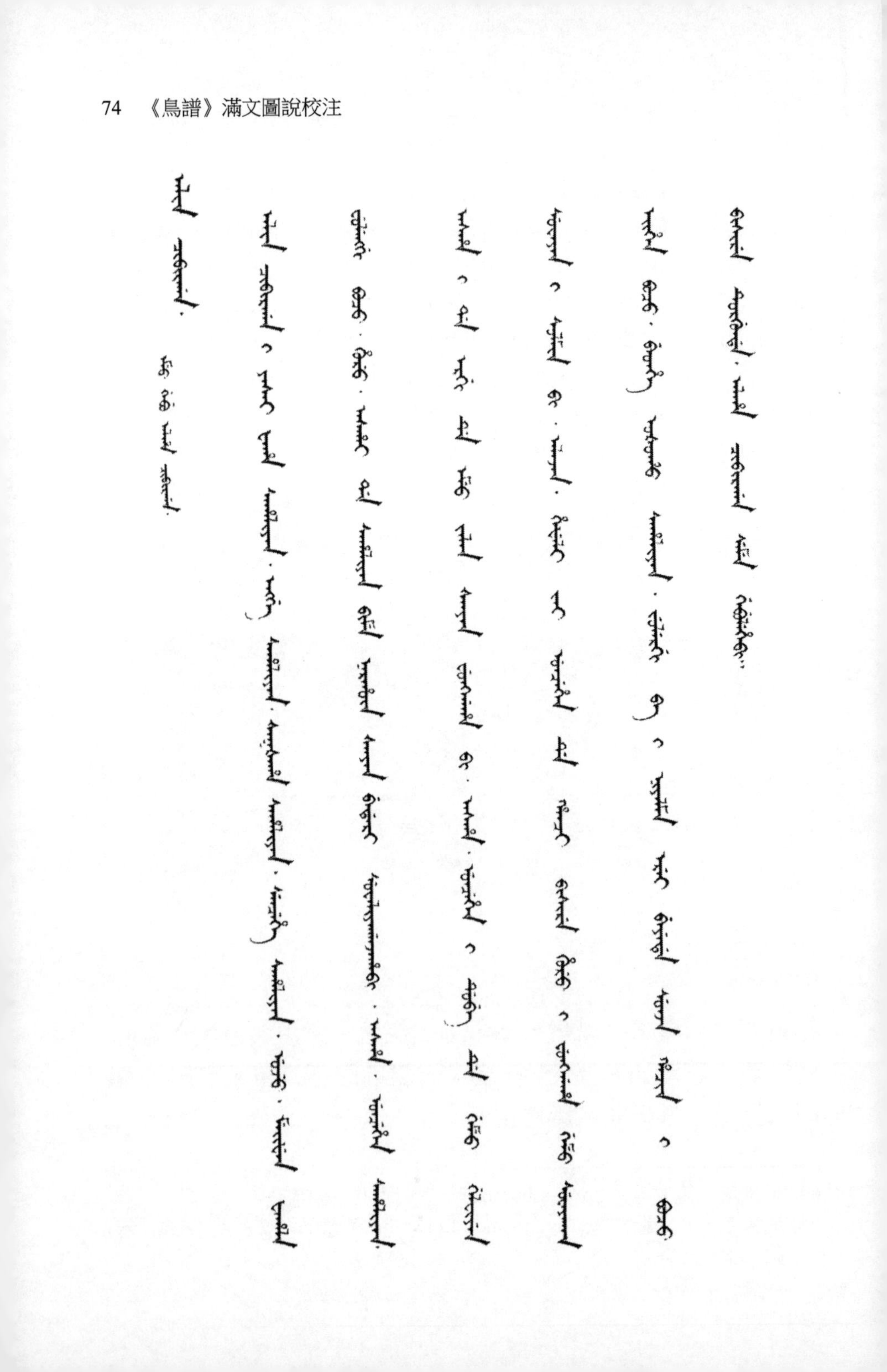

[illegible]

[illegible]

[illegible]

[illegible]

[illegible]

[illegible]

[illegible]

[illegible]

alin cibirgan, emu gebu alha cibirgan.

alin cibirgan i yasai faha sahaliyan, engge sahaliyan, šakšaha sahaliyan, sencehe sahaliyan, uju, meifen fahala fulenggi boco, huru, ashai da sahaliyan bime narhūn šanyan bederi suwaliyaganjahabi, asha, uncehen sahaliyan, asha i da ergi de emu jalan šanyan funggaha bi, asha, uncehen i dube de gemu gelfiyen suwayan i solmin bi, alajan, hefeli jai uncehen de hanci bisire huru i funggaha gemu suwayakan eihen boco, bethe ošoho sahaliyan. julergi ba i niyalma erei beyede sunja hacin i boco bisire turgunde, alha cibirgan seme gebulehebi.

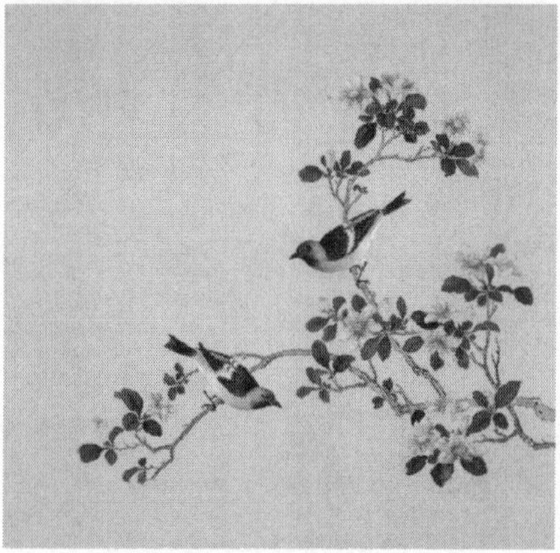

山火燕，一名五色子[65]

山火燕，黑睛，黑觜，黑頰，黑頷，藕灰頂、項，黑背、膊間有細白紋，黑翅尾，翅根白毛一節，翅尾之末俱有淡黃尖[66]，臆、腹及近尾背毛俱赭黃色，黑足、爪。南方人以其身有五色，名曰五色子。

65 五色子，滿文讀作“alha cibirgan”，意即「花燕雀」。

66 淡黃尖，滿文讀作“gelfiyen suwayan i solmin”，意即「淡黃毫」，或「淡黃毛梢」。

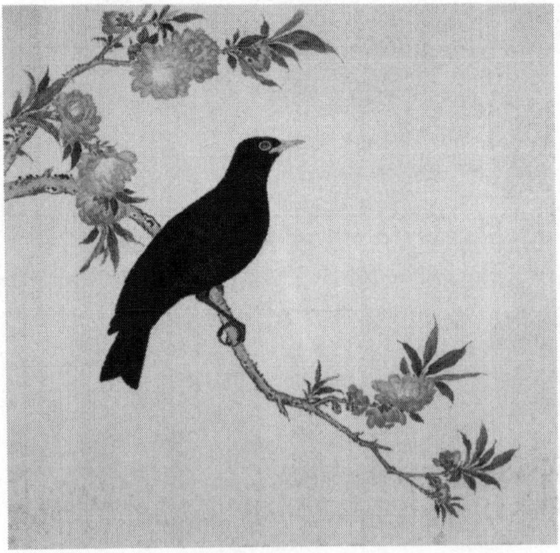

julergingge kūbulin mudangga cecike,
emu gebu kūbulin ilenggu cecike, emu gebu niyengguweri cecike, emu gebu fakdangga cecike, emu gebu šaruk, emu gebu dudungge cecike.

julergingge kūbulin mudangga cecike i yasai faha fulgiyakan sahaliyan, yasai hūntahan suwayan, engge suwayan, beyei gubci buljin sahaliyan, bethe fulgiyakan sahaliyan. dorolon i nomun i biyai forgon fiyelen de, juwari dulimbai biyade kūbulin ilenggu cecike jilgan akū ombi sehe be suhe bade, kūbulin ilenggu cecike serengge, kūbulin mudangga cecike inu sehebi, giyangnaha bade, kūbulin ilenggu cecike, niyengniyeri dosika manggi, teni guwendembi, sunja biyade isinaci, guwenderengge majige ilinjambi, guwendere jilgan emdubei kūbulime ofi, tuttu kūbulin ilenggu cecike seme gebulehebi sehebi. jijungge nomun i hafu bithei jijugan i temgetu de, kūbulin mudangga cecike serengge, kūbulin ilenggu cecike inu, terei arbun kiongguhe ci

---

南百舌，一名反舌，一名喚春，一名鶷鶡，一名舍羅，一名祝鳩。

南百舌，赤黑睛，黃眶，黃觜，通身純黑，赤黑足。《禮記・月令》：仲夏之月，反舌無聲。注云：反舌，百舌鳥也。疏云：反舌鳥春始鳴，至五月，稍止[67]，其聲數轉[68]，故名反舌鳥。《易通卦驗》云：百舌者[69]，反舌鳥也[70]，形小於鸜鵒，

---

67 稍止，滿文讀作"guwenderengge majige ilinjambi"，意即「稍止其鳴」。

68 其聲數轉，滿文讀作"guwenderengge jilgan kūbulime ofi"，意即「因鳴聲頻頻變化」。

69 百舌，滿文讀作"kūbulin mudangga cecike"，意即「音調變化曲折之雀」。

70 反舌鳥，滿文讀作"kūbulin ilenggu cecike"，意即「變化舌頭之鳥」。

[illegible]

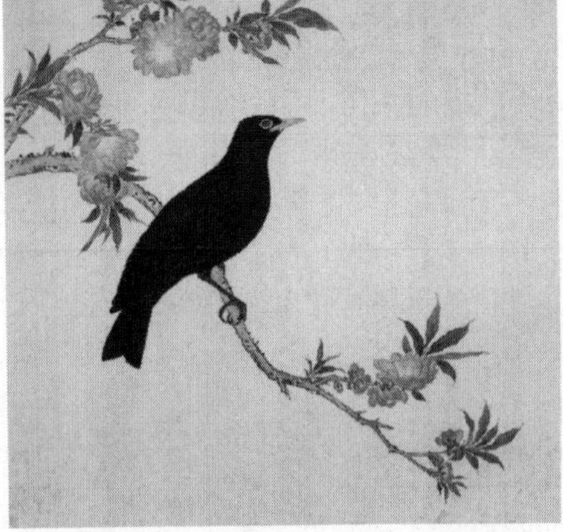

ajigen, juwe biya, ilan biyade guwendembi, sunja biyade isinaci, jilgan akū sehebi, ere inu erin be sara gasha kai, emu gebu niyenggari cecike sembi, emu gebu guwendehen sembi. giyangnan bai niyalma erebe niyengguweri cecike sembi, guwendere jilgan lakcarakū sirenerengge, sirge hergire adali sehebi. hūwai nan dz i araha bithe i suhen de, kūbulin ilenggu cecike, ini ilenggu be forgošome, jilgan be kūbulibume, hacingga gasha i guwendere jilgan be dursuleme muteme ofi, tuttu kūbulin mudangga cecike sembi sehebi. sunja biyade jilgan akūngge, a i sukdun dergi de ten ofi narhūn, e i sukdun fejergici deribumbi, kūbulin mudangga cecike, e i sukdun akū ofi, tuttu jilgan akū ombi. gurun bigan i yongkiyame ejehe bithe de, kūbulin mudangga cecike, niyengniyeri forgon de guwendembi, juwari forgon de nakambi, damu beten be jembi, aniya biya i amala

---

二、三月鳴，至五月無聲，亦候鳥也[71]。一名望春，一名喚起，江南人謂之喚春，鳥聲圓轉如絡絲。《淮南子》注云：反舌能辨變其舌，反易其聲，以效百鳥之鳴，故謂百舌。五月，無聲者，陽氣極於上微[72]，陰起於下[73]，百舌無陰，故無聲也。《朝野僉載》云：百舌春囀夏止，唯食蚯蚓，正月後

71　候鳥，滿文讀作“erin be sara gasha”，意即「知時鳥」。

72　微，滿文讀作“narhūn”，意即「細」。

73　陰起於下，滿文讀作“e i sukdun fejergici deribumbi”，意即「陰氣起於下」。

[illegible]

[illegible]

[illegible]

[illegible]

[illegible]

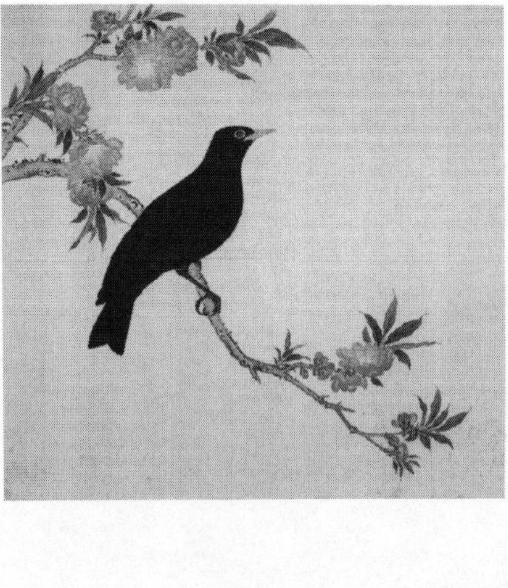

juhe wengke, beten tucike manggi jimbi, juwan biyade beten butuha manggi genembi sehebi. ere ainci jaka i ishunde acinggiyambi sere turgun kai. oktoi sekiyen i bithede, kūbulin mudangga cecike, emu gebu fakdangga cecike sembi. lii ši jeṉ i henduhengge, fakdangga cecike serengge, ini gebu be tuwame gebulehengge, te i niyalma wahūtu cecike seme hūlarangge, terei arbun kiongguhe de adali bicibe, wa wahūn ofi kai. fucihi i nomun de, erebe šaruk sembi sehebi. geli henduhengge, kūbulin mudangga cecike babade gemu bi, mooi unggala na i eye de tomombi, sahaliyakan fulenggi boco, yabure de uju gidambi, niyengniyeri dosika amala guwendeme nakarakū, juwari ten oho amala jilgan akū, juwan biyai amala butumbi sehebi.

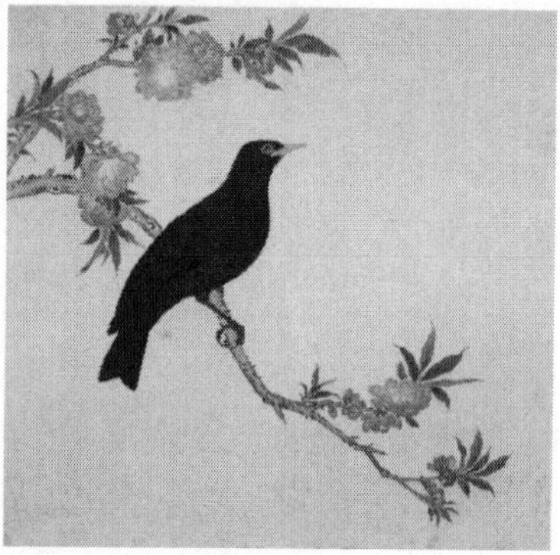

凍開蚓出而來。十月，蚓藏而往。蓋物之相感也。《本草綱目》云：百舌一名鶷鵯。李時珍曰，鶷鵯亦象聲，令俗呼為牛屎哵哥[74]，為其形如鸜鵒而氣臭也。梵書名舍羅。又云：百舌處處有之，居樹孔窟穴中，灰黑色，行則頭俯，立春後則鳴囀不已，夏至後則無聲。十月後則藏蟄。

74 令俗呼為牛屎哵哥，滿文讀作“te i niyalma wahūtu cecike seme hūlarangge”，意即「今人呼為牛屎八哥」，句中「令」，當作「今」。

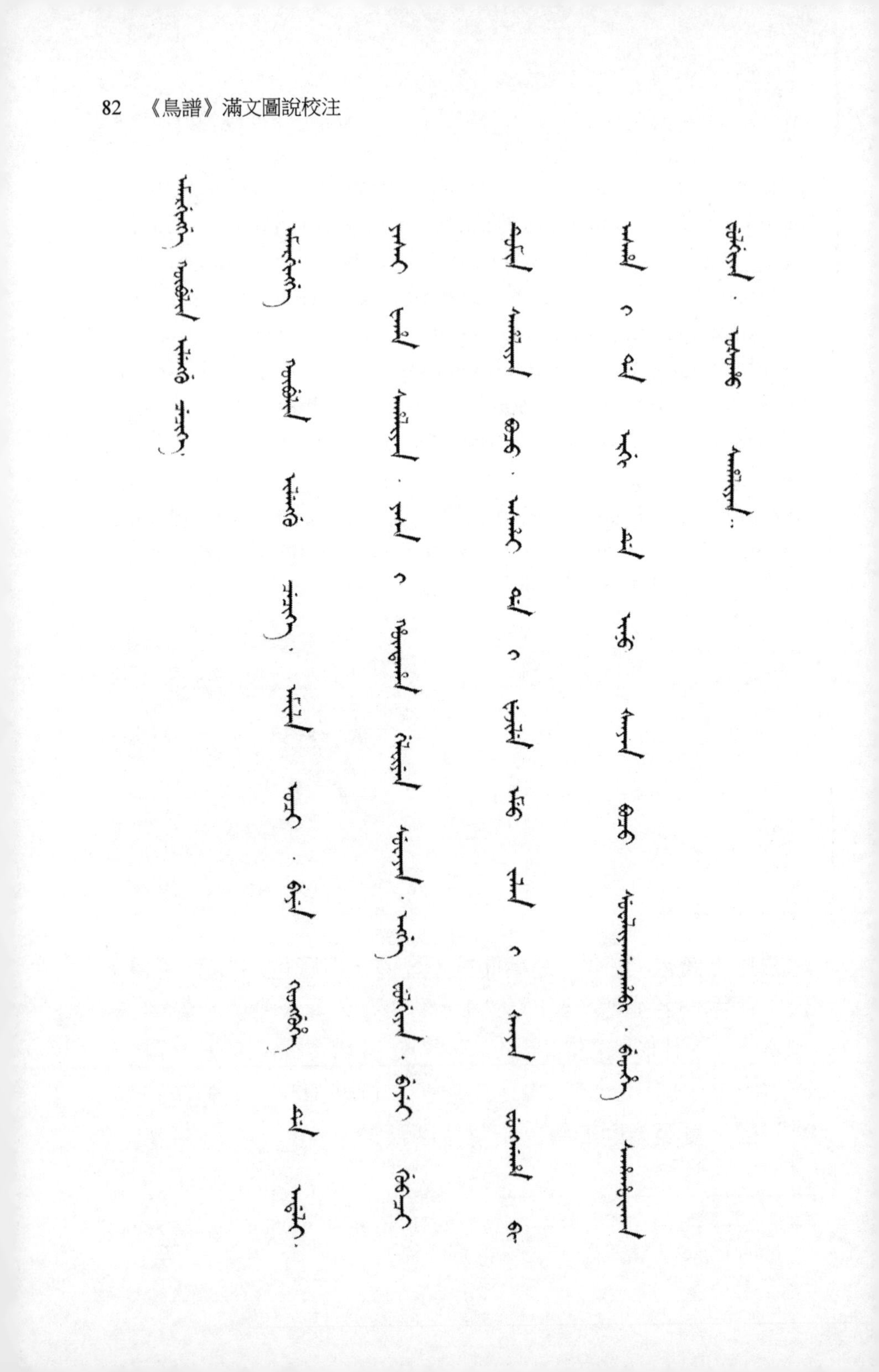

[illegible]

[illegible]

[illegible]

[illegible]

[illegible]

[illegible]

amargingge kūbulin ilenggu cecike.

amargingge kūbulin ilenggu cecike, amila oci, beye kiongguhe de adali, yasai faha sahaliyan, yasa i hūntahan gelfiyen suwayan, engge fulgiyan, beyei gubci tumin sahaliyan boco, ashai da i fejile emu jalan i šanyan funggaha bi, asha i da ergi de inu šanyan boco suwaliyaganjahabi, bethe sahahūkan fulgiyan, ošoho sahaliyan.

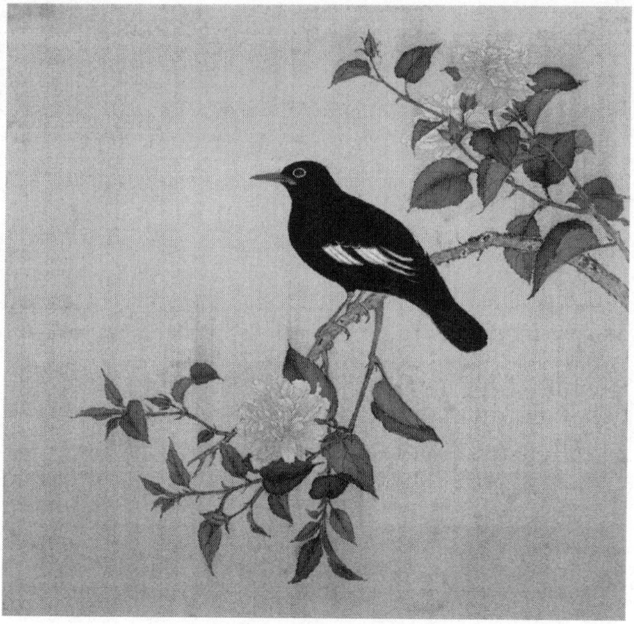

北百舌

北百舌，雄者身如鴝鵒[75]，黑睛，淺黃眶，紅觜，通身深黑色，膊下白毛一節，翅根亦間以白色，蒼紅足，黑爪。

---

75 鴝鵒，滿文讀作"kiongguhe"，意即「鸜鵒」。

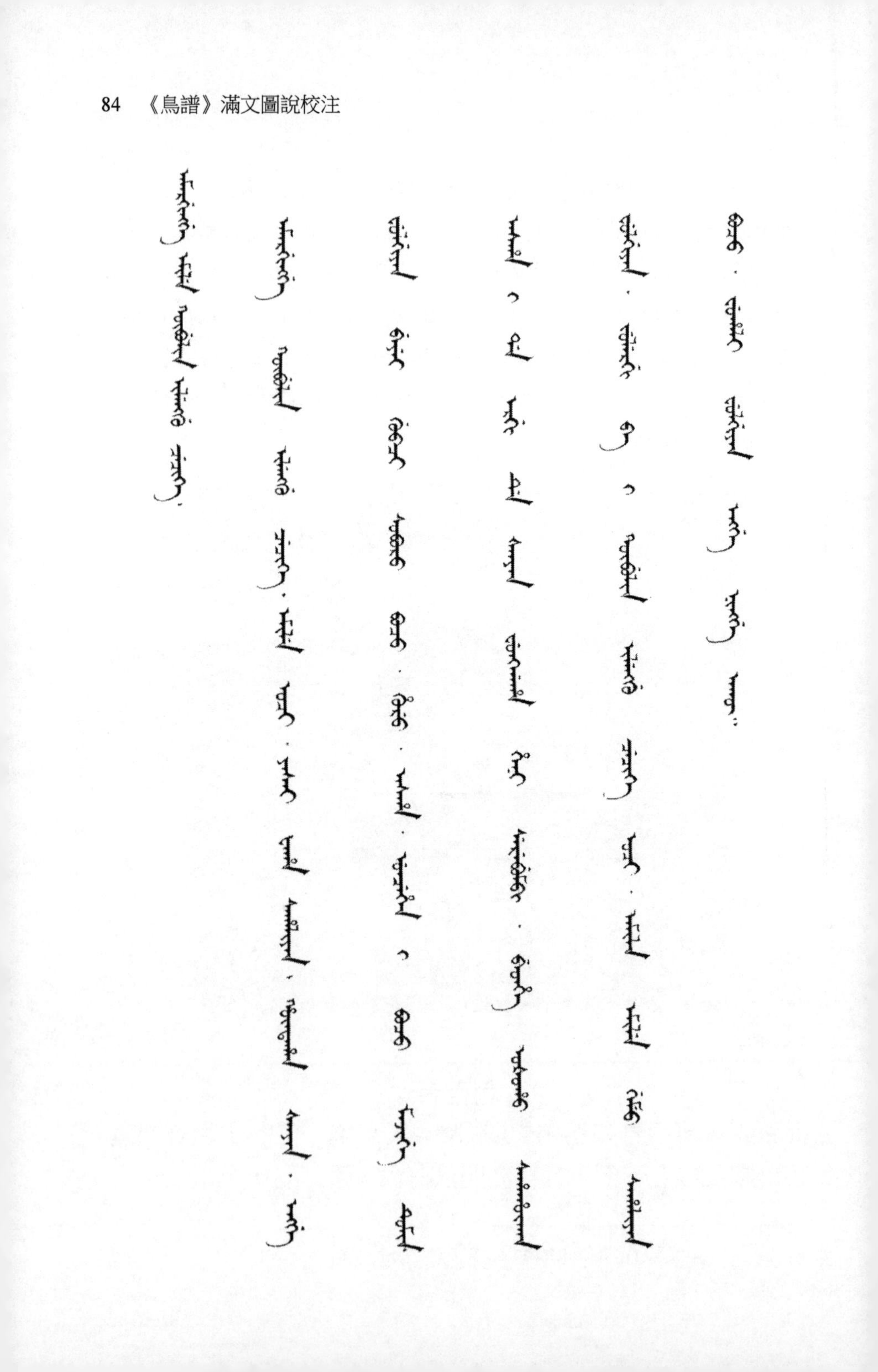

amargingge emile kūbulin ilenggu cecike.

amargingge kūbulin ilenggu cecike, emile oci, yasai faha sahaliyan, hūntahan šanyan, engge fulgiyan, beyei gubci soboro boco, huru, asha, uncehen i boco majige tumin, asha i da ergi de šanyan funggaha heni serebumbi, bethe ošoho sahahūkan fulgiyan. julergi ba i kūbulin ilenggu cecike oci, amila emile gemu sahaliyan boco, fuhali fulgiyan engge ningge akū.

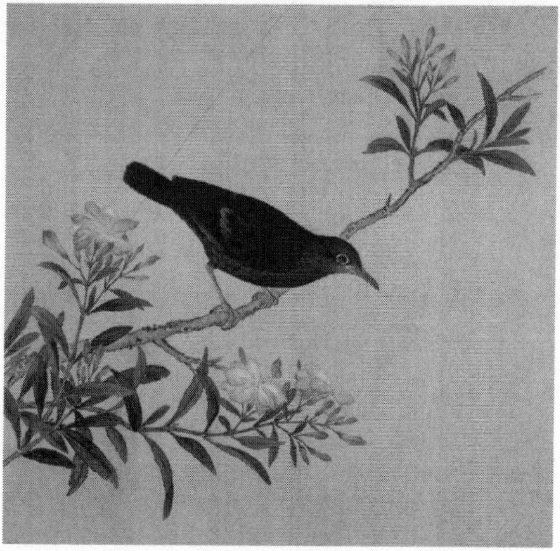

雌北百舌

北百舌，雌者，黑睛，白眶，紅觜，通身香色[76]，背、翅、尾稍深[77]，翅根微露白毛，蒼紅足、爪。南方百舌，雌雄俱黑色，絕無紅觜者也。

76 香色，滿文讀作“soboro boco”，意即「秋香色」。
77 背翅尾稍深，滿文讀作“huru, asha, uncehen i boco majige tumin”，意即「背翅尾色稍深」。

《鳥譜》第四冊畫冊

《鳥譜》第四冊畫冊

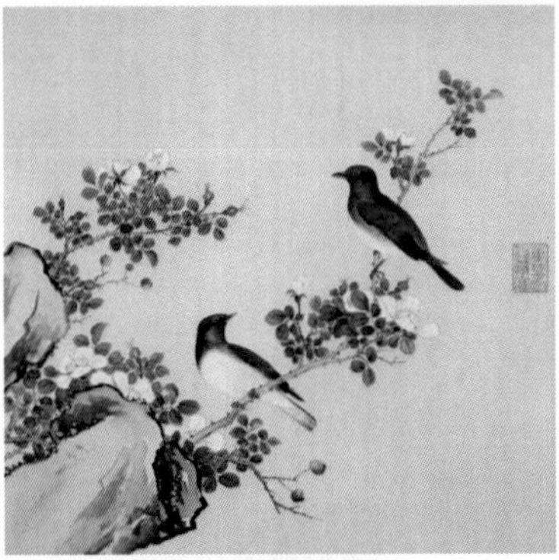

藍靛頦

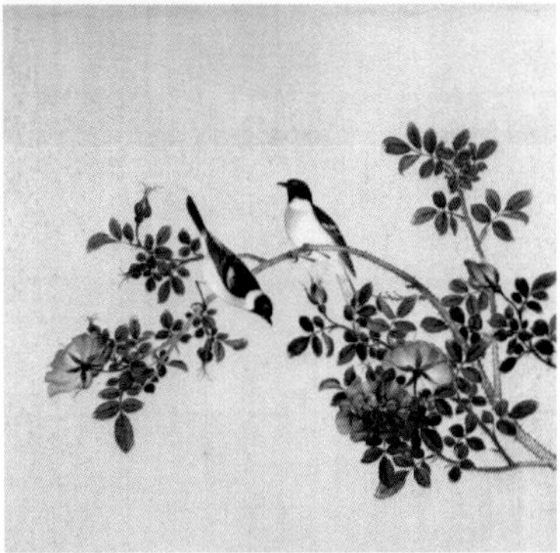

黑靛頦

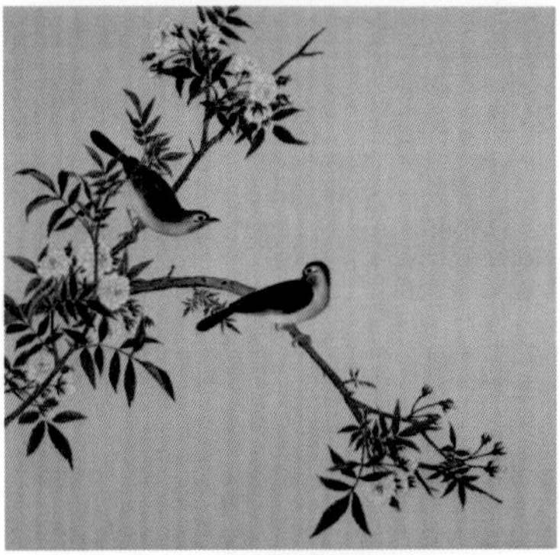

紅靛頦

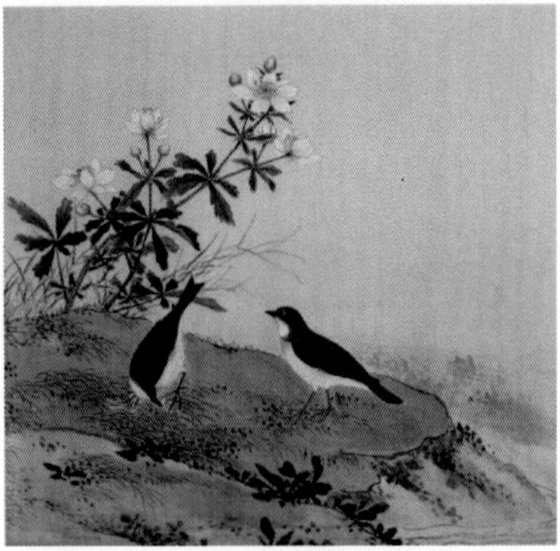

白靛頦

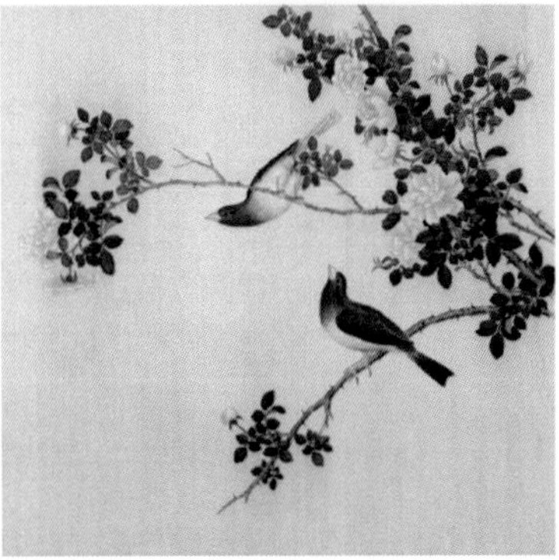

靠山紅

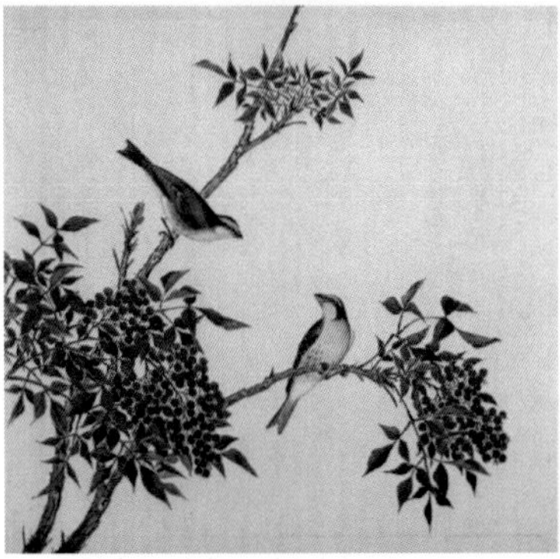

金絲麻鷯

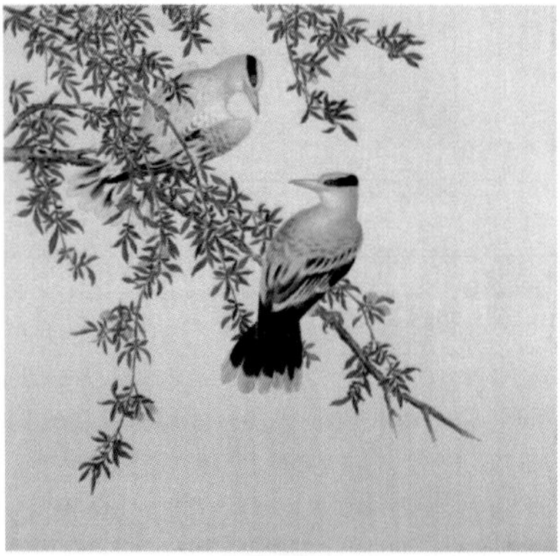
黃鸝

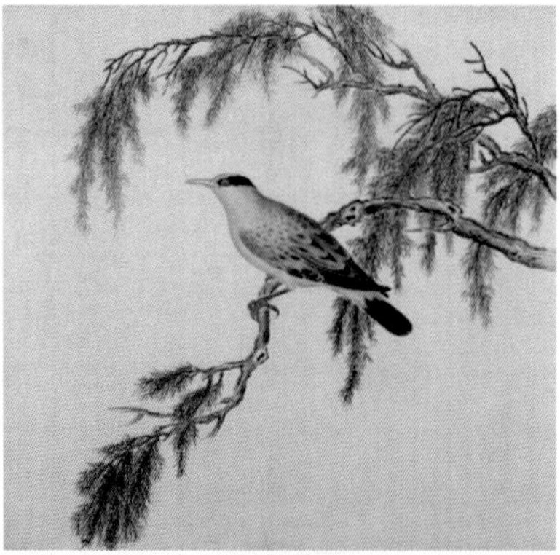
鶯雛

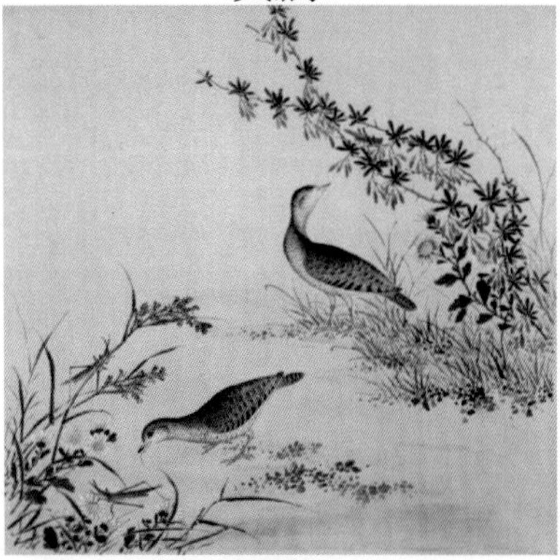
蛇頭鳥

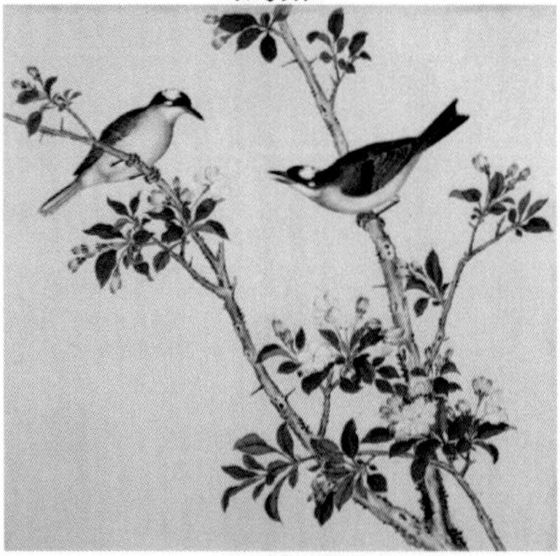
白頭翁

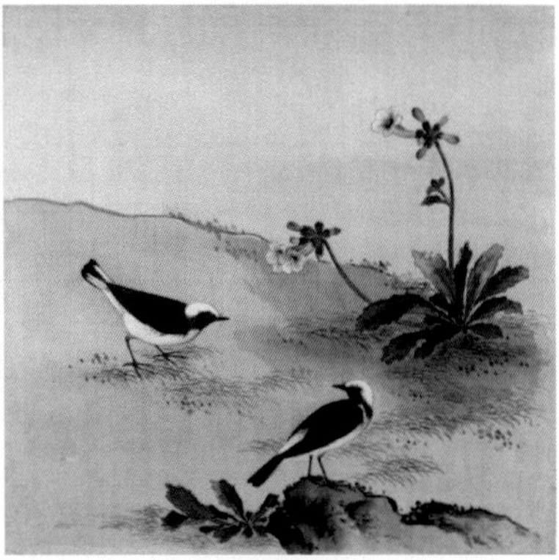
白頭郎

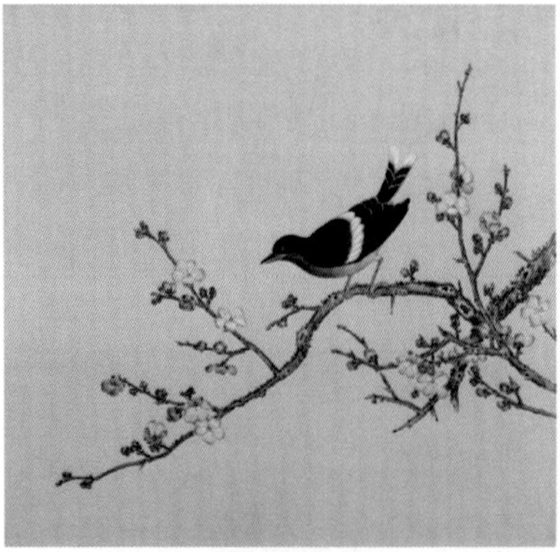
雙喜

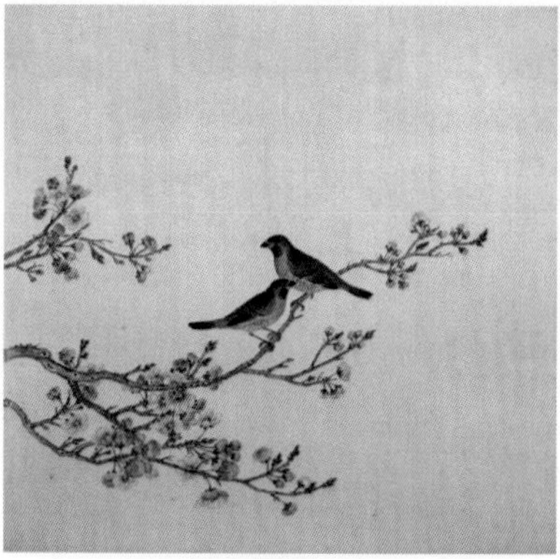
吉祥鳥

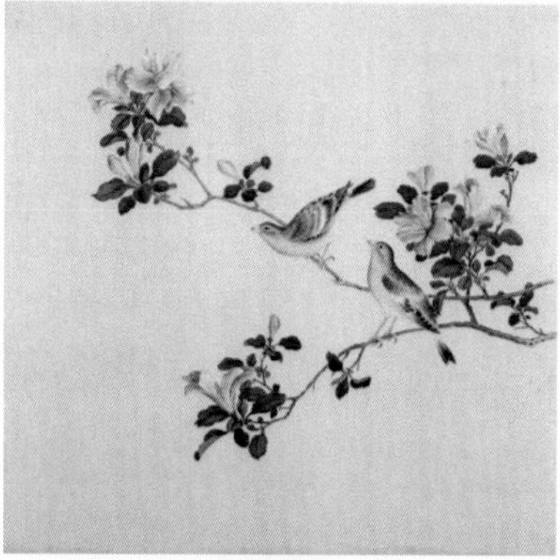
五更鳴

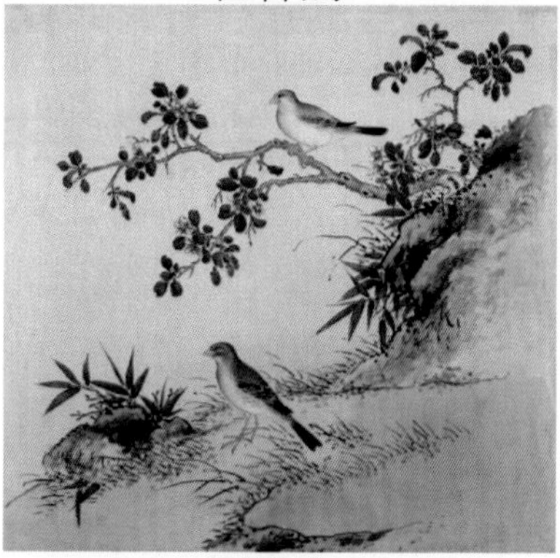
西寧白

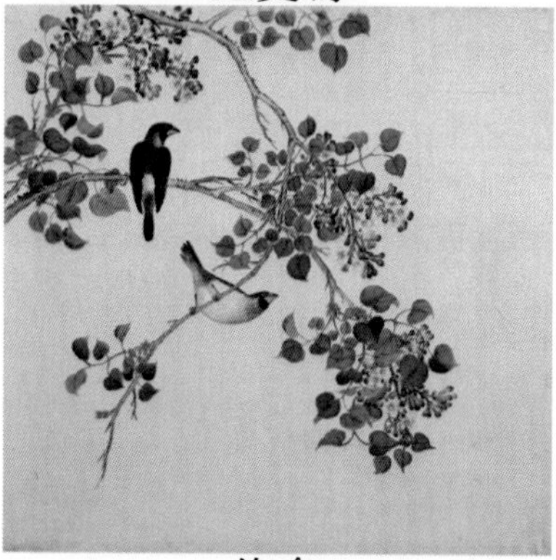
偷倉

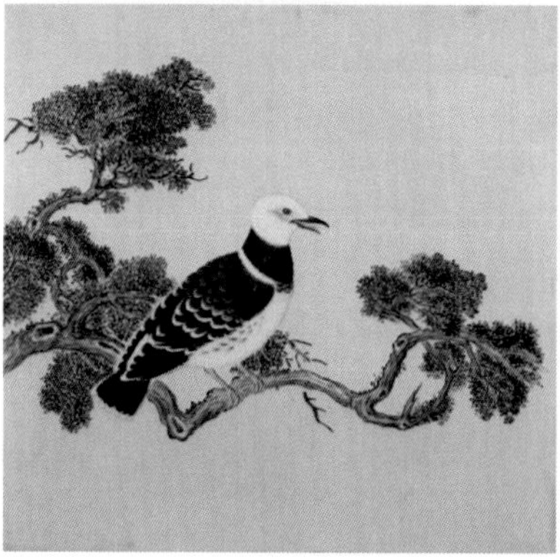
長春花鳥

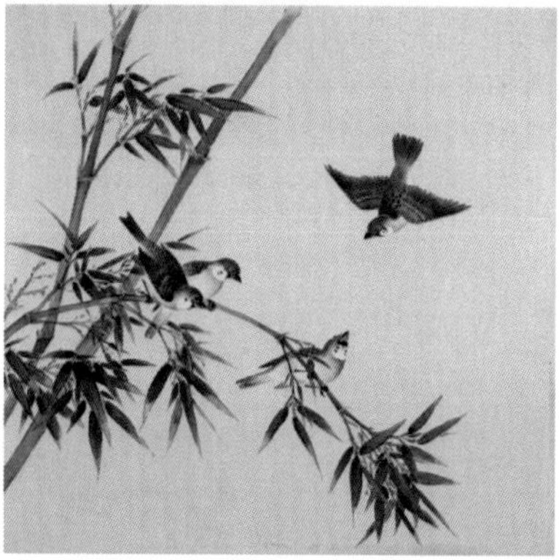
嘉雀

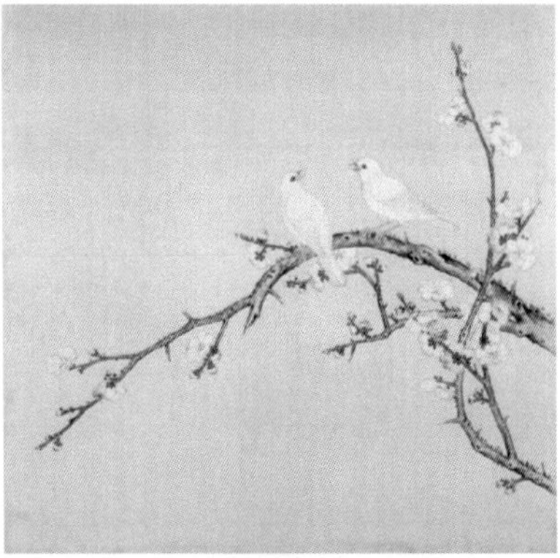

白嘉雀

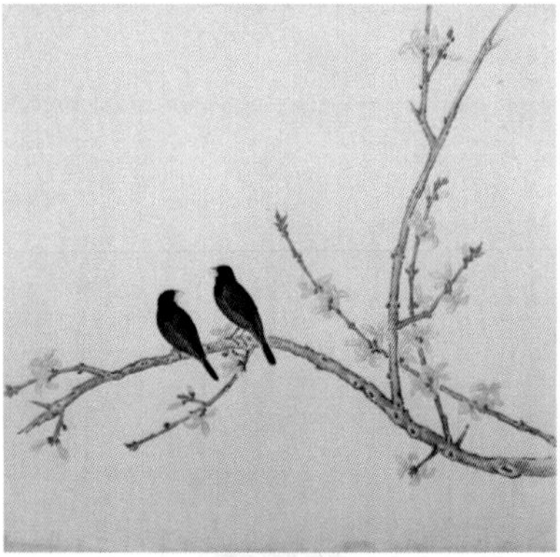

花嘉雀

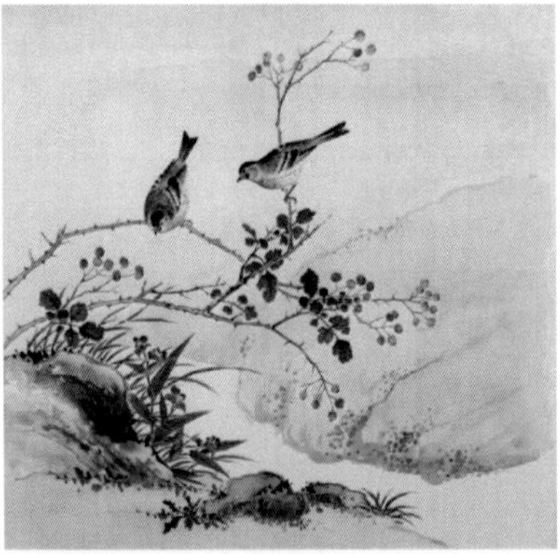

黃雀

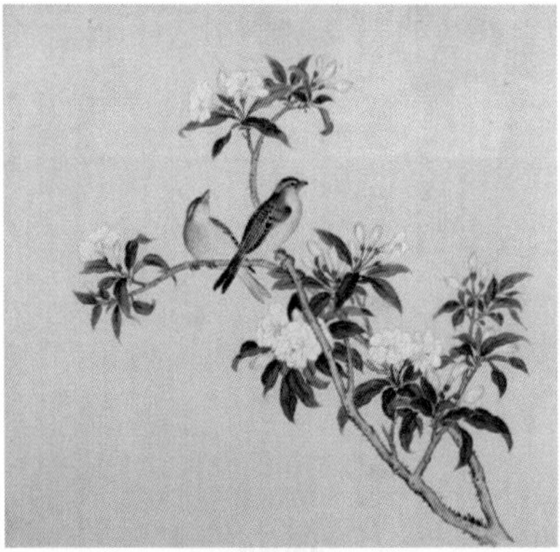

山雀

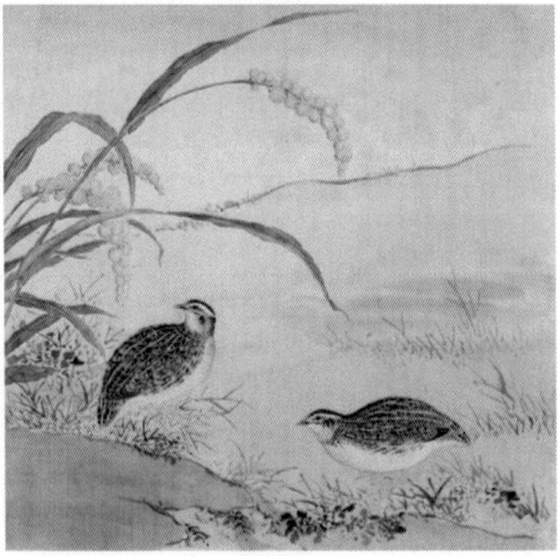

鵪鶉

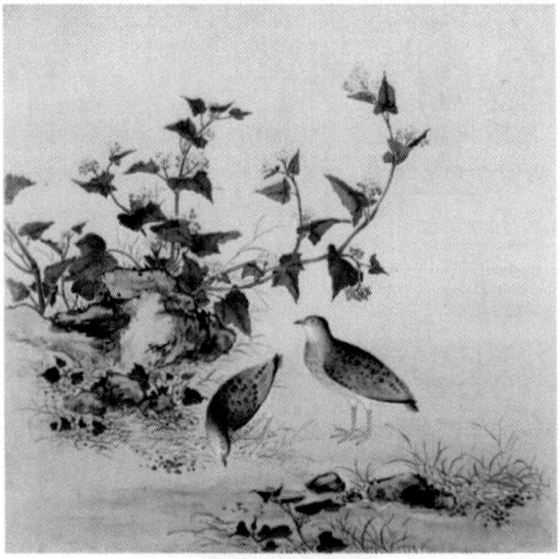

北牛鶴

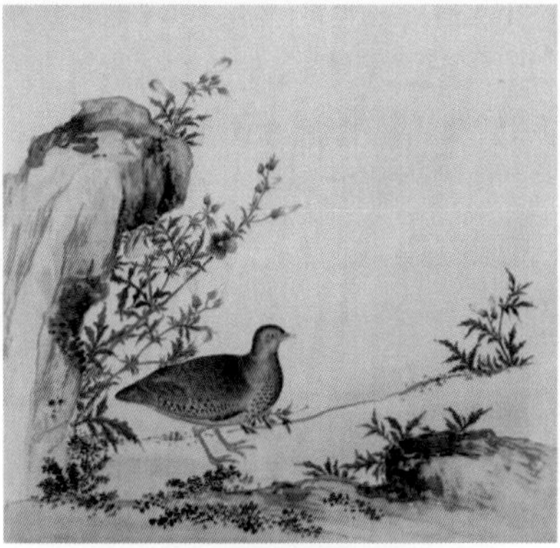

南牛鶴

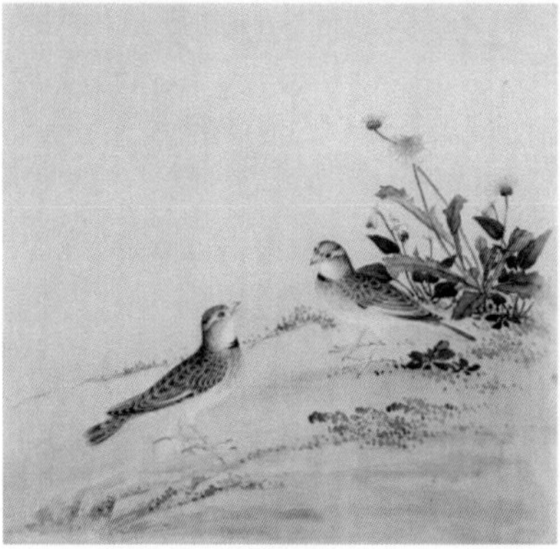

白翎

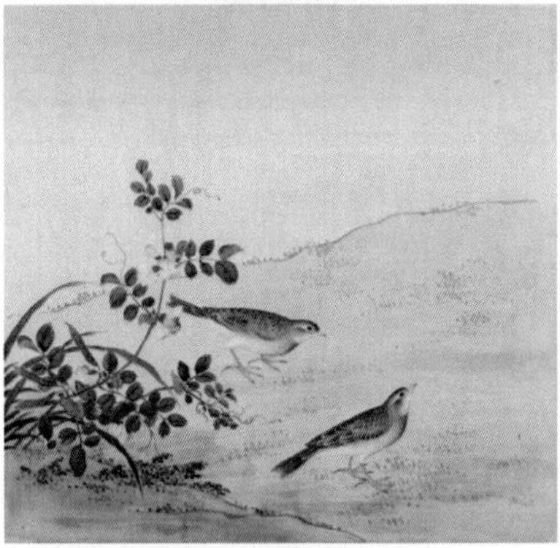

阿蘭

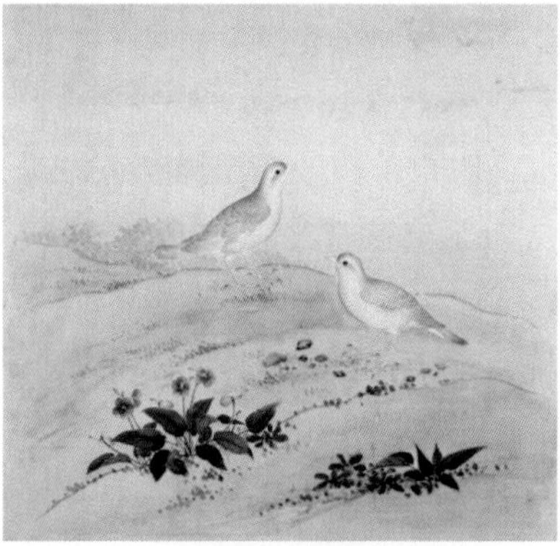

米色阿蘭

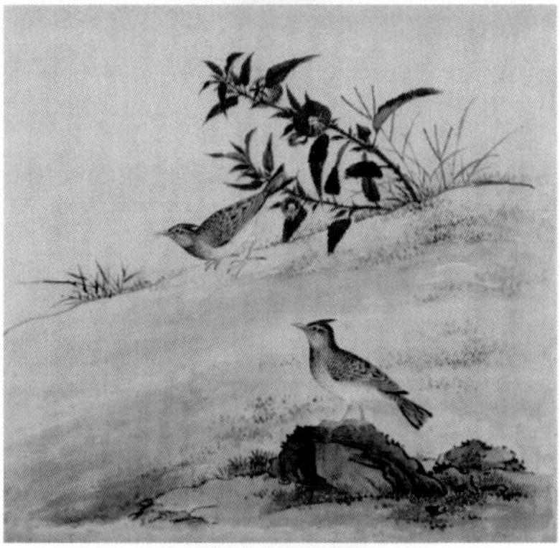

鳳頭阿蘭

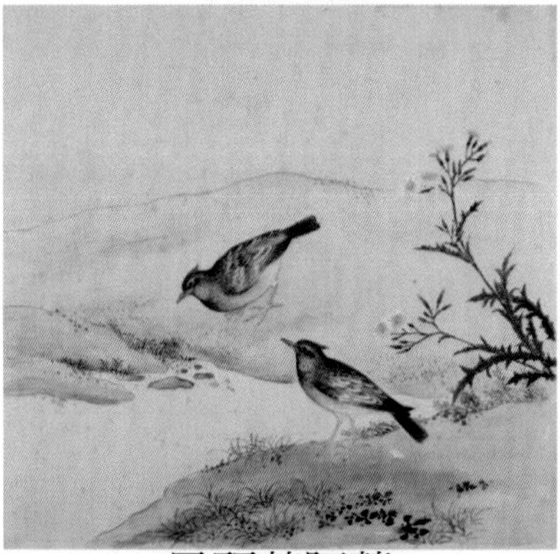

鳳頭花阿蘭

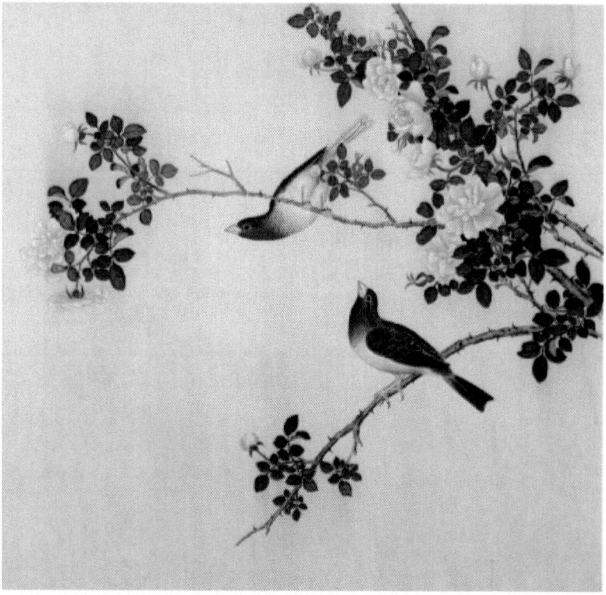

《鳥譜》第四冊　靠山紅

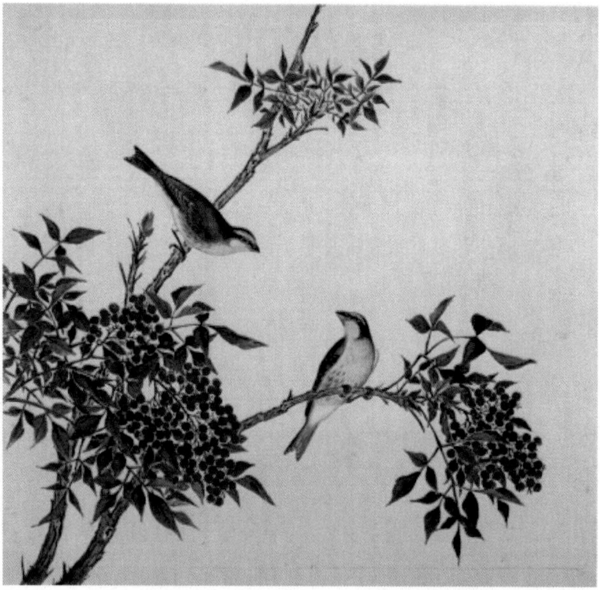

《鳥譜》第四冊　金絲麻鷯

鳥類漢滿名稱對照表（四）

順次	漢文	滿文	羅馬字轉寫	備註
1	藍靛頦	ᠯᠠᠮᡠᡴᡝ	lamuke	
2	紅靛頦	ᡶᡠᠯᡤᡳᡴᡝ	fulgike	
3	黑靛頦	ᠶᠠᠴᡳᡴᡝ	yacike	
4	白靛頦	ᡧᡝᠶᡝᡴᡝ	šeyeke	
5	靠山紅	ᡶᡠᠯᡤᡳᠶᠠᠨ ᠰᡳᡧᠠᡵᡤᠠᠨ	fulgiyan sišargan	
6	映山紅	ᡤᡳᠯᡨᠠᡵᡳ ᠰᡳᡧᠠᡵᡤᠠᠨ	giltari sišargan	
7	紅料	ᡶᡠᠯᠠᡵᡳ ᠴᡝᠴᡳᡴᡝ	fulari cecike	
8	紅麻鷯	ᡶᡠᡧᠠᡵᡤᠠᠨ	fušargan	
9	金絲麻鷯	ᠰᡠᠸᠠᠶᠠᠨ ᠰᡳᡧᠠᡵᡤᠠᠨ	suwayan sišargan	

順次	漢文	滿文	羅馬字轉寫	備註
10	麻料	ᠠᡳᠰᡳᡵᡤᠠᠨ	aisirgan	
11	金絲料	ᠰᡳᡧᠠᡵᡳ ᠴᡝᠴᡳᡴᡝ	sišari cecike	
12	黃鸝	ᡤᠠᠯᡳᠨ ᠴᡝᠴᡳᡴᡝ	galin cecike	
13	鶯	ᠵᠠᡵᠵᡳ ᠴᡝᠴᡳᡴᡝ	jarji cecike	
14	黃鶯	ᠰᡠᠸᠠᠶᠠᠨ ᠵᠠᡵᠵᡳ ᠴᡝᠴᡳᡴᡝ	suwayan jarji cecike	
15	黃鳥	ᠰᠣᡥᠣᠨ ᠴᡝᠴᡳᡴᡝ	sohon cecike	
16	倉庚	ᡤᡡᠯᡳᠨ ᠴᡝᠴᡳᡴᡝ	gūlin cecike	

順次	漢文	滿文	羅馬字轉寫	備註
17	倉鶊	ᡤᡡᠯᡳᠨ ᠴᡝᠴᡳᡴᡝ	gūlin cecike	
18	黧黃	ᠰᠠᠰᡠᠯᡳᠨ ᠴᡝᠴᡳᡴᡝ	sasulin cecike	
19	商庚	ᡧᡠᠯᡳᠨ ᠴᡝᠴᡳᡴᡝ	šulin cecike	
20	楚雀	ᠴᡠᠯᡳᠨ ᠴᡝᠴᡳᡴᡝ	culin cecike	
21	搏黍	ᡨᡠᠯᡳᠨ ᠴᡝᠴᡳᡴᡝ	tulin cecike	
22	黃伯勞	ᠰᠣᡥᠣᠨ ᡥᡳᠣᠩᡥᡳᠣᡳ ᠴᡝᠴᡳᡴᡝ	sohon hionghioi cecike	
23	黃栗留	ᠰᡠᠸᠠᠯᡳᠨ ᠴᡝᠴᡳᡴᡝ	suwalin cecike	
24	黃離留	ᠰᡠᠯᡳᠨ ᠴᡝᠴᡳᡴᡝ	sulin cecike	

順次	漢文	滿文	羅馬字轉寫	備註
25	黃鸎	ᠰᡠᠸᠠᠶᠠᠨ ᠵᠠᡵᠵᡳ ᠴᡝᠴᡳᡴᡝ	suwayan jarji cecike	
26	鸝黃	ᡤᡠᠯᡳᠨ ᠴᡝᠴᡳᡴᡝ	gulin cecike	
27	鶯雛	ᡩᡝᠪᡝᡵᡝᠨ ᡤᡡᠯᡳᠨ ᠴᡝᠴᡳᡴᡝ	deberen gūlin cecike	
28	皇黃鳥	ᠰᡠᠸᠠᠶᠠᠨ ᡤᠠᠰᡥᠠ	suwayan gasha	
29	蛇頭鳥	ᠮᡝᡳᡥᡝ ᠴᡝᠴᡳᡴᡝ	meihe cecike	
30	啄木鳥	ᡶᡳᠶᠣᠣᡵᡥᠣᠨ	fiyoorhon	

順次	漢文	滿文	羅馬字轉寫	備註
31	白頭翁	ᠴᠠᡴᡡᠯᡠᡨᡠ ᠴᡝᠴᡳᡴᡝ	cakūlutu cecike	
32	白頭郎	ᠴᠠᡴᡡᠯᡠ ᠴᡝᠴᡳᡴᡝ	cakūlu cecike	
33	雙喜	ᠵᡠᡵᡤᡠᠨᡨᡠ ᠴᡝᠴᡳᡴᡝ	jurguntu cecike	
34	吉祥鳥	ᠰᠠᠪᡳᡵᡤᠠᠨ ᠴᡝᠴᡳᡴᡝ	sabirgan cecike	
35	五更鳴	ᠶᠠᡩᠠᠨ ᠴᡝᠴᡳᡴᡝ	yadan cecike	
36	五更囀	ᡤᡠᠸᡝᠨᡩᡝᠨ ᠴᡝᠴᡳᡴᡝ	guwenden cecike	
37	西寧白	ᡧᠠᠨᠶᠠᠨ ᠰᡳᡧᠠᡵᡤᠠᠨ	šanyan sišargan	

順次	漢文	滿文	羅馬字轉寫	備註
38	偷倉	ᠵᡝᠯᡝᠮᡝ ᠴᡝᠴᡳᡴᡝ	jeleme cecike	
39	五更醒	ᡤᡝᡨᡝᡥᡠᡵᡳ ᠴᡝᠴᡳᡴᡝ	getehuri cecike	
40	長春花鳥	ᠨᡳᠶᡝᠩᠨᡳᠶᡝᠯᡨᡠ ᠴᡝᠴᡳᡴᡝ	niyengniyeltu cecike	
41	萬春鳥	ᡨᡠᠨᡳᠶᡝᠯᡨᡠ ᠴᡝᠴᡳᡴᡝ	tuniyeltu cecike	
42	嘉雀	ᡶᡳᠶᠠᠰᡥᠠ ᠴᡝᠴᡳᡴᡝ	fiyasha cecike	
43	瓦雀	ᠸᠠᠰᡥᠠ ᠴᡝᠴᡳᡴᡝ	washa cecike	

順次	漢文	滿文	羅馬字轉寫	備註
44	嘉賓	ᠰᠠᡳᠰᡥᠠ ᠴᡝᠴᡳᡴᡝ	saisha cecike	
45	賓雀	ᠠᠨᡨᠠᡵᡥᠠ ᠴᡝᠴᡳᡴᡝ	antarha cecike	
46	白嘉雀	ᡧᠠᠨᠶᠠᠨ ᡶᡳᠶᠠᠰᡥᠠ ᠴᡝᠴᡳᡴᡝ	šanyan fiyasha cecike	
47	花嘉雀	ᠠᠯᡥᠠ ᡶᡳᠶᠠᠰᡥᠠ ᠴᡝᠴᡳᡴᡝ	alha fiyasha cecike	
48	黃雀	ᠰᡠᠸᠠᠶᠠᠨ ᠴᡝᠴᡳᡴᡝ	suwayan cecike	
49	山雀	ᠠᠯᡳᠨ ᡳ ᠴᡝᠴᡳᡴᡝ	alin i cecike	

順次	漢文	滿文	羅馬字轉寫	備註
50	鶺鶉	ᠮᡠᡧᡠ	mušu	
51	麻翼	ᠮᡝᡵᠰᡝᠩᡤᡝ ᠠᠰᡥᠠ	mersengge asha	
52	砂眼	ᡶᡠᠯᡤᡳᠶᠠᠨ ᠶᠠᠰᠠ	fulgiyan yasa	
53	黃眉	ᠰᡠᠸᠠᠶᠠᠨ ᡶᠠᡳᡨᠠᠨ	suwayan faitan	
54	白眉	ᡧᠠᠨᠶᠠᠨ ᡶᠠᡳᡨᠠᠨ	šanyan faitan	
55	插花	ᠰᡳᡵᡤᡝᡵᡳ ᡠᠵᡠ	sirgeri uju	
56	紫义	ᡧᡠᡧᡠ ᡧᠠᡴᡧᠠᡥᠠ	šušu šakšaha	
57	鐵脚	ᠰᠠᡥᠠᠯᡳᠶᠠᠨ ᡶᠠᡨᡥᠠ	sahaliyan fatha	
58	銀海	ᡧᠠᠨᠶᠠᠨ ᠰᡝᠨᠴᡝᡥᡝ	šanyan sencehe	
59	玉鈴	ᡧᠠᠨᠶᠠᠨ ᡴᠣᠩᡤᠣᠯᠣ	šanyan konggolo	
60	駄翎	ᠨᡠᠩᡤᠠᡵᡳ ᡶᡠᠩᡤᠠᡥᠠ	nunggari funggaha	

順次	漢文	滿文	羅馬字轉寫	備註
61	背劍	ᠰᡳᡵᡤᡝᡵᡳ ᡶᡳᠰᠠ	sirgeri fisa	
62	玉鐙	ᡧᠠᠨᠶᠠᠨ ᡶᠠᡨᡥᠠ	šanyan fatha	
63	紫鶴	ᡧᡠᡧᡠ ᠮᡠᡧᡠ	šušu mušu	
64	白鶴	ᡧᠠᠨᠶᠠᠨ ᠮᡠᡧᡠ	šanyan mušu	
65	北牛鶴	ᠠᠮᠠᡵᡤᡳᠩᡤᡝ ᡳᡥᠠᠨ ᠮᡠᡧᡠ	amargingge ihan mušu	
66	南牛鶴	ᠵᡠᠯᡝᡵᡤᡳᠩᡤᡝ ᡳᡥᠠᠨ ᠮᡠᡧᡠ	julergingge ihan mušu	
67	黃鶴	ᠰᡠᠸᠠᠶᠠᠨ ᠮᡠᡧᡠ	suwayan mušu	
68	鶴母	ᠰᡳᠩᡤᡝᡧᡠ	singgešu	
69	鴿	ᠠᡵᠮᡠ	armu	
70	鵖	ᡤᡳᠮᡧᡠ	gimšu	
71	痺	ᠪᡳᠮᡧᡠ	bimšu	

順次	漢文	滿文	羅馬字轉寫	備註
72	鴐	ᡳᡥᠠᠨ ᠮᡠᡧᡠ	ihan mušu	
73	鴳	ᡧᡠᡵᡠᠨ	šurun	
74	白翎	ᡥᠣᡳᡥᠣᠨ	hoihon	
75	阿蘭	ᠸᡝᠨᡩᡝᡵᡥᡝᠨ	wenderhen	
76	阿濫	ᡠᠨᡩᡝᡵᡥᡝᠨ	underhen	
77	鴳鸕	ᡝᠯᡩᡝᡵᡥᡝᠨ	elderhen	
78	鴳雀	ᡝᠯᡥᡝᡵᡥᡝᠨ ᠴᡝᠴᡳᡴᡝ	elherhen cecike	
79	鴳爛堆	ᡝᠯᡩᡝᡩᡝᡳ	eldedei	
80	阿濫堆	ᠸᡝᠨᡩᡝᡩᡝᠨ	wendeden	
81	鶩	ᡤᡳᠨᡩᡝᡵᡥᡝᠨ	ginderhen	

順次	漢文	滿文	羅馬字轉寫	備註
82	阿鵯廻	ᠣᡩᠣᡩᠣᠨ	ododon	
83	鴮扈	ᡝᡥᡠᡵᡥᡝᠨ	ehurhen	
84	烏鸎	ᡠᠯᡩᡝᡵᡥᡝᠨ	ulderhen	
85	冠雀	ᡤᡠᠩᡤᡠᠯᡠᠩᡤᡝ ᠰᠠᠮᠠᠨ ᠴᡝᠴᡳᡴᡝ	gunggulungge saman cecike	
86	米色阿蘭	ᠰᡠᡥᡠᠨ ᠸᡝᠨᡩᡝᡵᡥᡝᠨ	suhun wenderhen	
87	米湯澆	ᠰᡠᡩᡝᡵᡥᡝᠨ	suderhen	
88	鳳頭阿蘭	ᠰᠠᠮᠠᠨ ᠴᡝᠴᡳᡴᡝ	saman cecike	
89	鳳頭花阿蘭	ᠠᠯᡥᠠ ᠰᠠᠮᠠᠨ ᠴᡝᠴᡳᡴᡝ	alha saman cecike	

資料來源：《故宮鳥譜》，臺北，國立故宮博物院，民國八十六年十月，第四冊。

《鳥譜》第四冊，共計三十幅，所標鳥類名稱，包括：藍靛頦（lamuke）、黑靛頦（yacike）、紅靛頦（fulgike）、白靛頦（šeyeke）、金絲麻鷯（suwayan sišargan）、黃鸝（galin cecike）、鶯雛（deberen gūlin cecike）、蛇頭鳥（meihe cecike）、白頭翁（cakūlutu cecike）、白頭郎（cakūlu cecike）、雙喜（jurguntu cecike）、吉祥鳥（sabirgan cecike）、五更鳴（yadan cecike）、西寧白（šanyan sišargan）、偷倉（jeleme cecike）、長春花鳥（niyengniyeltu cecike）、嘉雀（fiyasha cecike）、白嘉雀（šanyan fiyasha cecike）、花嘉雀（alha fiyasha cecike）、黃雀（suwayan cecike）、山雀（alin i cecike）、鶺鴒（mušu）、北牛鶺（amargingge ihan mušu）、南牛鶺（julergingge ihan mušu）、白翎（hoihon）、阿蘭（wenderhen）、米色阿蘭（suhun wenderhen）、鳳頭阿蘭（saman cecike）、鳳頭花阿蘭（alha saman cecike）。除三十幅所標鳥類名稱外，還有各種別名，表四所列名稱，共計八十九種。

靛頦因頦毛色彩不同，分為四種：頦毛帶藍者稱為藍靛頦（lamuke）；紅色者稱為紅靛頦（fulgike）；黑色者稱為黑靛頦（yacike）；白色者稱為白靛頦（šeyeke）。靠山紅（fulgiyan sišargan），紅頂、紅頷、紅臆，一名映山紅（giltari sišargan），羽色光彩，江南人謂之紅麻鷯（fušargan），亦稱紅料（fulari cecike）。金絲麻鷯，滿文讀作“suwayan sišargan”，意即「黃麻鷯」，一名麻料，是一種小鳥，淺黃色，滿文讀作“sišargan”，意即「麻雀」。高郵人喜畜麻料，美其名為金絲（suwayan sišargan）。對照滿文可知金絲就是金絲麻鷯的簡稱。

黃鸝（galin cecike）的別稱，多達十四種，包括：鶯（jarji cecike）、黃鶯（suwayan jarji cecike）、黃鳥（sohon cecike）、倉庚（gūlin cecike）、黧黃（sasulin cecike）、搏黍（tulin cecike）、楚

雀（culin cecike）、黃離留（suwalin cecike）、黃栗留（sulin cecike）、黃鸎（suwayan jarji cecike）、商庚（šulin cecike）、鸝黃（gulin cecike）、黃袍（solin cecike）、黃伯勞（sohon hionghioi cecike）等。黃鸝，滿文或作“galin cecike”，或作“gūlin cecike”。倉庚，或作「倉鶊」，滿文作“gūlin cecike”。黃栗留，滿文或作“sulin cecike”，或作“suwalin cecike”。搏黍（tulin cecike），因仲夏黍登而聲伏而得名。鶯雌雄雙飛，立春後即鳴，因其鳴聲嚶嚶而得名。蛇頭，滿文讀作“meihe cecike”，意即「蛇鳥」，又作「蛇頭鳥」，因其頸長而能轉曲，有似於蛇，故名蛇頭鳥。白頭翁似瓦雀（fiyasha cecike）而稍大，又名白頭鳥，滿文俱作“cakūlutu cecike”。白頭郎，滿文讀作“cakūlu cecike”，句中“cakūlu”，意即「白頭的」，“cakūlu cecike”，意即「白頭鳥」，或「白頭雀」。

雙喜（jurguntu cecike），因其岐尾而白，有似白鵲的白色，故名雙喜。吉祥鳥（sabirgan cecike）身小，毛羽潔淨可愛。五更鳴，滿文讀作“yadan cecike”，意即「饑餒的鳥」，因其中夜常鳴，故亦名五更囀，滿文讀作“guwenden cecike”，意即「鳴叫的鳥」。西寧白是五更鳴的別種，因其來自西寧，故名西寧白，滿文讀作“šanyan sišargan”，意即「白麻雀」。偷倉（jeleme cecike）也是五更鳴的別種，東方辨色時即啁哳聲，亦名五更醒（getehuri cecike），江南人呼為偷倉鳥，意思是說人未起時入倉箱盜食穀米。

長春花鳥（niyengniyeltu cecike），一名萬春鳥（tuniyeltu cecike），是一種瑞鳥，棲息山中，善鳴，終日啼聲不絕。北齊時有萬春鳥出見，齊都苑造萬春堂，以應嘉瑞。嘉雀，滿文讀作“fiyasha cecike”，意即「家雀」。因嘉雀多在人家屋瓦墻壁中築巢，故名瓦雀（washa cecike）。因嘉雀常棲集人家如賓客，故又名嘉賓（saisha cecike），一名賓雀（antarha cecike）。通身純白的嘉雀，稱為白嘉雀，於人家築巢，民間視為瑞兆。花嘉雀（alha fiyasha cecike），其身最小，毛羽光澤可愛。黃雀（suwayan cecike），翅毛黃黑相間，善鳴。山雀（alin i cecike），多於深山崖穴間築巢而得名。

鵪鶉（mušu）的別名頗多，包括：麻翼（mersengge asha）、砂眼（fulgiyan yasa）、黃眉（suwayan faitan）、白眉（šanyan faitan）、插花（sirgeri uju）、紫义（šušu šakšaha）、鐵脚（sahaliyan fatha）、銀海（šanyan sencehe）、玉鈴（šanyan konggolo）、馱翎（nunggari funggaha）、背劍（sirgeri fisa）、玉鐙（šanyan fatha）、紫鵪（šušu mušu）、白鵪（šanyan mušu）、北牛鵪（amargingge ihan mušu）、南牛鵪（julergingge ihan mušu）、黃鵪（suwayan mušu）、駕（ihan mušu）、鴾（armu）、鶛（gimšu）、痺（bimšu）、鴳（šurun）、丹鶉（fulgiyan mušu）、白鶉（šanyan mušu）、羅鶉（ebšu）、早秋（jašu）、白唐（fašu）、淳（aršu）等等。鵪鶉紫色者稱為紫鵪。雄鶉稱為鶛，雌者稱為痺，其雛稱為鴳。丹鶉，滿文讀作"fulgiyan mušu"，意即「紅鶉」，其毛色赤黃而有花紋。鵪鶉之卵初生謂之羅鶉，至秋初謂之早秋，中秋以後，謂之白唐。黃鵪是南牛鵪的別名。駕，滿文讀作"ihan mušu"，意即「牛鵪」，青州謂之鴾母（singgešu）。白翎（hoihon），因兩翅有白毛數根而得名，生沙際草中，不登木，就是白翎雀。

阿蘭（wenderhen），形狀如雀，其別名包括：阿濫（underhen）、鴳鸖（elderhen）、鴳雀（elherhen cecike）、鴳爛堆（eldedei）、鷲（ginderhen）、鴳扈（ehurhen）、阿濫堆（wendeden）、阿鞸廻（ododon）、鴳（elherhen）、烏鸖（ulderhen）、鷃（elherhen）、冠雀（gunggulungge saman cecike）、米色阿蘭（suhun wenderhen），俗名米湯澆（suderhen）。鳳頭阿蘭，滿文讀作"saman cecike"，

句中“saman”，意即「薩滿」，就是靈媒巫人，“saman cecike”，意即「巫雀」。因鳳頭阿蘭有蒼斑毛冠，故一名冠雀（gunggulungge saman cecike）。其頸、項、背、膊，蒼灰、白黑間雜成斑者，則稱鳳頭花阿蘭（alha saman cecike）。

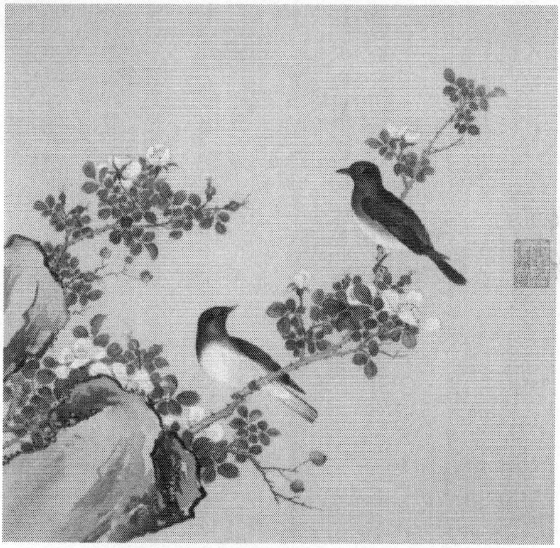

《鳥譜》第四冊　藍靛頦

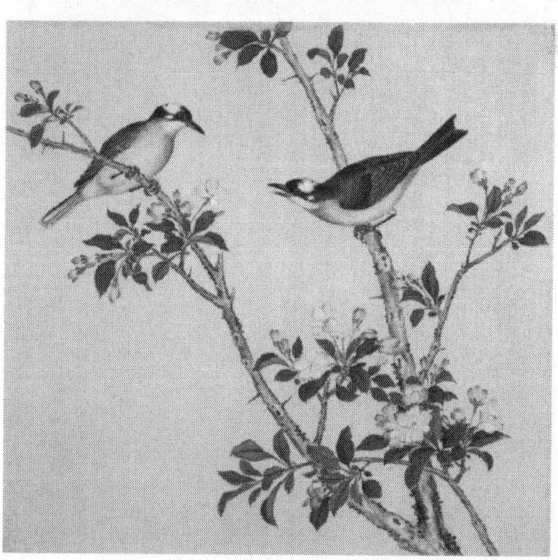

《鳥譜》第四冊　白頭翁

[illegible]

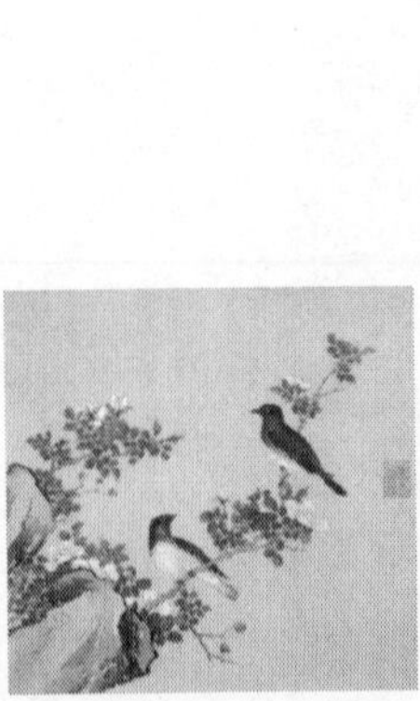

lamuke.

lamuke i yasai faha sahaliyan, yasai šurdeme sahaliyan, yasai juleri amala sahaliyan, funggaha šulihun tucikebi, engge sahaliyan, uju yacikan niowari bocoi juwe ergi šakšaha, sencehe, monggon, alajan, jai huru i funggaha ci aname gemu lamun boco, gelfiyen sahaliyan šurdehebi. meiren, asha yacikan niowari, lamun yacin juwe boco suwaliyaganjahabi, niongnio sahaliyan, uncehen lamun, dubei ergi de sahaliyan boco bi, hefeli šanyan, bethe ošoho sahaliyan. tuwaci, ere gasha duin hacin bi, sencehe i funggaha lamun boco bisirengge be lamuke sembi, fulgiyan boco bisirengge be fulgike sembi, sahaliyan boco bisirengge be yacike sembi, šanyan boco bisirengge be šeyeke sembi.

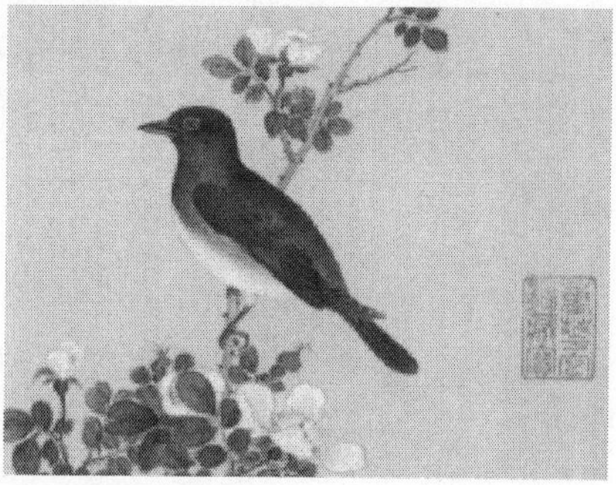

藍靛頦

藍靛頦，黑睛、黑暈。目前後黑，毛尖出。黑觜，頭頂翠青色。兩頰、頷、臆[78]，及項背毛俱藍質淺黑暈[79]。翠青肩、翅，兼藍黑二色，蒼翮藍尾[80]，尾尖帶黑，白腹，黑足、爪。案靛頦有四種[81]：頦毛帶藍者，謂之藍靛頦；紅者，謂之紅靛頦；黑者，謂之黑靛頦；白者，謂之白靛頦。

78 頷、臆，滿文讀作“sencehe, monggon, alajan”，意即「頷、頸、胸臆」，滿漢文義略有出入。
79 項背毛俱藍，滿文讀作“huru i funggaha ci aname gemu lamun boco”，意即「自背毛以下依次俱藍色」，滿漢文義略有出入。
80 蒼翮，滿文讀作“niongnio sahaliyan”，意即「黑翎」。
81 案靛頦有四種，滿文讀作“tuwaci, ere gasha duin hacin bi”，意即「案此鳥有四種」。

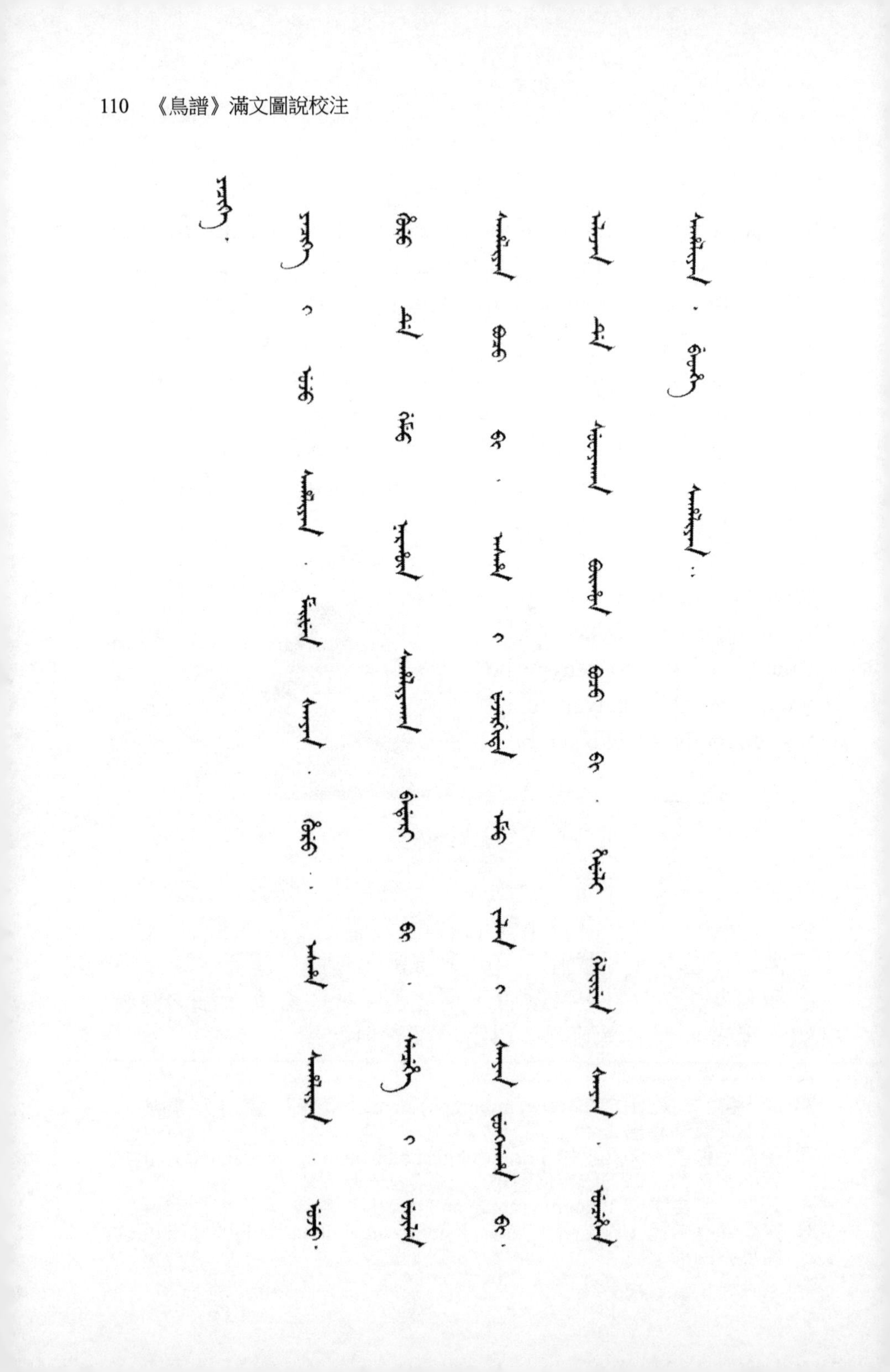

[illegible]

[illegible]

[illegible]

[illegible]

[illegible]

[illegible]

yacike.

yacike i uju sahaliyan, meifen šanyan, huru, asha sahaliyan, uju, huru de gemu narhūn sahaliyakan bederi bi. sencehe i fejile sahaliyan boco bi, asha i fejergide emu jalan i šanyan funggaha bi, alajan de suwayakan boihon boco bi, hefeli gelfiyen šanyan, uncehen sahaliyan, bethe sahaliyan.

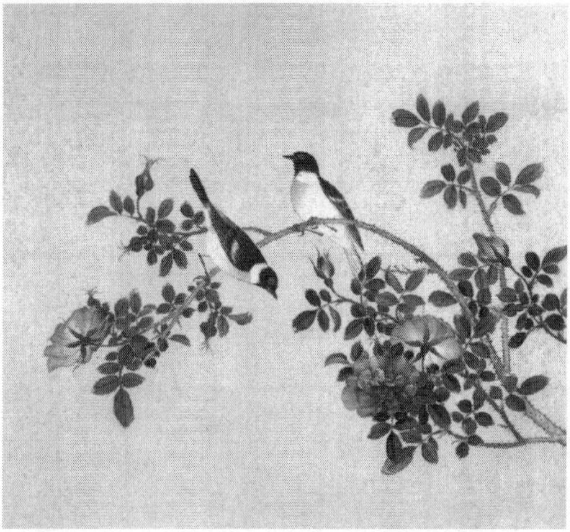

黑靛頦

黑靛頦，黑頭，白頸，黑背、翅，頭、背俱有細蒼斑[82]。頷下帶黑[83]，膊下有白毛一節[84]，臆帶土黃色[85]，腹淺白，黑尾，蒼足[86]。

82 蒼斑，滿文讀作“sahaliyakan bederi”，意即「淺黑斑紋」。
83 頷下帶黑，滿文讀作“sencehe i fejile sahaliyan boco bi”，意即「頷下有黑色」。
84 膊下，滿文讀作“asha i fejergi”，意即「翼下」。
85 臆，滿文讀作“alajan”，意即「胸脯」。
86 蒼足，滿文讀作“bethe sahaliyan”，意即「黑足」。

ᡶᡠᠯᡤᡳᠶᠠᠨ᠈
ᡶᡠᠯᡤᡳᠶᠠᠨ ᡳ ᠰᠠᡳᠨ ᠰᠠᠩᡤᠠ ᠰᠠᡥᠠᠯᡳᠶᠠᠨ᠈ ᠨᡳᠶᠠᠰ ᠰᠠᡥᠠᠯᡳᠶᠠᠨ᠈ ᠪᠣᡵᠣ ᠰᠠᡥᠠᠯᡳᠶᠠᠨ
ᡶᡠᠯᡤᡳᠶᠠᡴᠠ ᠪᠣᡵᠣ᠈ ᠰᠠᡥᠠᠯᡳᠶᠠᠨ ᠰᠠᠮᠠ ᠰᡠᠸᠠᠨ ᡳ ᠰᡠᡥᡝᠨ ᠪᡝᠶᡝ ᠨᡳᠶᠠᠯᠠ᠈ ᠰᡠᠨᠵᠠ
ᡶᡠᠯᡤᡳᠶᠠ᠈ ᠨᡳᠩᡤᡠ᠈ ᠪᡝᠶᡝ᠈ ᠰᠠᡳᠨ᠈ ᠨᡳᠩᡤᡠᠨ ᠨᡳᠩᡤᡠ ᠰᠠᡥᠠᠯᡳᠶᠠᠨ ᡶᡠᠯᡤᡳᠶᠠᠨ
ᠪᡝᠶᡝ᠈ ᠰᡝᠮᡝᠨ ᠰᡝᠮᡝᠨᡝ ᠰᠠᡳᠨ᠈ ᠪᡳᠶᠠᠨ ᠰᠠᡥᠠᠯᡳᠶᠠᠨ ᠰᠠᡥᠠᠯᡳᠶᠠ᠈ ᡶᡠᠯᡤᡳᠶᠠᠨ
ᠰᠠᡥᠠᠯᡳᠶᠠᠨ᠉

fulgike.

fulgike i yasai faha sahaliyan, engge sahaliyan, uju sahaliyan funiyesun boco, šakšaha šanyan faitan i adali bime golmin, sencehe fulgiyan, uju, huru, asha, uncehen gemu sahaliyan funiyesun boco, hefeli gelfiyen šanyan, bethe sahahūkan suwayan, ošoho sahaliyan.

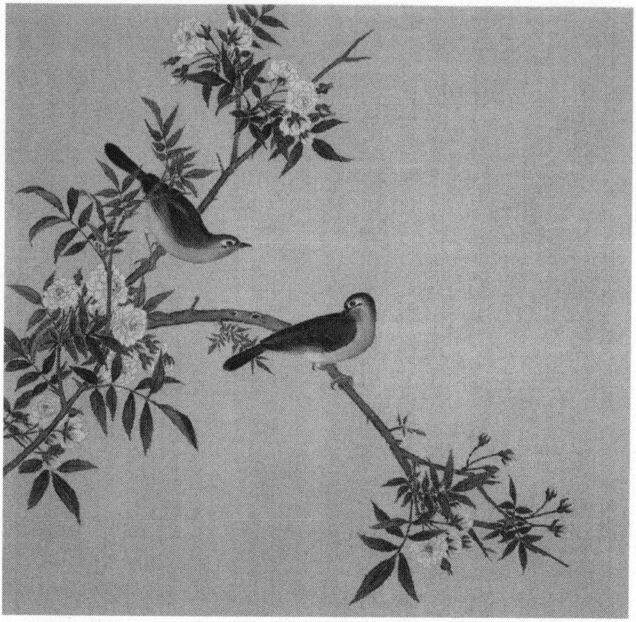

紅靛頦

紅靛頦，黑睛，黑觜，蒼褐頂[87]，白頰如眉而長，紅頦[88]，頭、背、翅、尾俱蒼褐色[89]，淺白腹，黑黃足，黑爪。

87 蒼褐頂，滿文讀作"uju sahaliyan funiyesun boco"，意即「頭頂黑褐色」。

88 紅頦，滿文讀作"sencehe fulgiyan"，意即「紅頷」。

89 蒼褐色，滿文讀作"sahaliyan funiyesun boco"，意即「黑褐色」。

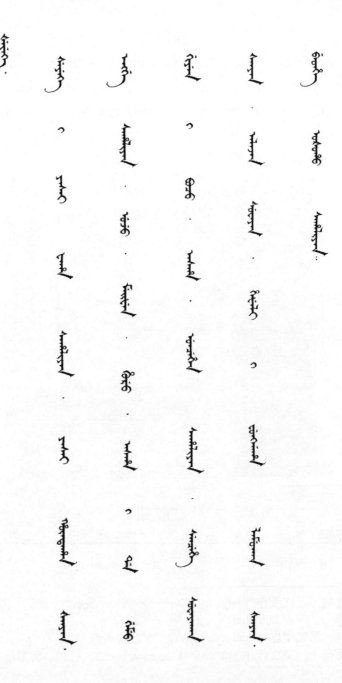

šeyeke.

šeyeke i yasai faha sahaliyan, yasai hūntahan šanyan, engge sahaliyan, uju, meifen, huru, asha i da gemu giyen i boco, asha, uncehen sahaliyan, sencehe suwayakan šanyan, alajan suwayan, hefeli i funggaha lamukan šanyan, bethe ošoho sahaliyan.

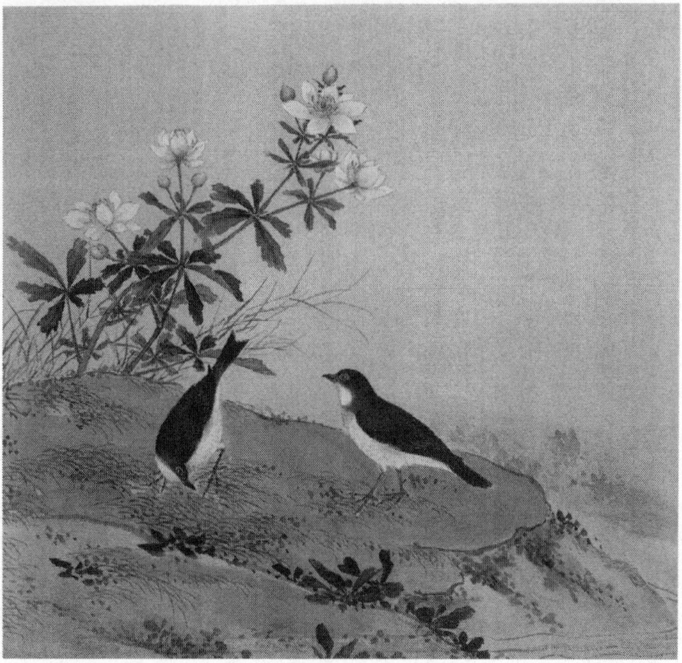

白靛頦

白靛頦，黑睛，白眶[90]，黑觜，頭、項、背、膊[91]，俱作靛花色[92]，黑翅尾，黃白頷，黃臆，腹毛藍白，黑足、爪。

90 白眶，滿文讀作"yasai hūntahan šanyan"，句中"hūntahan"，意即「酒杯」，"yasai hūntahan"，意即「眼眶」。
91 膊，滿文讀作"asha i da"，意即「翼根」，或「翅根」。
92 靛花，滿文讀作"giyen"，意即「靛花青」。

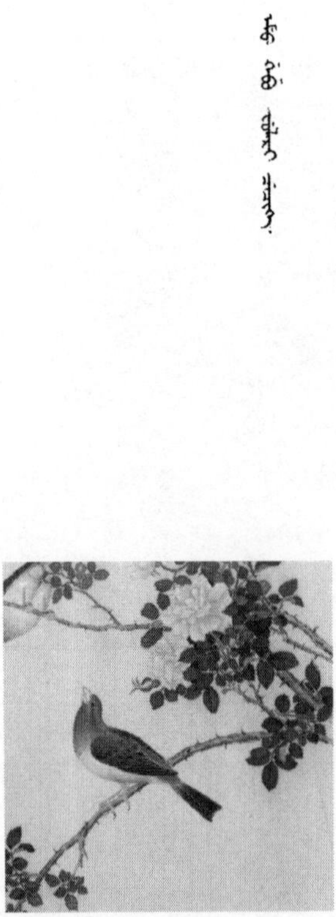

fulgiyan sišargan, emu gebu giltari sišargan,
emu gebu fulari cecike, emu gebu fušargan.

fulgiyan sišargan i yasai faha sahaliyan, yasai hūntahan šanyan, engge suhun boco, uju fulgiyan, sencehe fulgiyan, alajan fulgiyan, yasai amargi ci huru de isitala yacikan fulgiyan funggaha sirandume banjihabi, huru i funggaha de fulgiyan bederi, sahaliyan bederi bi. uncehen de hanci bisire ba fulgiyan boco umesi gincihiyan, asha i da fulgiyan sahaliyan, asha, uncehen fulgiyakan sahaliyan, hefeli fulgiyakan fulenggi boco, bethe suhun boco, ošoho sahaliyan, emu gebu giltari sišargan sembi. funggaha i boco gincihiyan sain, guwendere jilgan donjire de inu icangga, giyangnan ba i niyalma erebe fušargan sembi, inu fulari cecike sembi.

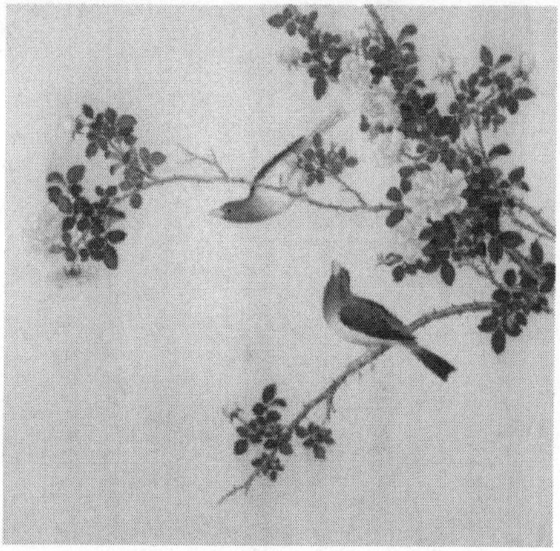

靠山紅，一名映山紅，一名紅料，一名紅麻鶶

靠山紅，黑睛，白眶，米色觜，紅頂，紅頷，紅臆[93]，眼後蒼赤毛連背[94]，背毛紅質黑章[95]。近尾處紅色甚鮮，紅黑膊，紅黑翅、尾，灰紅腹，米色足，黑爪。一名映山紅，羽色光彩，聲亦可聽，江南人謂之紅麻鶶，亦曰紅料。

93 紅臆，滿文讀作“alajan fulgiyan”，意即「紅胸脯」。
94 蒼赤，滿文讀作“yacikan fulgiyan”，意即「略黑紅」，或「微青紅」。
95 背毛紅質黑章，滿文讀作“huru i funggaha de fulgiyan bederi, sahaliyan bederi bi.”意即「背毛有紅斑、黑斑」。

ᡠᠵᡠ᠈ ᡧᠠᠩᡤᡳᠶᠠᠨ ᡶᡠᠯᡤᡳᠶᠠᠨ ᠪᠣᠴᠣ ᠪᡳ ᠰᠠᡥᠠᠯᡳᠶᠠᠨ ᠪᠣᠴᠣᠨ ᠪᡳ᠈ ᠪᡝᠯᡝᡥᡝᠨ ᡨᡝᠩᡤᡝ᠈ ᠮᡠ ᡩᡝ ᠪᡝ

ᠰᡳᠩᡤᡝᠨ ᠪᡳ ᡶᡠᠯᡤᡳᠶᠠᠨ ᠪᠣᠴᠣ ᠪᡳ᠈ ᠪᠣᠴᠣ᠈ ᠰᠠᡥᠠᠯᡳᠶᠠᠨ᠈ ᠰᡠᠸᠠᠶᠠᠨ ᡠᠨᠴᡝᡥᡝᠨ ᡳᠨᡳ᠈ ᡠᠨᠴᡝᡥᡝᠨ

ᠪᡳ ᡧᠠᠩᡤᡳᠶᠠᠨ ᠰᠠᡥᠠᠨ ᡠᠨᠴᡝᡥᡝᠨ ᠪᡳ᠈ ᠰᠠᡥᠠᠨ᠈ ᡠᠯᡤᡳᠶᠠᠨ ᠰᠠᡥᠠᠯᡳᠶᠠᠨ ᡠᠨᠴᡝᡥᡝᠨ ᠪᡳ ᠨᡳᠩ ᠠᡥᠠᠨ᠈ ᡠᠨᠴᡝᡥᡝᠨ

ᠪᠣᠣᠰᡥᠣᠨ ᠪᠣᠴᠣ᠈ ᠰᠠᡥᠠᠯᡳᠶᠠᠨ ᡠᠨᠴᡝᡥᡝᠨ᠈ ᠰᡠᠪᡝᡥᡝ ᡠᠨᠴᡝᡥᡝᠨ᠈ ᡧᠠᠨᠶᠠᠨ ᠠᡥᠠᠨ᠈ ᡧᠠᠩᡤᡳᠶᠠᠨ᠈ ᠠᡥᠠᠨ᠈ ᠰᡳᡵᡤᠠ ᠪᡳ ᡠᠨᠴᡝᡥᡝᠨ

ᡠᠨᠴᡝᡥᡝᠨ ᠰᡳᡵᡤᠠᠨ ᠣ ᡝᠮᡠ ᡤᡠᠯᡥᡠᠨ᠈ ᡝᠮᡠ ᠪᠣᡥᠣᠨ ᡠᠨᠴᡝᡥᡝᠨ᠈ ᠰᡠᠰᡠ ᠪᡠᡵᡤᡳᠶᡝᠨ ᠰᠣᡥᡳᠨ ᠪᠣᠯᠣ᠈ ᡝᠮᡠ ᡠᠨᠴᡝᡥᡝᠨ

ᡠᠨᠴᡝᡥᡝᠨ ᡝᠮᡠᡥᡝᠨ᠈ ᡥᠣ ᠪᡳ ᠴᡳᠣ ᡥᠣ ᠪᡳ ᡝᠮᡠᡥᡝᠨ

suwayan sišargan, emu gebu aisirgan, emu gebu sišari cecike.

suwayan sišargan i yasai faha fulgiyan, yasai hūntahan suwayan, engge sahahūkan fulenggi boco, uju suwayakan boihon boco, šakšaha suwayan, sencehe suwayan, faitan sahaliyan, meifen sahaliyan, ashai da, huru sahahūkan suwayan bime narhūn šanyan funggaha bi, asha, uncehen sahahūkan suwayan bime jerin šanyan, tunggen, alajan suwayan, hefeli šanyan bime sahaliyakan bederi bi. bethe, ošoho šahaliyan. acamjaha šunggiya de, sišargan serengge ajige cecike inu, gelfiyen suwayan boco bime sahaliyan bederi bi, guwendere mangga, g'ao io ba i niyalma ujire de amuran, ere gebu be sain obume, suwayan sišargan seme gebulehebi sehebi.

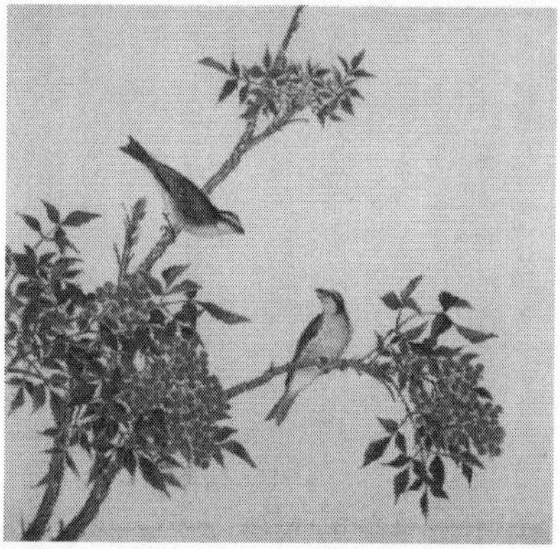

金絲麻鷯[96]，一名麻料，一名金絲料

金絲麻鷯，赤睛，黃眶，黑灰觜，土黃頂，黃頰，黃頷，黑眉，黑項，黑黃膊、背有細白毛，黑黃翅、尾，白邊，黃胸、臆，白腹有蒼斑[97]，黑足、爪。《彙雅》云：麻料[98]，小鳥也，淺黃色，有黑斑，善鳴。高郵人家喜畜之，美其名曰金絲。

---

96 金絲麻鷯，滿文讀作"suwayan sišargan"，意即「金絲料」，滿文又讀作"sišari cecike"，高郵人家美其名曰「金絲」。

97 蒼斑，滿文讀作"sahaliyakan bederi"，意即「黑斑」。

98 麻料，滿文讀作"sišargan"，意即「麻雀」，滿文又讀作"aisirgan"。

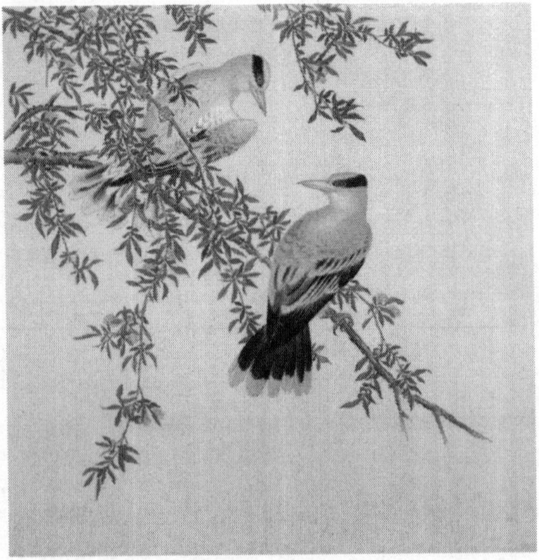

galin cecike, emu gebu jarji cecike, emu gebu suwayan jarji cecike, emu gebu sohon cecike, emu gebu golin〔gūlin〕cecike, emu gebu sasulin cecike, emu gebu tulin cecike, emu gebu culin cecike, emu gebu suwalin cecike, inu sulin cecike sembi.

galin cecike i yasai faha sahaliyan, engge gelfiyen fulgiyan, uju guilehe boco, juwe yasai dalbade faitan i adali sahaliyan funggaha emu justan bifi, uju de isibume šurdeme banjihabi. meifen, monggon ci huru de isitala guilehe boco, asha i da sahahūkan suwayan, asha sahaliyan bime, asha i dubei ergi suwayan sahaliyan šanyan boco ishunde suwaliyaganjahabi. hefeli tumin suwayan bime gelfiyen sahaliyan bederi

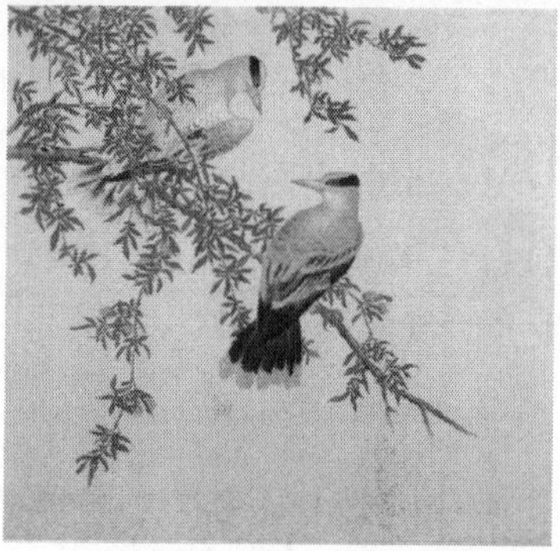

黃鸝，一名鶯，一名黃鶯，一名黃鳥，一名倉庚[99]，一名鵹黃，一名摶黍，一名楚雀，一名黃離留，亦作黃栗留

黃鸝，黑睛，粉紅觜，杏黃頂，兩目旁各有黑毛一道如眉環，連至頂。頸、項至背杏黃色，黑黃膊，黑翅，翅尖黃黑白相間，甘黃腹[100]，淡黑斑。

---

99 黃鸝，滿文讀作"galin cecike"，《清文總彙》、安雙成主編《滿漢大辭典》，滿文讀作"gūlin cecike"，異。倉庚，滿文讀作"gūlin cecike"，此作"golin cecike"，誤。

100 甘黃，滿文讀作"tumin suwayan"，意即「深黃色」。

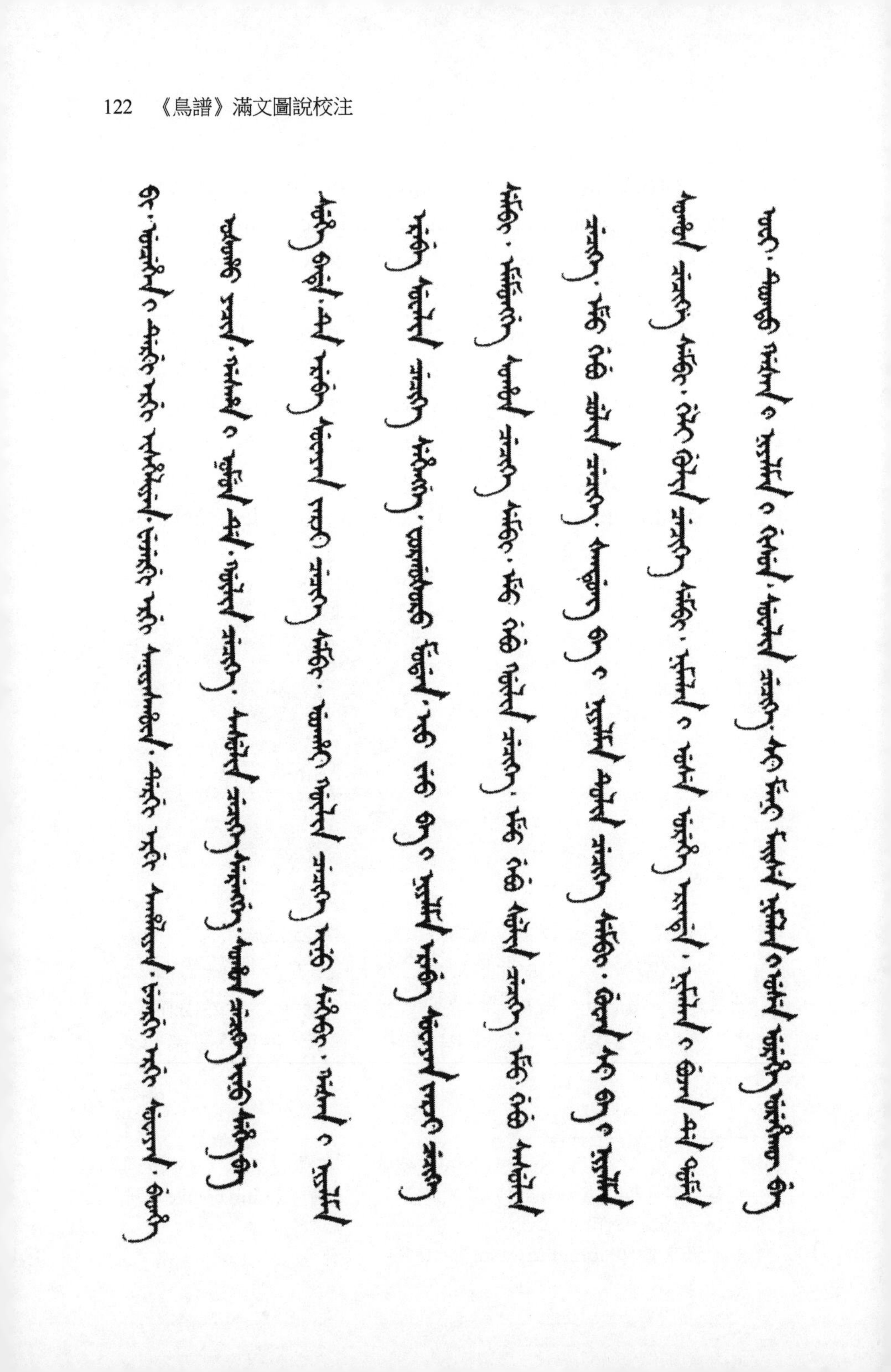

bi, uncehen i dergi ergi isheliyen, fejergi ergi saniyashūn, dergi ergi sahaliyan, fejergi ergi suwayan, bethe ošoho yacin. gasha i nomun de, gūlin cecike, sasulin cecike serengge, sohon cecike inu sehe be suhe bade, te erebe suwayan jarji cecike sembi, uthai gūlin cecike inu sehebi. gašan i niyalma erebe suwalin cecike sehengge, forgošoro mudan. io jeo ba i niyalma erebe suwayan jarji cecike sembi, ememungge sohon cecike sembi, emu gebu gūlin cecike, emu gebu šulin cecike , emu gebu sasulin cecike, emu gebu culin cecike. šandung ba i niyalma tulin cecike sembi. guwan si ba i niyalma sohon cecike sembi, geli gulin cecike sembi. nimalan i use urehe erinde, nimalan i bujan de dome ofi, tuttu gašan i niyalma i gisun, suwalin cecike, si meni maise nimalan i use urehe urehekū be

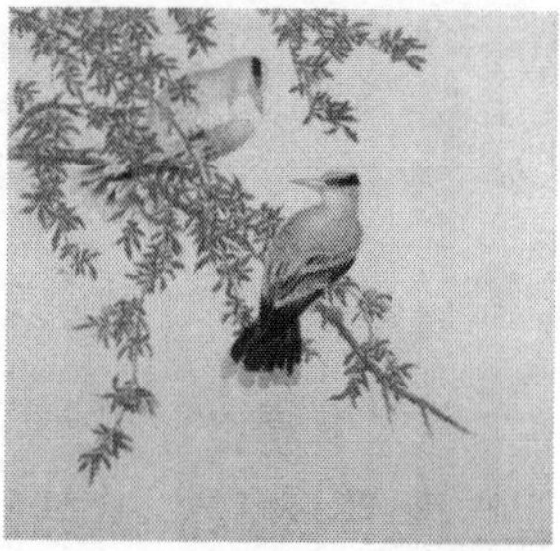

尾上狹下開，上黑下黃，青足、爪。《禽經》：倉鶊，鵹黃，黃鳥也。注云：今謂之黃鶯，黃鸝是也。野民曰：黃栗留[101]，語聲轉耳。幽州人謂之黃鸎，或謂之黃鳥，一名倉庚，一名商庚，一名鵹黃，一名楚雀。齊人謂之搏黍[102]。關西謂之黃鳥，一作鸝黃。當葚熟時來在桑間，故里語曰：黃栗留看我麥黃葚熟不。

101 黃栗留，滿文讀作"suwalin cecike"，意即「黃離留」。
102 齊人，滿文讀作"šandung ba i niyalma"，意即「山東地方人」。

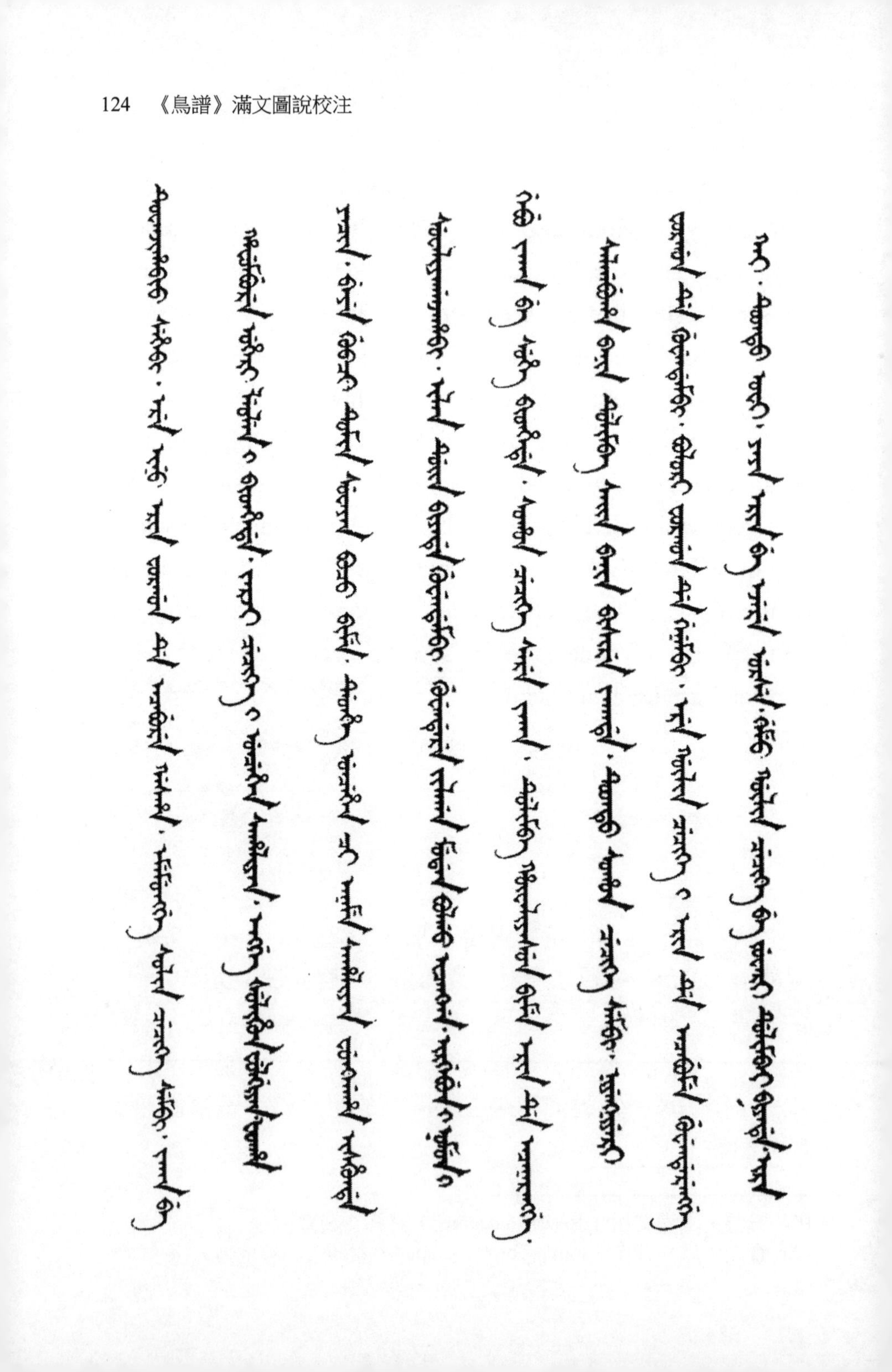

[illegible]

[illegible]

[illegible]

[illegible]

[illegible]

[illegible]

[illegible]

[illegible]

tuwanjihabio sehebi. ere inu erin forgon de acabure gasha, ememungge solin cecike sembi. jaka be hafumbure uheri leolen i bithede, jarji cecike i uncehen sahaliyan, engge šulihun fulgiyan, fatha yacin, beye gubci tumin suwayan boco bime, dethe, uncehen ci aname sahaliyan funggaha ishunde suwaliyaganjahabi, ilan duin biyade guwendembi, guwendere jilgan mudan bolgo icangga. irgebun i nomun i gebu jaka be suhe bithede, sohon cecike sere jaka, dulimba hūwaliyasun bime erin de acanarangge, salgabuha banin dulimba sain banin bisire jakade, tuttu sohon cecike sembi. niyengniyeri forgon de guwendembi, bolori forgon de genembi. ere gūlin cecike i erin de acabume guwenderengge kai. tuttu ofi, yaya erin be ejere urse, gemu gūlin cecike be juwari dulimbai biyade, ira

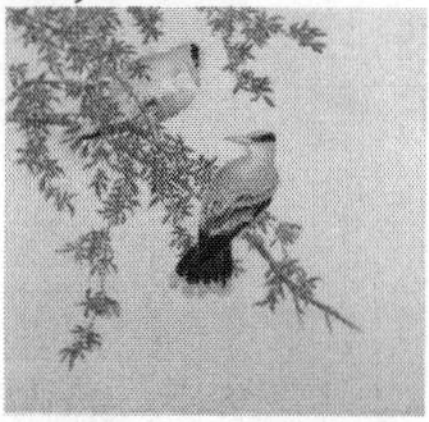

亦是應節趨時之鳥也，或謂之黃袍。《格物總論》云：鷽黑尾[103]，尖紅觜，青腳[104]，遍身甘草黃色，羽及尾有黑毛相間，三、四月鳴，聲音圓滑。《毛詩名物解》云：黃鳥之為物，中和而得時者也，有中美之性，故謂之黃鳥。其鳴以春為期，其去以秋為度，倉庚所以鳴其時也[105]，故凡記時者，皆言倉庚，仲夏

103 鷽，滿文讀作“jarji cecike”，意即「鶯」。
104 青腳，滿文讀作“fatha yacin”，意即「青掌」。
105 倉庚，滿文讀作“gūlin cecike”，意即「黃鸝」。

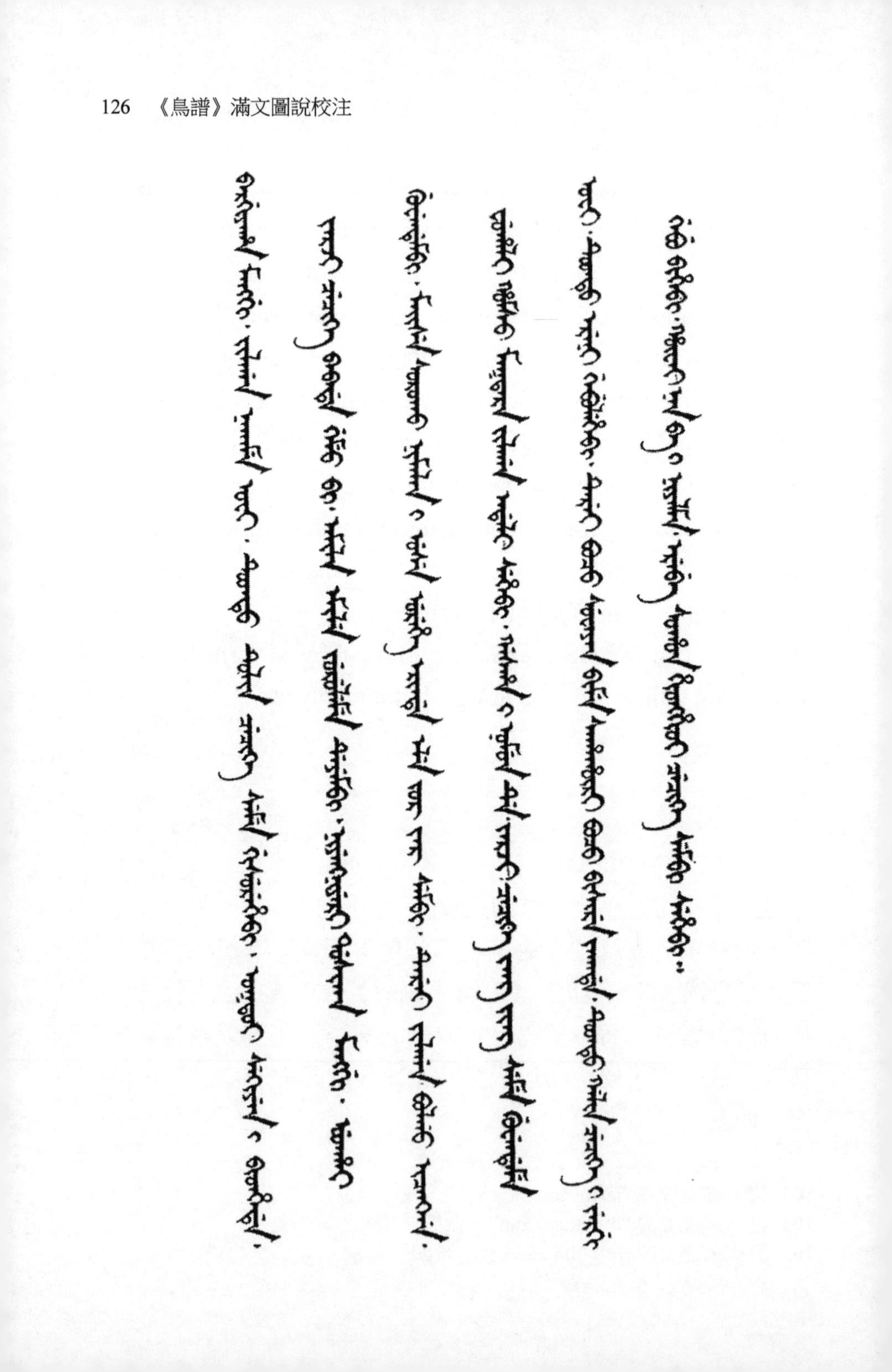

[illegible]

[illegible]

[illegible]

[illegible]

[illegible]

[illegible]

[illegible]

bargiyaha manggi, jilgan nakame ofi, tuttu tulin cecike seme gisurehebi. oktoi sekiyen i bithede, jarji cecike babade gemu bi, amila emile juruleme deyembi, niyengniyeri dosika manggi, uthai guwendembi, maise soroko nimalan i use urehe erinde ele jor jar sembi, terei jilgan bolgo icangga, fuhali homso maktara jilgan adali sehebi. gasha i nomun de, jarji cecike jang jing seme guwendeme ofi, tuttu ereni gebulehebi. terei boco suwayan bime sahahūri boco bisire jakade, tuttu galin cecike i jergi gebu bihebi. hūwai nan ba i niyalma, erebe sohon hionghioi cecike sembi sehebi.

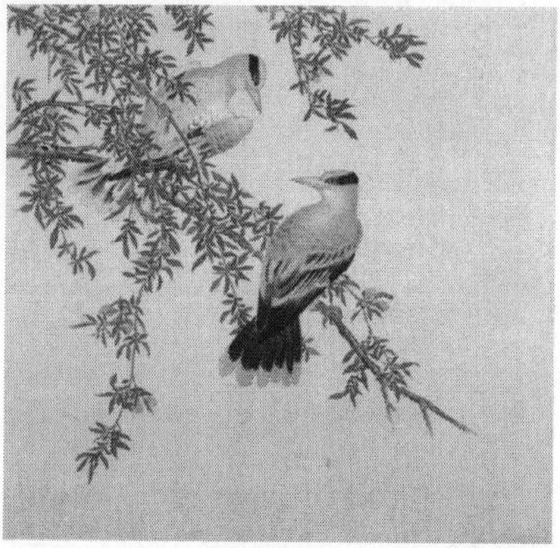

黍登而聲伏，故謂之搏黍。《本草綱目》云[106]：鶯處處有之，雌雄雙飛；立春後即鳴[107]，麥黃葚熟時尤甚[108]，其聲圓滑，如織機聲[109]。《禽經》云：鶯鳴嚶嚶，故名。其色黃而帶黧，故有黃鸝諸名。淮人謂之黃伯勞。

106 本草綱目，滿文讀作“oktoi sekiyen i bithe”，意即「藥物根源之書」，或「藥源之書」

107 立春，滿文讀作“niyengniyeri dosika”，意即「進入春天」。

108 葚，滿文讀作“nimalan i use”，意即「桑樹的種子或籽粒」。

109 織機聲，滿文讀作“homso maktara jilgan”，意即「拋梭的聲音」。

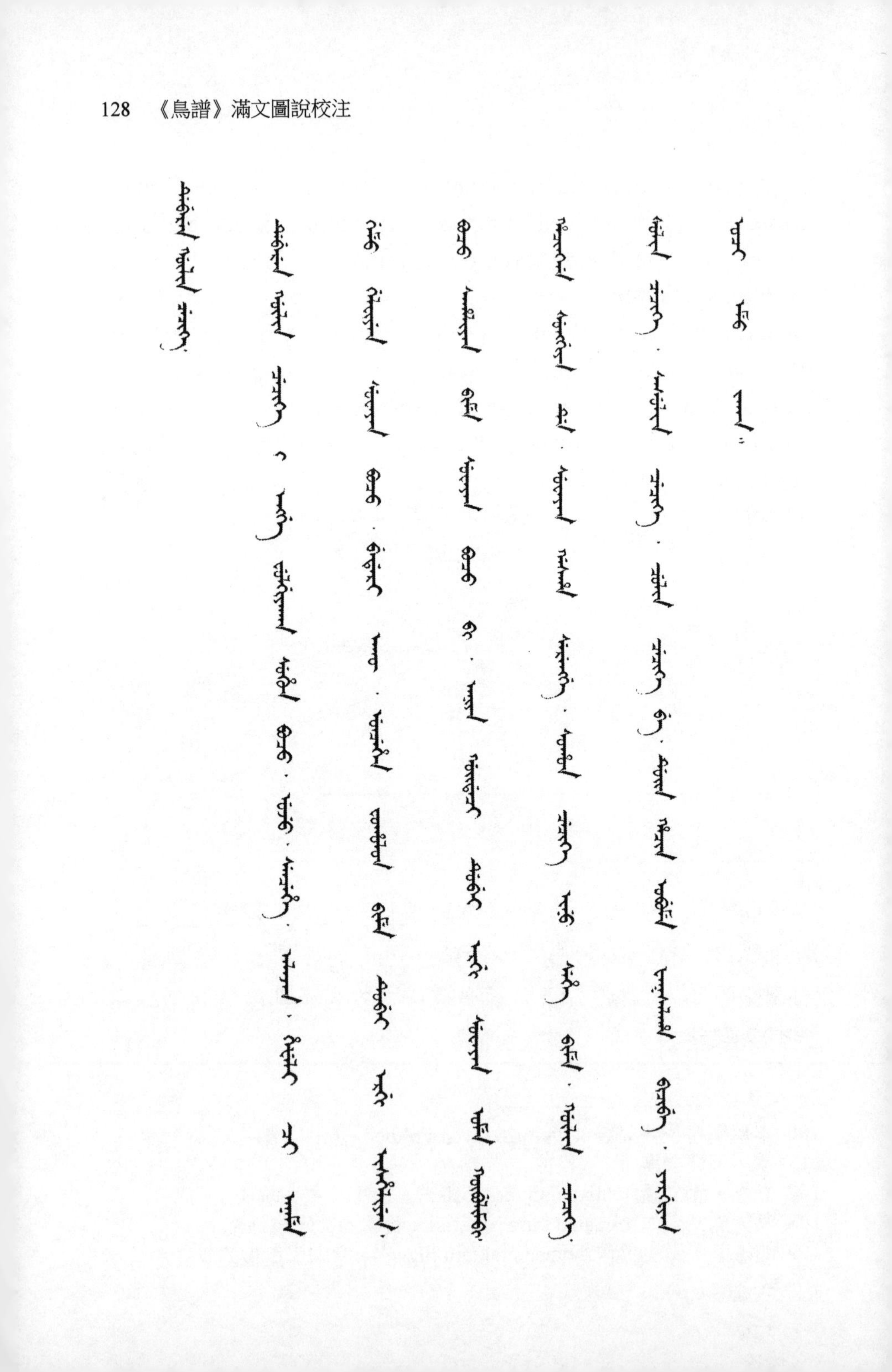

[illegible]

deberen gūlin cecike.

deberen gūlin cecike i engge fulgiyakan suhun boco, uju, sencehe, alajan, hefeli ci aname gemu gelfiyen suwayan boco, bederi akū, uncehen foholon bime dubei ergi isheliyen, boco sahaliyan bime suwayan boco bi, aniya goidaci dubei ergi suwayan ome kūbulimbi. hacingga〔hancingga〕 šunggiya de, suwayan gasha serengge, sohon cecike inu sehe bime, gūlin cecike, šulin cecike, sasulin cecike, culin cecike be, duin hacin obume faksalaha bicibe, yargiyan oci emu jaka.

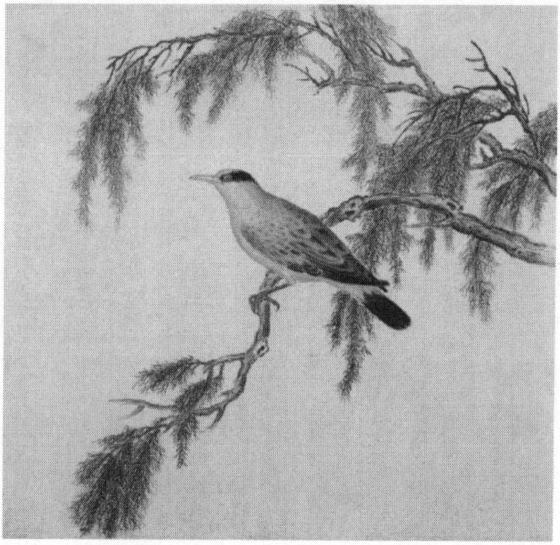

鶯雛

鶯雛，米紅觜，頂[110]、頷、臆、腹俱薑黃色，無斑，尾短而下狹[111]，黑色帶黃，老則下節變黃矣。《爾雅》分皇黃鳥[112]，倉庚、商庚、鵹黃、楚雀為四，其實一物也。

110 頂，滿文讀作"uju"，意即「頭」。

111 下狹，滿文讀作"dubei ergi isheliyen"，意即「末端狹」。

112 皇黃鳥，滿文讀作"suwayan gasha serengge, sohon cecike inu sehe."意即「皇黃鳥者，黃鳥也。」

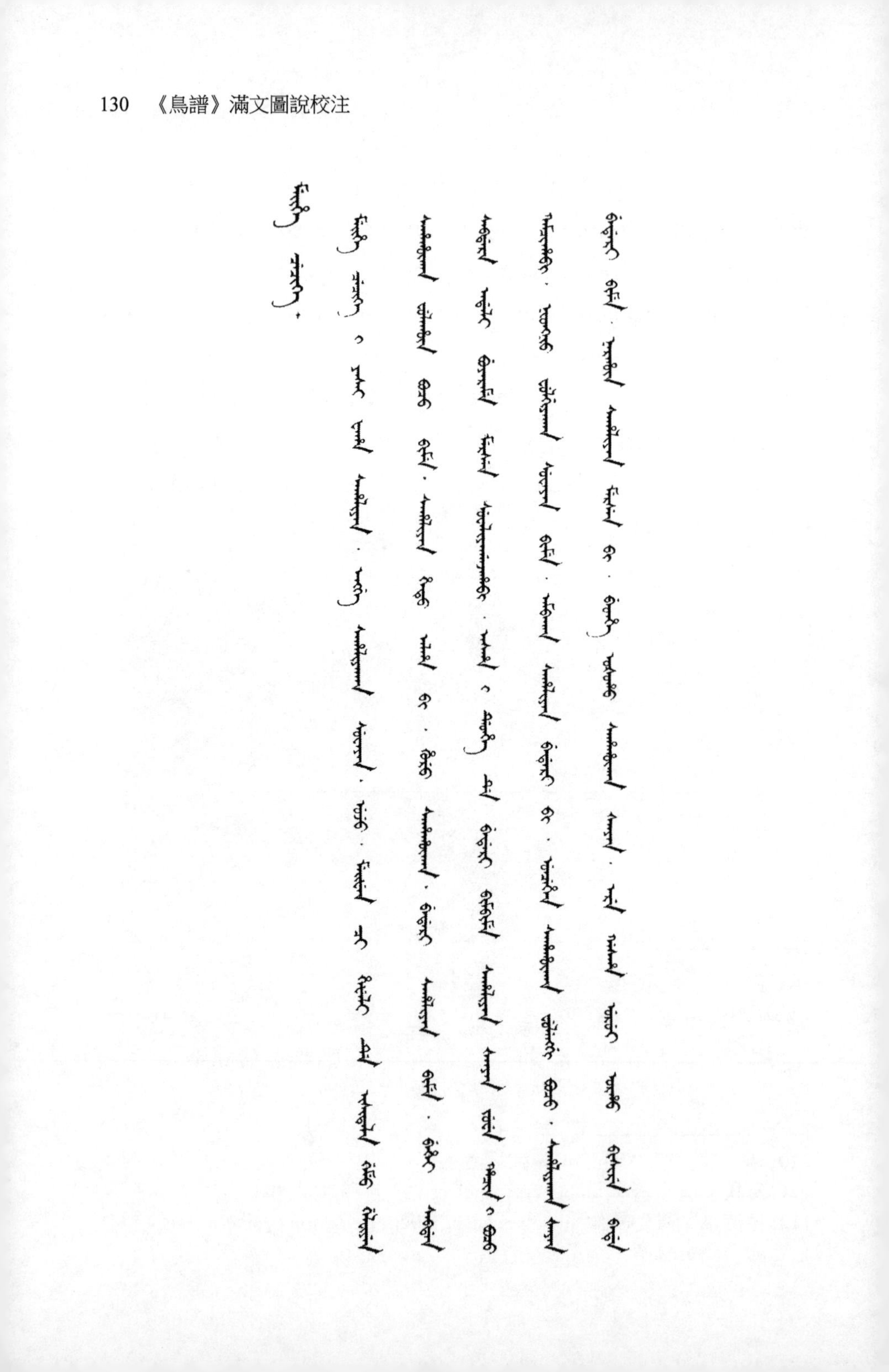

[illegible]

[illegible]

[illegible]

[illegible]

[illegible]

[illegible]

meihe cecike.

meihe cecike i yasai faha sahaliyan, engge sahaliyakan suwayan, uju, meifen ci hefeli de isitala gemu gelfiyen sahahūkan fulahūn boco bime, sahaliyan hetu alha bi, huru sahahūkan, bederi sahaliyan bime, behei sabdan sabdara adali buyarame mersen suwaliyaganjahabi. asha i dethe de bederi bimbime sahaliyan šanyan juwe hacin i boco kamcihabi. niongnio fulgiyakan suwayan bime, ambakan sahaliyan bederi bi. uncehen sahahūkan fulenggi boco, sahaliyakan šanyan bederi bime, narhūn sahaliyan mersen bi, bethe ošoho sahahūkan šanyan, ere gasha urui orho bisire bade

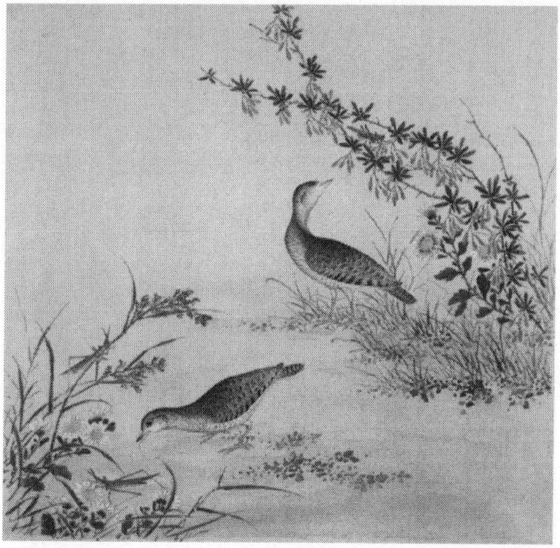

蛇頭鳥[113]

蛇頭鳥，黑睛，黑黃觜，頭、頸至腹俱淺蒼赭色，黑橫紋，蒼背，黑斑，襍以碎點如灑墨花，翅、毛斑兼黑白二色。赤黃翮[114]，大黑斑，蒼灰尾，黑白斑帶細黑點，蒼白足、爪，此鳥棲止多在草地，

113 蛇頭鳥，滿文讀作“meihe cecike”,意即「蛇鳥」。
114 赤黃翮，句中「翮」，滿文讀作“niongnio”，意即「翎」。

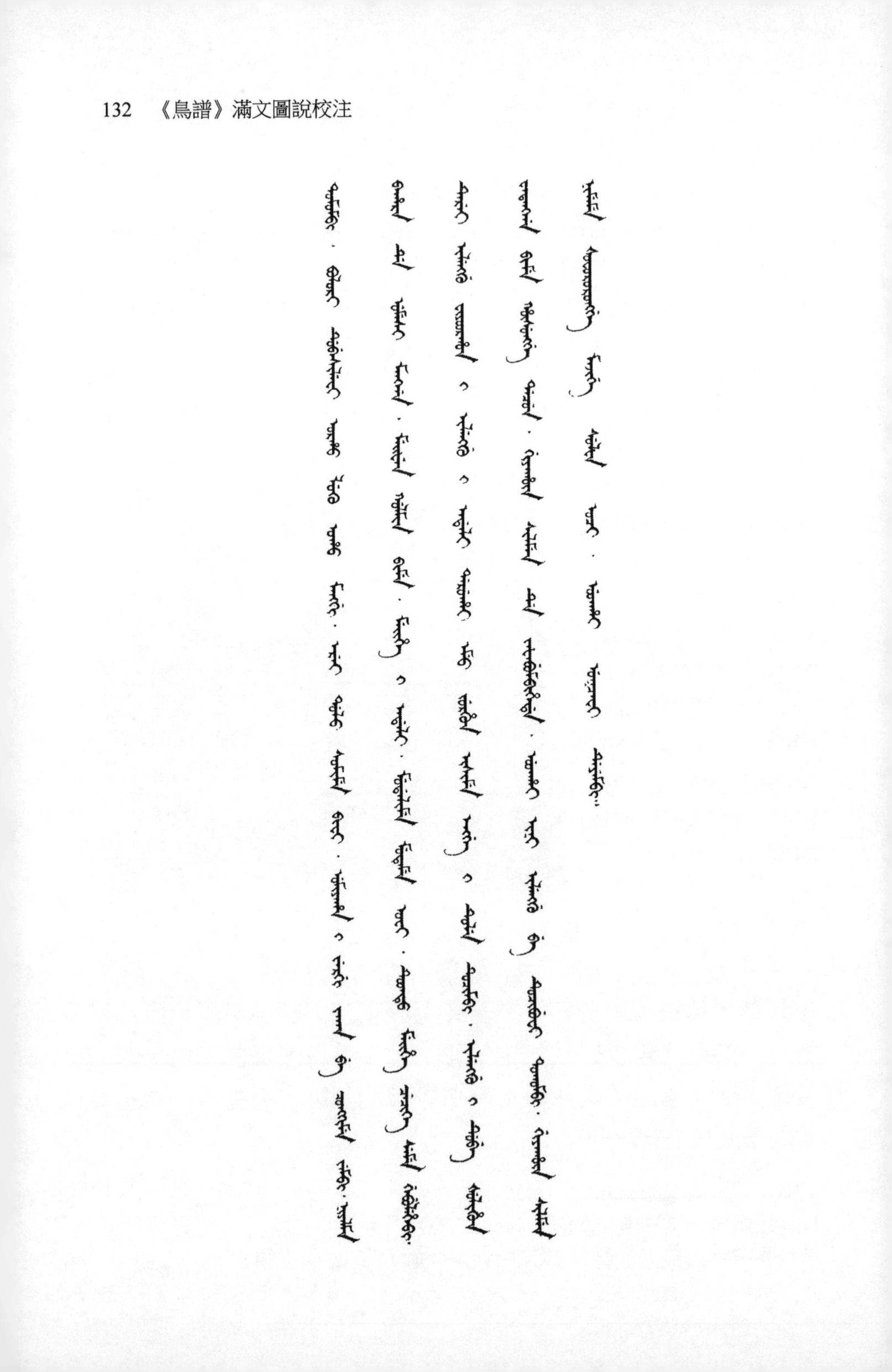

[illegible]

[illegible]

[illegible]

[illegible]

[illegible]

tomombi, bolori dubesilefi orho luku oho manggi, erei dolo somime bifi, umiyaha i jergi jaka be congkime jembi, niyalma bahara de umesi mangga. meifen golmin bime, meihe i adali, mudalime muteme ofi, tuttu meihe cecike seme gebulehebi. terei ilenggu fiyoorhon i ilenggu i adali daruhai emu jurhun isime engge i tule tucimbi, ilenggu i dube šulihun watangga bime hūsungge dacun, giyahūn silmen de jafabumbihede, uthai ini ilenggu be tucibufi tokombi. giyahūn silmen nimeme šofororongge majige sulfa oci, uthai ukcafi deyembi.

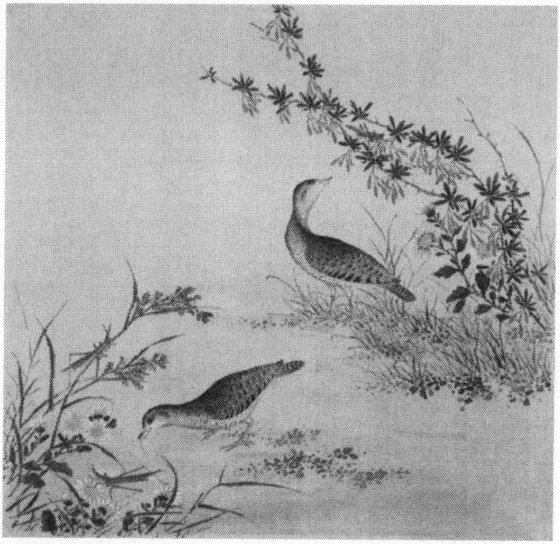

秋深草長，藏匿於中，啄蟲豸而食，人得之甚難。其頸長而能轉曲，有似於蛇[115]，故名蛇頭[116]。其舌如啄木[117]，長出於咮寸許，尖鈎勁利，或為鷹鷂擒擊，輒伸其舌以刺，鷹鷂負痛力少縱，則逸而逃矣。

115 其頸長而能轉曲，有似於蛇，滿文讀作“meifen golmin bime meihe i adali, mudalime muteme ofi”，意即「因頸長而似蛇能轉曲」。
116 蛇頭，滿文讀作“meihe cecike”，意即「蛇鳥」，又作「蛇頭鳥」。
117 啄木，即啄木鳥，滿文讀作“fiyorhon”，此作“fiyoorhon”，異。

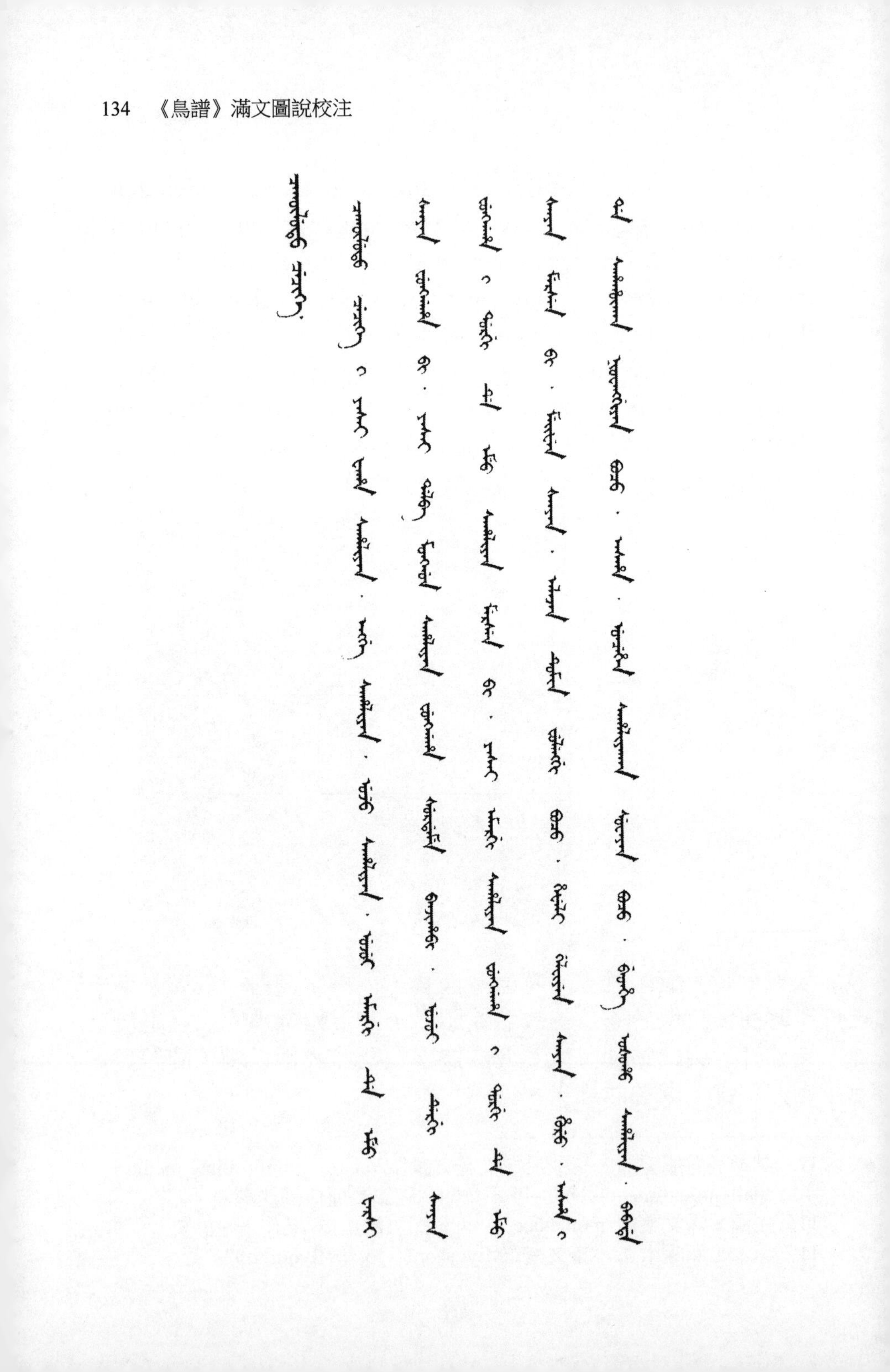

[illegible]

cakūlutu cecike.

cakūlutu cecike i yasai faha sahaliyan, engge sahaliyan, uju sahaliyan, ujui amargi de emu farsi šanyan funggaha bi, yasai dalba monggon sahaliyan funggaha šurdeme banjihabi, ujui dergi šanyan funggaha i dorgi de emu sahaliyan mersen bi, yasai amargi sahaliyan funggaha i dorgi de emu šanyan mersen bi, meifen šanyan, alajan tumin fulenggi boco, hefeli gelfiyen šanyan, huru, asha i da sahahūkan niowanggiyan boco, asha, uncehen sahaliyakan suwayan boco, bethe ošoho sahaliyan, babade

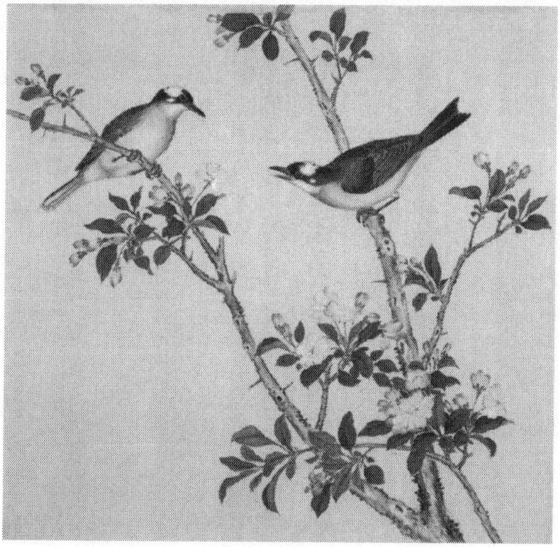

白頭翁[118]

白頭翁，黑睛，黑咮[119]，黑頂，頂後白毛一片，眼旁至項環以黑毛，其頭上白毛中有一黑點，眼後黑毛中有一白點，白頷，深灰臆，淺白腹，背、膊蒼綠色，翅、尾黑黃色，黑足、爪，在處

118 白頭翁，滿文讀作“cakūlutu cecike”，意即「白頭鵯」。
119 黑咮，滿文讀作“engge sahaliyan”，意即「黑觜」。

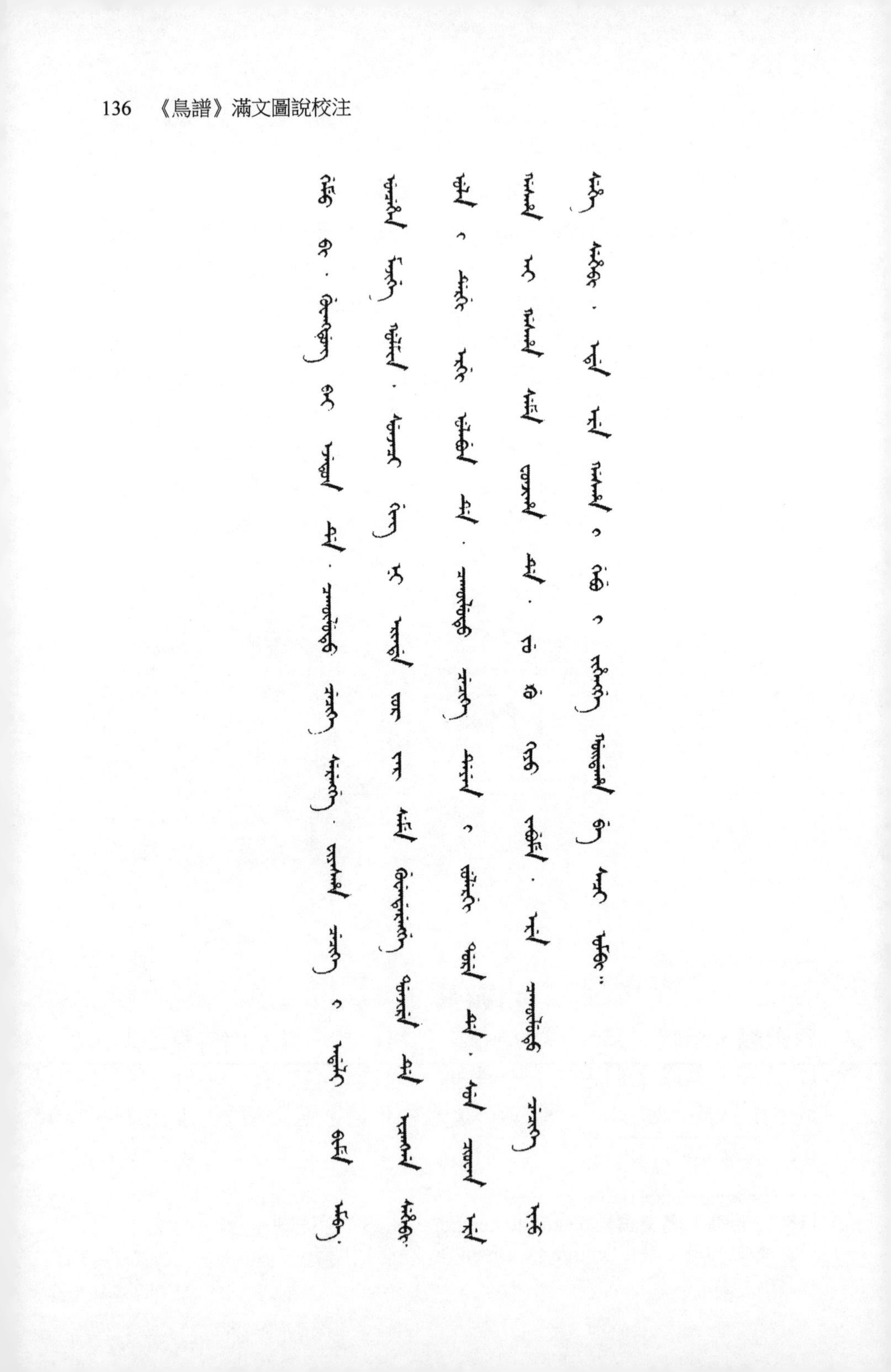

gemu bi. guwangdung bai ejetun de, cakūlutu cecike serengge, fiyasha cecike i adali bime amba, uncehen majige golmin, sunjaci ging ni erinde jor jar seme guwenderengge donjire de icangga sehebi. ula i dergi ergi ulabun de, cakūlutu cecike deyen i julergi dore de, sun ciowan ere gasha ai gasha seme fonjiha de, ju g'o kiyo jabume, ere cakūlutu cecike inu sehe sehebi. ede ere gasha i gebu i jihengge goidaha be saci ombi.

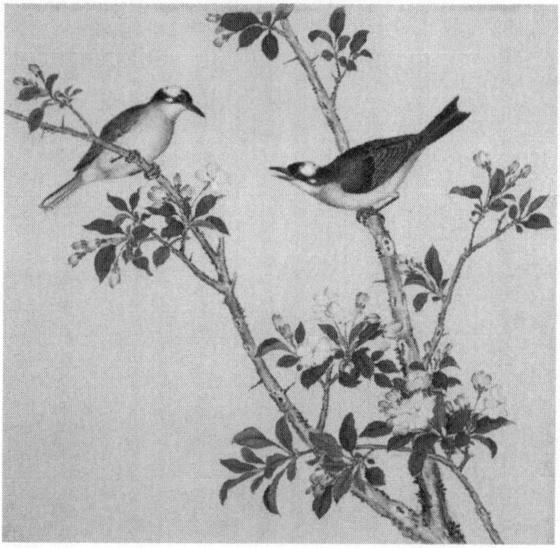

有之。《粵志》云：白頭翁者，似瓦雀而大[120]，尾稍長，五更鳴啁哳可聽。《江表傳》云[121]：有白頭鳥集殿前，孫權問此何鳥？諸葛恪曰：白頭翁也。知此鳥之名舊矣[122]。

120 瓦雀，滿文讀作“fiyasha cecike”，意即「家雀」。
121 江表，滿文讀作“ula i dergi ergi”，意即「江東」，又作「江左」。
122 知此鳥之名舊矣，滿文讀作“ede ere gasha i gebu i jihengge goidaha be saci ombi.”意即「因此可知此鳥之名由來久矣」。

ᠴᠠᡴᡡᠯᡠ ᠴᡝᠴᡳᡴᡝ

ᠴᠠᡴᡡᠯᡠ ᠴᡝᠴᡳᡴᡝ ᡳ ᠪᡝᠶᡝ ᡝᠩᡤᡝ ᠰᠠᡥᠠᠯᡳᠶᠠᠨ᠈ ᡤᡳᠶᠠᠨ᠈ ᠰᠠᡥᠠᠯᡳᠶᠠᠨ᠈ ᡠᠵᡠ᠈ ᠰᡠᠸᠠᠶᠠᠨ᠈ ᠰᠠᡥᠠᡵᡳ᠈ ᠰᡠᡥᡝᠨ

ᠰᠠᡥᠠᠯᡳᠶᠠᠨ᠈ ᠰᠠᡳᠨ᠈ ᡠᠵᡠᡳ ᡠᠵᡠ ᠰᠠᡳᠨ᠈ ᡠᠵᡠ᠈ ᠰᠠᡳᠨ ᡳ ᠨᡳ ᡠᠵᡠᠩᡤᡝ ᠰᠠᡥᠠᠯᡳᠶᠠᠨ᠈ ᠰᠠᡳᠨ ᡳ

ᠰᡠᠪᡝᡵᡳ ᡶᡠᠩᡤᠠᠰᠠᠨ ᠰᠠᡥᠠᠯᡳᠶᠠᠨ᠈ ᡶᡠᠩᡤᠠᠰᠠᠨ ᠪᡝ ᠰᠠᡳᠨ ᠪᡝᠶᡝᡳ ᡠᠵᡠ ᡳ ᡶᡠᠩᡤᠠᠰᠠᠨ ᡠᠵᡠ ᠰᠠᡳᠨ

ᡶᡠᠩᡤᠠᠰᠠᠨ ᠪᡠᡵᡠ ᠰᡠ᠈ ᡶᡠᠩᡤᠠᠰᠠᠨ ᠰᠠᡥᠠᠯᡳᠶᠠᠨ ᡠᠵᡠ᠈ ᡶᡠᠩᡤᠠᠰᠠᠨ ᡤᡳᠶᠠᠨ᠈ ᠰᠠᡥᠠᠯᡳᠶᠠᠨ ᠰᠠᡳᠨ

ᡶᡠᠩᡤᠠᠰᠠᠨ ᠰᡠᠪᡝᡵᡳᠪᡠᡥᡝ᠈ ᠪᡠᡥᡝ ᠰᠠᡥᠠᠯᡳᠶᠠᠨ ᠰᠠᡥᠠᠯᡳᠶᠠᠨ᠉

cakūlu cecike.

cakūlu cecike i yasai faha sahaliyan , engge sahaliyan, uju, meifen šanyan, sencehe sahaliyan, alajan, hefeli gemu šanyan, huru, asha i da tumin sahaliyan, asha i dethe suwayakan sahaliyan, uncehen de hanci bisire huru i funggaha inu šanyan, uncehen asuru golmin akū, tumin sahaliyan boco, uncehen saraci, sahaliyan šanyan funggala suwaliyaganjahabi, bethe ošoho sahaliyan.

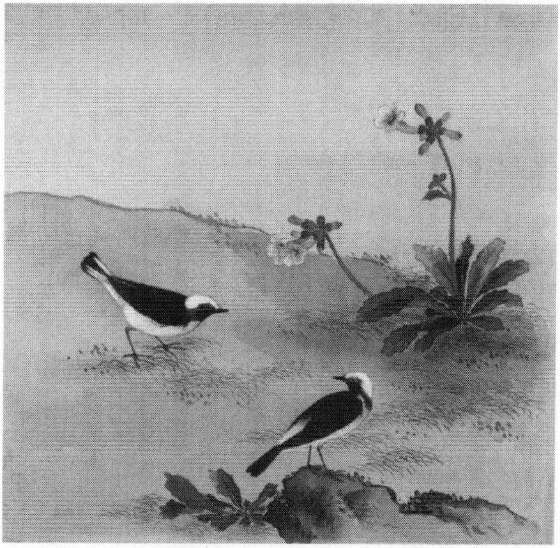

白頭郎[123]

白頭郎，黑睛，黑觜，白頭項，黑頷，臆、腹俱白，背、膊深黑，翅毛黃黑，近尾背毛亦白，尾不甚長，深黑色，張尾則黑白毛相間，黑足、爪。

123 滿文"cakūlu"，意即「白頭的」，或「白頸的」，"cecike"，意即「雀」，或「麻雀」。"cakūlū cecike"，意即「白頭雀」，習稱「白頭郎」。

ᠵᡝᡵᡤᡳ · ᠪᠣᠴᠣᡳ ᡨᡠᠸᠠᠪᡠᡥᠠ ᡠᠨᠴᡝᡥᡝᠨ ᡤᠣᠯᠮᡳᠨ ᡧᡠᠯᡳᡥᡠᡴᡝᠨ ::

ᡨᡠᠸᠠᠪᡠᠮᠪᡳ ᡶᡠᠩᡤᠠᡥᠠ ᡳᠯᡝᡨᡠ ᠪᠣᠴᠣ · ᠰᠠᡥᡡᡵᡠᠨ ᡨᡠᡵᡤᡝᠨ ᡝᠩᡤᡝᠮᡝ ᠪᡳ · ᠰᠠᡥᠠᠯᡳᠶᠠᠨ ᠰᡠᠸᠠᠶᠠᠨ ᡳ ᠰᠠᡥᠠᡵᡳᠨ ᠪᠣᠴᠣ ᠪᡳ ᠰᡝᡥᡝᠨ
ᡤᠣᠯᠮᡳᡴᡠᡝᠨ · ᠪᠣᠴᠣᠩᡤᠣ ᡩᡝ ᡨᡠᡵᡤᡝᠨ ᡤᡝᠯᡝᠮᡝ ᠪᡳᠶᠠᠨ ᡳ ᡤᡠᠯᡤᡳᠶᠠᠨ ᠰᡠᠸᠠᠶᠠᠨ ᠰᠠᡥᠠᠯᡳᠶᠠᠨ · ᠪᠣᠴᠣ · ᡤᡝᠯᡝᠮᡝᠩᡤᡝ ᠰᡠᠸᠠᠶᠠᠨ
ᠰᠠᠯᠠᠨ · ᡴᠣᡵᡳᠨ ᡳ ᠰᡠᠸᡝ ᡳ ᡨᡝᡵᡝ ᡝᠩᡤᡝ ᠰᠠᡥᠠᠯᡳᠶᠠᠨ ᠪᠣᠴᠣ ᠰᠠᡥᠠᡵᡳᠨ ᠰᡠᠸᠠᠶᠠᠨ ᠰᡝᠪᠵᡝᠯᡝᠮᡝ · ᠪᡠᡴᡳᠶᠠᠨ ᡨᡝ
ᠪᠣᠴᠣ ᡨᡠᡵᡤᡝᠨ ᡤᡝᠯᡝᠮᡝᠩᡤᡝ ᠪᠣᠴᠣ ᡩᡝ · ᠰᡠᠸᠠᠨᡳᠶᠠᠨ ᠰᠠᡥᠠᠯᡳᠶᠠᠨ ᡨᡠᡵᡤᡝᠨ ᠰᠠᡥᠠᡵᡳᠨ · ᠰᠠᠯᠠᠨ · ᠪᠣᠴᠣ ᡨᡝ
ᡨᡝ ᡤᡝᠯᡝᠮᡝᠩᡤᡝ · ᠰᠠᡥᡡᡵᡠᠨ · ᠰᡠᡵᡝ ᡨᡝᡵᡝ ᠰᠠᠯᠠᠨ ᡳ ᡨᡝ ᡤᡝᡵᡝᠨ ᡨᡝ ᡳ ᠰᠠᠯᠠᠨ ᡨᡠᡵᡤᡝᠨ
ᠰᠠᡥᡡᡵᡠᠨ ᠪᠣᠴᠣ · ᡨᡠᡵᡤᡝᠨ · ᠰᠠᠯᠠᠨ ᡨᡠᡵᡤᡝᠨ ᠰᡠᠸᠠᠨᡳᠶᠠᠨ ᠪᠣᠴᠣ ᠰᠠᡥᠠᠯᡳᠶᠠᠨ ᠰᠠᠯᠠᠨ ᡨᡠᡵᡤᡝᠨ ᡩᡝ · ᠰᡠᠸᠠᠶᠠᠨ · ᡴᡠᠸᠠᡵᠠᠮᡝ · ᡳ
ᡨᡠᡵᡤᡝᠨ ᠰᠠᠯᠠᠨ ᡳ ᡴᠣᠨᡳ ᠰᡠᠸᠠᠨᡳᠶᠠᠨ ᠰᠠᡥᠠᠯᡳᠶᠠᠨ · ᡨᡝᡵᡝ · ᠰᠠᡥᡡᡵᡠᠨ · ᠰᡠᠸᠠᠶᠠᠨ · ᠪᠣᠴᠣ ᡩᡝ ᠰᡝᠮᡝ ᡨᡝ
ᡨᡠᡵᡤᡝᠨ ᠰᠠᠯᠠᠨ ·

jurguntu cecike.

jurguntu cecike i yasai faha gelfiyen sahaliyan, engge sahaliyan, meifen, monggon, huru ci aname gemu sahahūri boco, sencehe, alajan majige gelfiyen bime sahahūkan šanyan funggaha bi, meiren alhata, asha i da sahaliyan, asha sahaliyan, dube ergi šanyan, asha i da ergide emu jalan i šanyan funggaha bime majige suwayakan boco bi, niongnio sahahūkan fulgiyan, uncehen sahaliyan, jerin šanyan, doko ergi šanyan, wajima i juwe funggala i dubei ergi buljin šanyan bime juwedeme garganame dendehebi, guwendere de tukiyembi, bethe de hanci bisire hefeli i funggaha sahahūkan fulenggi boco, bethe gelfiyen fulahūn. ošoho suwayakan suhun boco, terei uncehen garganaha bime, šanyan saksaha i šanyan boco de adali ofi, tuttu jurguntu cecike seme gebulehebi.

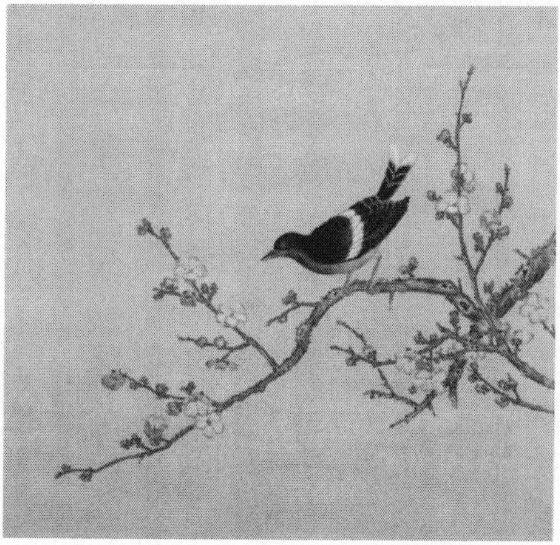

雙喜

雙喜，淺黑睛，黑觜，頸、項、背俱蒼黑，頷、臆略淺帶蒼白毛，花肩，黑膊，黑翅白尖，翅根白毛一節帶微黃，蒼赤翮，黑尾，白緣，白裏，末二翎下半純白，分二岐，鳴則翹起。近足、腹毛蒼灰色，紅粉足，米黃爪，以其岐尾而白，有似鵲白色，故名雙喜。

ᠰᡠᠯᡳᡥᡳᠨ ᡳᠰᡳᠨᠵᡳᡥᡝ᠈

ᠰᡠᠯᡳᡥᡳᠨ ᡳᠰᡳᠨᠵᡳᡥᡝ ᡳ ᠪᡝᠶᡝ ᡳᠰᡳᠨᠵᡳᡵᡝ ᠵᠠᡵᡳ᠈ ᡩᡝᡵᡝ ᠰᡝᡵᡝ᠈ ᡝᡵᡝᡳ ᠰᠠᠯᡳᠶᠠᠨ ᡤᠣᡵᠣ᠈ ᡳᠰᡳᠮᡝ

ᠵᡝᡴᡠ ᠰᠠᡥᠠᠯᡳᠶᠠᠨ᠈ ᠪᡳᡵᡠ ᠨᠣᡥᠣᠩᡤᠣ ᠪᠣᠴᠣ᠈ ᠰᡳᠩᡤᡝᠨ ᠰᠠᠯᡳᠶᠠᠨ᠈ ᡤᡳᠰᡠᠨ ᠪᡳ ᠵᡠᠸᡝ ᡴᡠᡵᡝᠩᡤᡝ ᠪᡝᠶᡝ

ᠰᠠᡥᠠᠯᡳᠶᠠᠨ ᡤᡡᠯᡳᠨ ᠪᠣᠴᠣ᠈ ᠨᡳᠩᡤᡠᠨ ᡝᡵᡝ ᡝᡵᡝ ᠰᡝᠮᡳᠶᡝᠨ ᡳ ᠮᡝᡵᡤᡝᠨ ᡳ ᠮᡳᡵᡝ ᠪᡝᡩᡝᡵᡳ᠈ ᡩᡝᡵᡝᠨ ᡶᡝᠮᡳᠨ

ᠰᡠᠸᠠᠶᠠᠨ ᠰᠠᠮᠠᠨ ᡶᡠᠯᡤᡳᠶᠠᠨ ᠪᠣᠴᠣ ᡨᡠᠯᡤᡳᠶᡝᠨ ᠶᠠᠰᠠ ᡳ ᠰᠠᡥᠠᠯᡳᠶᠠᠨ᠈ ᡳ ᠨᡳᠶᠠᠯᠮᠠ ᡝᡵᡝ ᡝᡵᡝ ᠰᡝᠮᡝᠨ

ᠪᡝᠶᡝ ᡳ ᠰᠠᡥᠠᠯᡳᠶᠠᠨ ᡝᠮᡠ ᡝᡵᡝ ᡝᡵᡝ ᠪᡝᡩᡝᡵᡳ᠈ ᠶᠠᡥᠠᠯᡳᠶᠠᠨ ᠰᠠᡥᠠᠯᡳᠶᠠᠨ ᠰᠠᡥᠠᠯᡳᠶᠠᠨ᠈ ᡨᡠᠯᡤᡳᠶᡝᠨ ᠰᠠᡥᠠᠯᡳᠶᠠᠨ ᡳᠰᡳᠮᡝ

ᡨᡠᠯᡤᡳᠶᡝᠨ ᠰᡝᠪᠰᡝᡥᡝ ᠰᠠᡥᠠᠯᡳᠶᠠᠨ ᠪᠣᠴᠣ᠈ ᠪᡳᠶᠠᠨ᠉

sabirgan cecike.

sabirgan cecike i beye umesi ajigen, yasai faha sahaliyan, engge yacikan sahaliyan, engge i da šanyan, uju sahahūri boco, sencehe šanyan, meifen ci huru de isitala gemu sahahūkan funiyesun boco, funggaha jergi jergi nimaha i esihe i adali banjihabi, esihe tome narhūn šanyan funggaha bi, alajan i dergi boihon boco, hefeli i fejile majige šanyan, huru i sahaliyan alha jergi jergi banjimbi. uncehen suwayakan sahaliyan, bethe sahaliyakan šanyan, dethe funggala gincihiyan boco buyecuke.

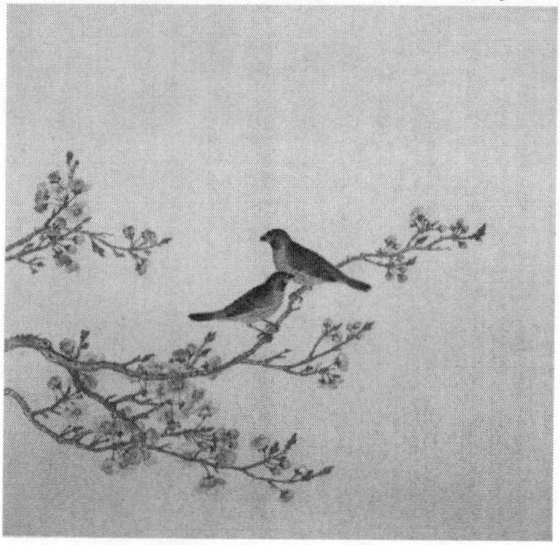

吉祥鳥

吉祥鳥，身甚小，黑睛，青黑觜，白根[124]，蒼黑頭頷[125]，白項至背，俱蒼褐色，毛相比次如魚鱗，每鱗有細白莖毛，臆前土色，腹下微白，皆黑紋鱗次[126]，黃黑尾。黑粉足，毛羽潔淨可愛。

124 白根，滿文讀作"engge i da šanyan"，意即「白觜根」。

125 蒼黑頭頷，滿文讀作"uju sahahūri boco, sencehe šanyan"，意即「頭蒼黑色，白頷」。

126 皆黑紋鱗次，滿文讀作"huru i sahaliyan alha jergi jergi banjimbi"，意即「背黑紋鱗次」，句中「皆」，當作「背」。

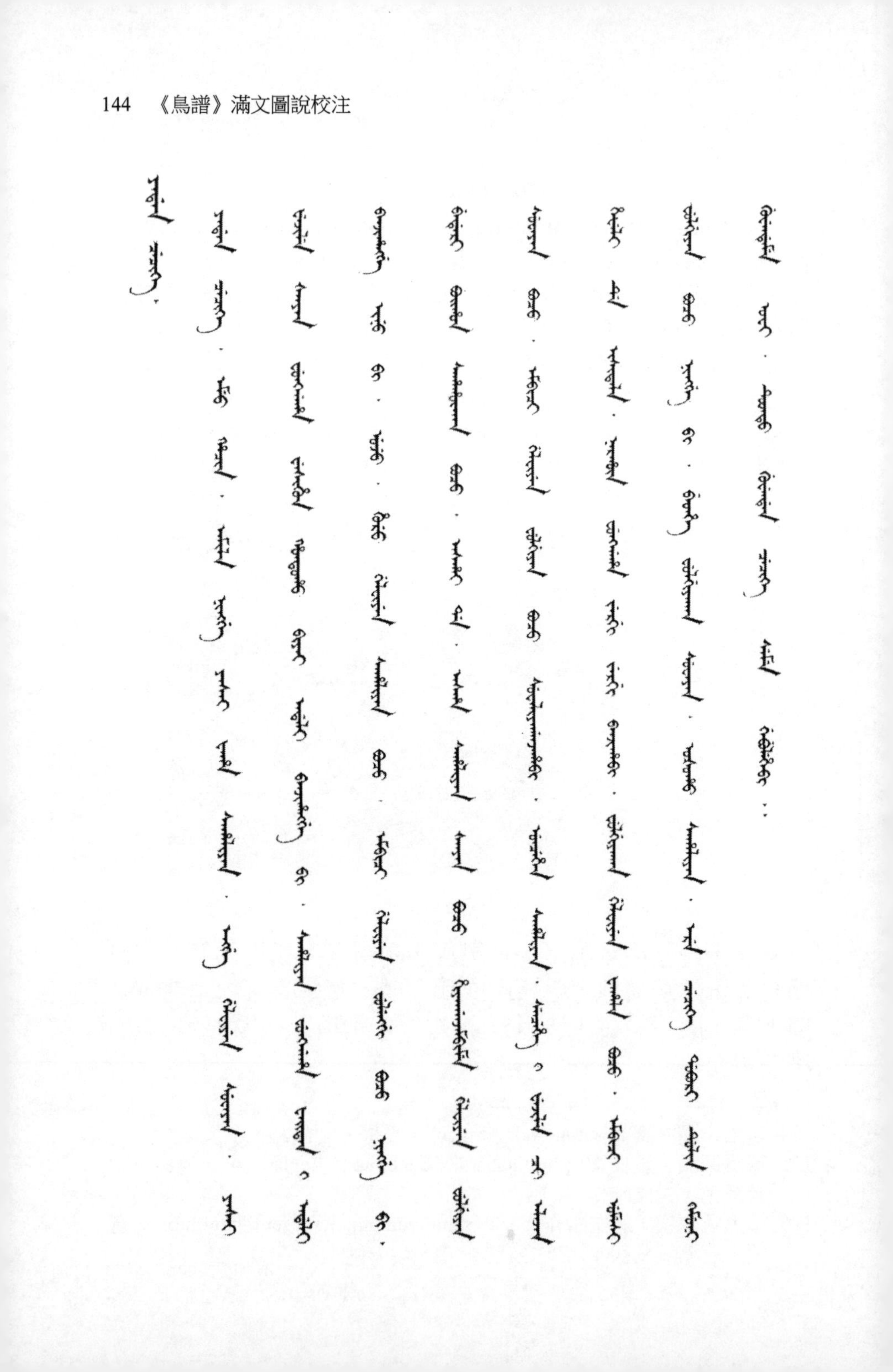

[illegible]

yadan cecike.

yadan cecike, emu hacin amila ningge yasai faha sahaliyan, engge gelfiyen suwayan, yasai fejile šanyan funggaha wesihun hontoho biyai adali banjihangge bi, sahaliyan funggaha faitan i adali banjihangge inu bi, uju, huru gelfiyen sahaliyan boco, embici gelfiyen fulenggi boco ningge bi, bederi boihon sahahūkan boco, ashai da, asha sahaliyan šanyan boco hiyaganjambime gelfiyen fulgiyan suwayan boco, embici gelfiyen fulgiyan boco suwaliyaganjahabi, uncehen sahaliyan, sencehe i fejile ci alajan hefeli de isitala, narhūn funggaha jergi jergi banjihabi. fulgiyakan gelfiyen fahala boco, embici umesi fulgiyan boco ningge bi, bethe fulgiyakan suwayan, ošoho sahaliyan, ere cecike dobori dulin kemuni guwendeme ofi, tuttu guwenden cecike seme gebulehebi.

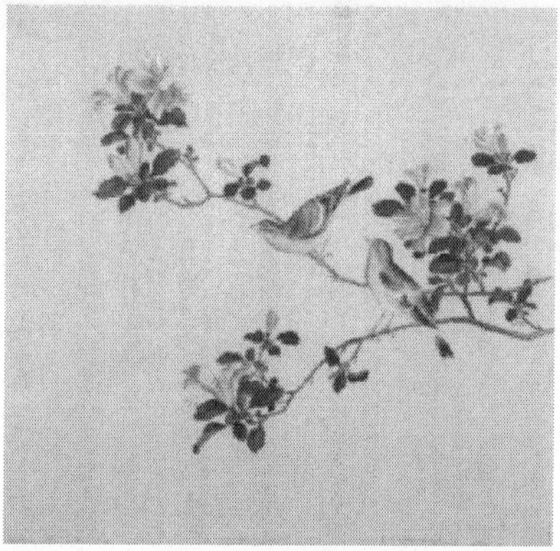

五更鳴

五更鳴，一種雄者，黑睛，淺黃觜，目下有白毛如仰月[127]。亦有黑毛如眉者，頭、背淺褐色；或慘灰色[128]，暗蒼斑，膊、翅黑白相間，雜以淺紅黃色；或淺朱色，黑尾，頷下至臆、腹，細毛鱗次，作紅藕色；或朱標色[129]，赤黃足，黑爪。以此鳥中夜常鳴，故亦名五更囀。

127　仰月，滿文讀作“wesihun hontoho biya”，意即「上弦月」。
128　慘灰色，滿文讀作“gelfiyen fulenggi”，意即「淺灰色」。
129　朱標色，滿文讀作“umesi fulgiyan boco”，意即「大紅色」，或「鮮紅色」。

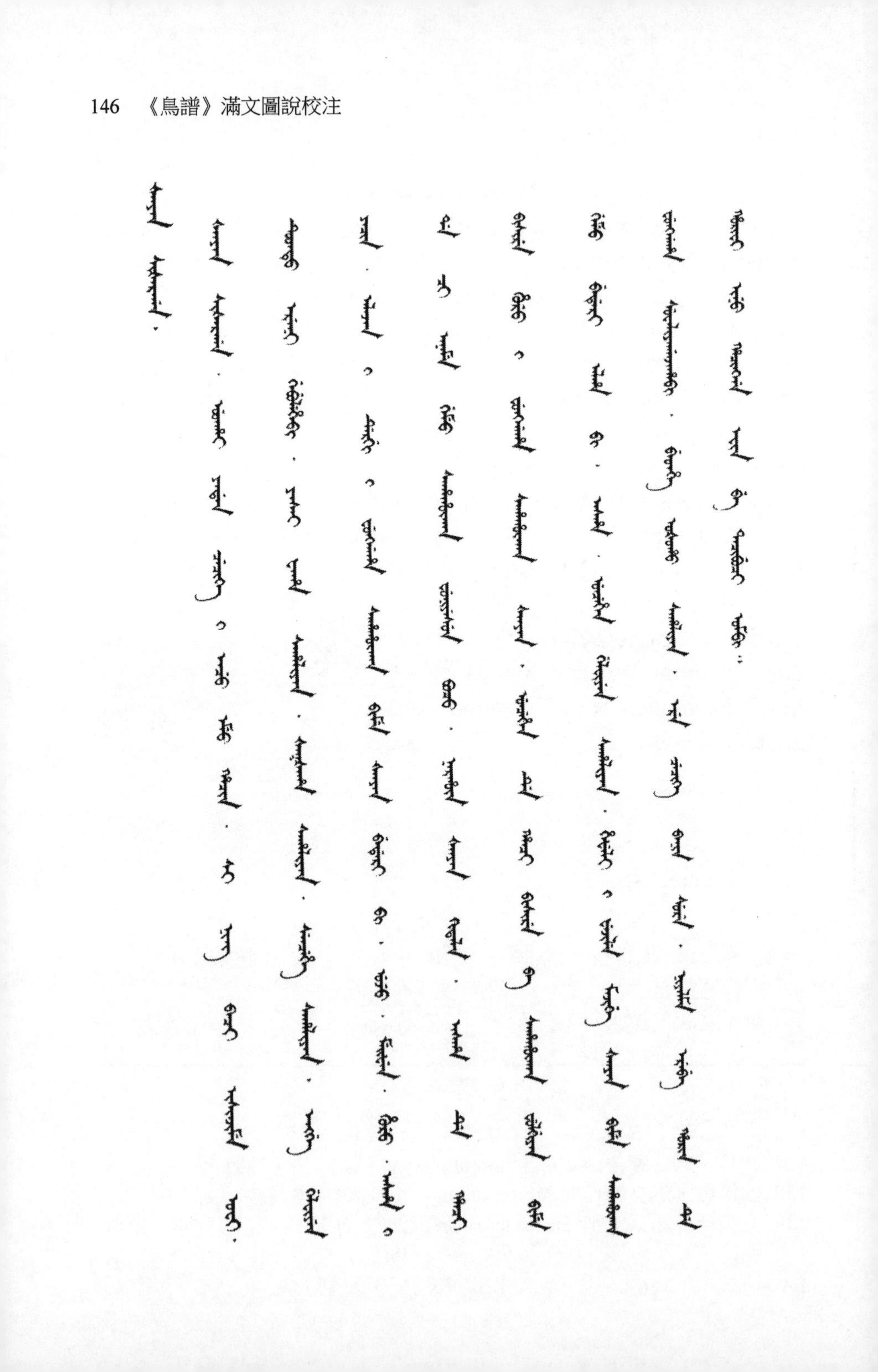

šanyan sišargan.

šanyan sišargan, uthai yadan cecike i encu emu hacin, si ning baci isinjime ofi, tuttu ereni gebulehebi. yasai faha sahaliyan, šakšaha sahaliyan, sencehe sahaliyan, engge gelfiyen yacin, alajan i dergi i funggaha sahahūkan bime šanyan bederi bi, uju, meifen, huru, asha i da ci aname gemu sahahūkan funiyesun boco, narhūn šanyan kitala, asha de hanci bisire huru i funggaha sahahūkan šanyan, uncehen de hanci bisire ba sahahūkan fulgiyan bime gemu bederi alha bi, asha, uncehen gelfiyen sahaliyan, hefeli i fejile majige šanyan bime sahahūkan funggaha suwaliyaganjahabi, bethe ošoho sahaliyan. ere cecike banin sure, niyalma erebe horin de horifi inu hacingga efin be tacibuci ombi.

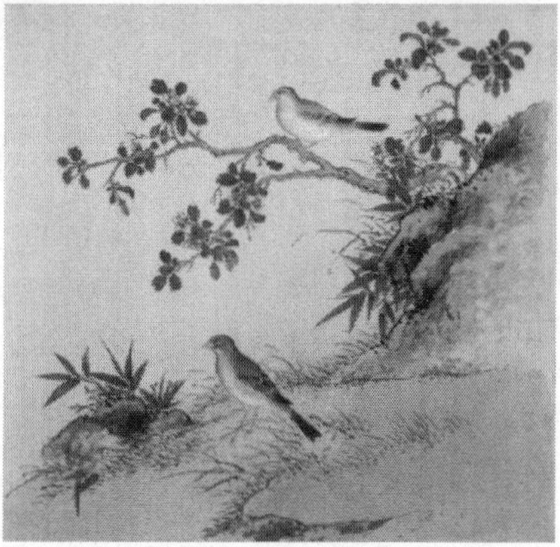

西寧白[130]

西寧白，即五更鳴之別種[131]，以其來自西寧，故名。黑睛，黑頰，黑頷，縹青觜[132]，臆前蒼毛白斑，頭、項、背、膊，俱黑褐色，細白莖，近翅、背毛蒼白，近尾蒼赤，俱有斑紋，淺黑翅、尾，腹下微白，襍以蒼毛，黑足、爪。此鳥性甚靈，人家籠畜之，亦可教以雜戲。

130 西寧白，滿文讀作“šanyan sišargan”，意即「白麻雀」。
131 五更鳴，滿文讀作“yadan cecike”意即「飢餒的雀」。
132 縹青，滿文讀作“gelfiyen yacin”，意即「淡青」。

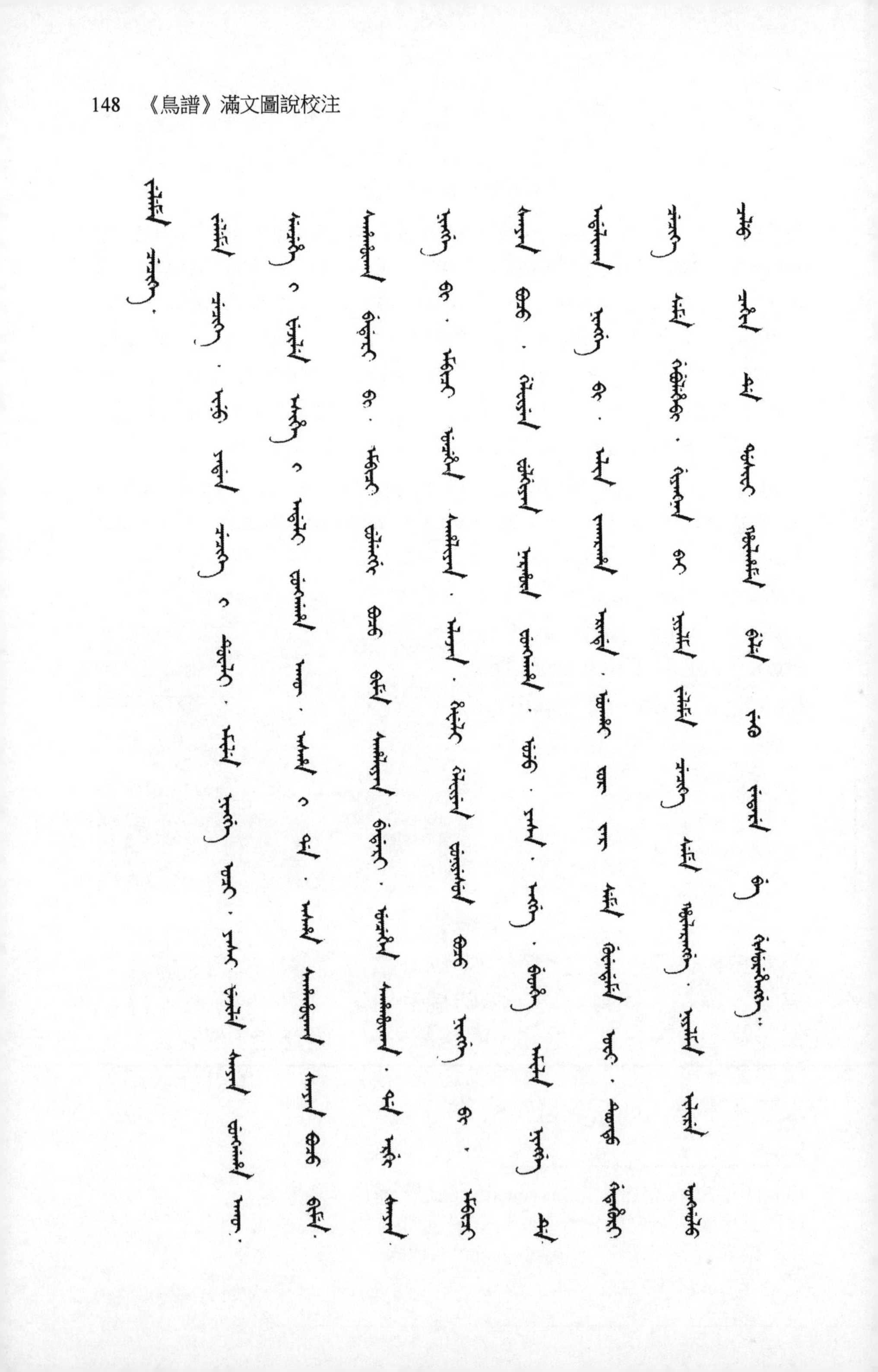

[illegible]

[illegible]

[illegible]

[illegible]

[illegible]

[illegible]

[illegible]

[illegible]

[illegible]

[illegible]

[illegible]

jeleme cecike.

jeleme cecike, inu yadan cecike i duwali, emile ningge oci, yasai fejile šanyan funggaha akū, sencehe i fejile esihe i adali funggaha akū, asha i da, asha sahahūkan šanyan boco bime sahahūkan bederi bi, embici fulenggi boco bime sahaliyan bederi, uncehen sahahūkan, da ergi šanyan ningge bi, embici uncehen sahaliyan, alajan, hefeli gelfiyen funiyesun boco ningge bi, embici šanyan boco, gelfiyen fulgiyan narhūn funggaha, uju, yasa, engge, bethe amila ningge de adalikan ningge bi. alin jakaraha erinde, uthai jor jar seme guwendeme ofi, tuttu getehuri cecike seme gebulehebi. giyangnan bai niyalma jeleme cecike seme hūlarangge, niyalma ilire onggolo calu cahin de dosifi hūlhame bele jeku jetere be gisurehengge.

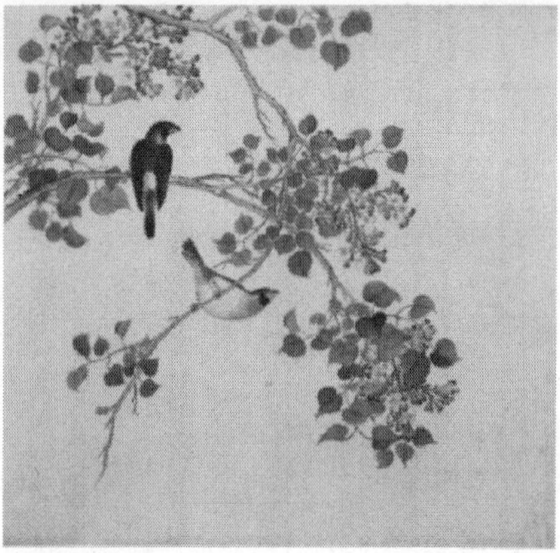

偷倉

偷倉，亦五更鳴之種類，其雌者目下無白毛，頷下無鱗[133]，膊、翅蒼白色，蒼斑，或灰色黑斑，蒼尾白根，或黑尾，臆、腹粉褐色，或白色，淺赤細毛，頭、眼、觜、足與雄相似。東方辨色[134]，即作啁哳聲，故亦名五更醒。江南人呼為偷倉鳥，言人未起時入倉箱盜食穀米也。

133 頷下無鱗，滿文讀作“sencehe i fejile esihe i adali funggaha akū”，意即「頷下無如鱗之毛」。

134 東方辨色，滿文讀作“alin jakaraha erinde”，意即「天亮時」。

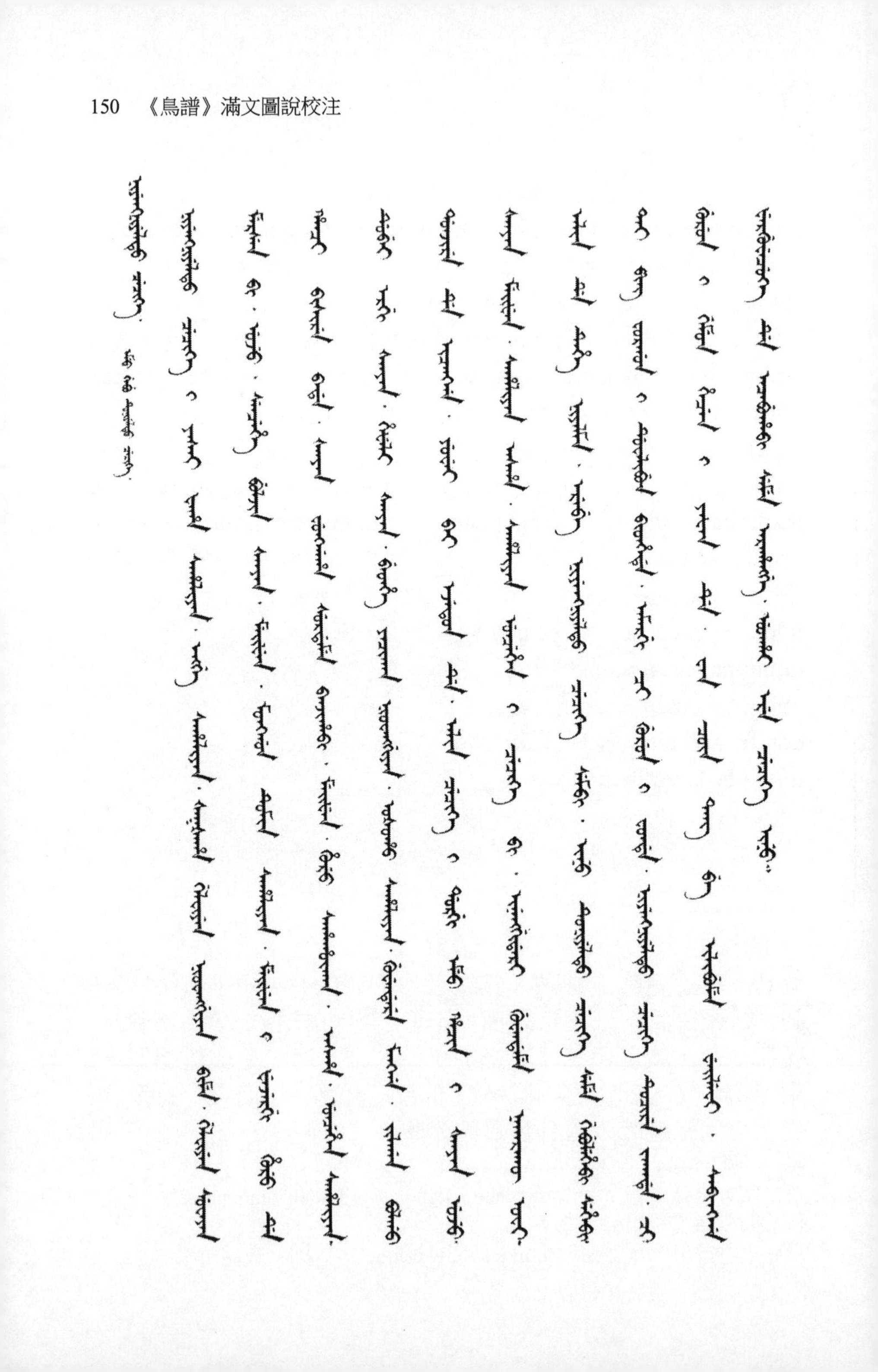

[illegible]

niyengniyeltu cecike, emu gebu tuniyeltu cecike.
niyengniyeltu cecike i yasai faha sahaliyan, engge sahaliyan, šakšaha gelfiyen niowanggiyan bime, gelfiyen suwayan mersen bi, uju, sencehe buljin šanyan, meifen, monggon tumin sahaliyan, meifen i fejergi huru de hanci bisire bade, šanyan funggaha šurdeme banjihabi. meifen, huru sahahūkan, asha, uncehen sahaliyan, dubei ergi šanyan, hefeli šanyan, bethe yacikan niowanggiyan, ošoho sahaliyan, guwendere mangga, jilgan bolgo donjire de icangga. yuwei bai ejetun de, alin cecike i dorgi emu hacin i šanyan uju, šanyan meifen , sahaliyan asha, sahaliyan uncehen i cecike bi, inenggidari guwendeme nakarakū ofi, alin de tehe niyalma, erebe niyengniyeltu cecike sembi, inu tuniyeltu cecike seme gebulehebi sehebi. tai ping forgon i duwalibun bithede, amargi ci gurun i fonde niyengniyeltu cecike tucire jakade, ci gurun i gemun hecen i yafan de, wan cūn tang be ilibume weilefi, sabingga ferguwecuke de acabuhabi seme arahangge, uthai ere cecike inu.

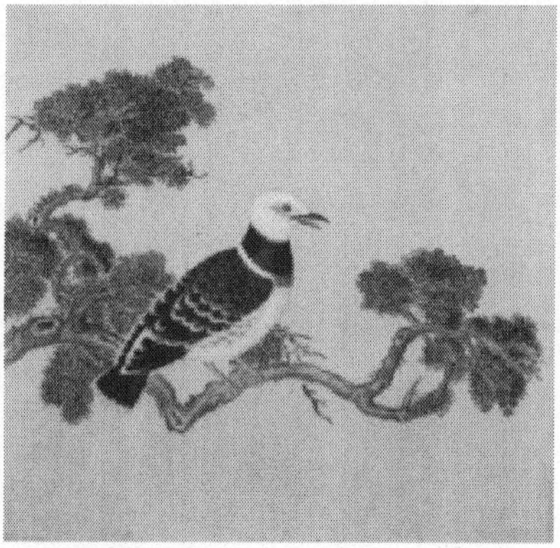

長春花鳥，一名萬春鳥
長春花鳥，黑睛，黑觜，粉綠頰，粉黃點，頭、頷純白，頸、項深黑，項下近背處環以白毛，蒼肩、背，黑翅、尾，白尖，白腹，青綠足，黑爪，善鳴，婉轉可聽。《越志》曰：山鳥有種白頭、項，黑翅、尾，終日啼聲不絕者，山中人謂之長春鳥，亦名萬春鳥。《太平御覽》載：北齊時有萬春鳥見，齊都苑造萬春堂，以應嘉瑞，即此鳥也。

[illegible]

[illegible]

[illegible]

[illegible]

[illegible]

[illegible]

[illegible]

[illegible]

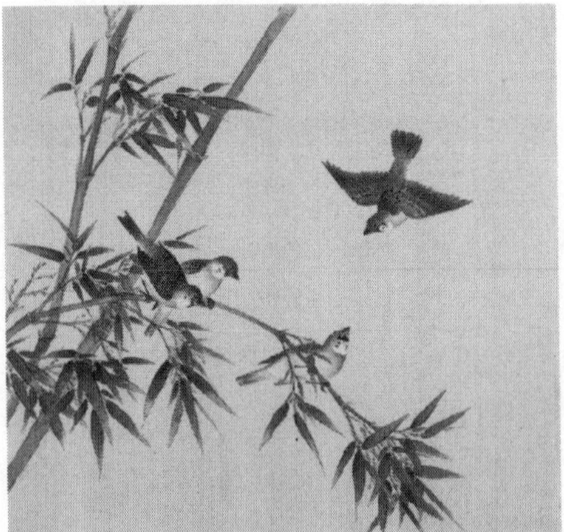

fiyasha cecike, emu gebu washa cecike, emu gebu saisha cecike, emu gebu antarha cecike.

fiyasha cecike i yasai faha sahaliyan, engge sahaliyan, uju sahahūkan funiyesun boco, sencehe sahaliyan, šakšaha de sahaliyan mersen bi, huru, asha sahahūkan funiyesun boco bime sahaliyan kuri suwaliyaganjahabi. asha, uncehen sahahūkan, hefeli gelfiyen šanyan, bethe ošoho sahaliyan, babade gemu bi, urui niyalmai booi sihin fiyasha wase de feye arame ofi, tuttu fiyasha cecike seme gebulehebi. julge te i ejehen de, cecike be saisha cecike seme gebulehengge, antaha i adali daruhai niyalmai boode tomoro be gisurehebi sehebi. hacingga〔hancingga〕 šunggiya i fisen de, ere cecike i deberen i fonde, engge i hošo fiyelen bisirengge be, jetere de amuran ofi, butara de ja, aniya goidaha manggi, koimali

---

嘉雀[135]，一名瓦雀，一名嘉賓[136]，一名賓雀[137]

嘉雀，黑睛，黑觜，蒼褐頭，黑頷，頰有黑點，背、翅蒼褐，帶黑斑，蒼翅、尾。淺白腹，黑足、爪。是處有之，多巢人家屋瓦墻壁中，故名瓦雀。《古今注》云：雀，一名嘉賓，言常棲集人家如賓客也。《爾雅翼》云：雀小者，黃口貪食易捕[138]，老者

---

135 嘉雀，滿文讀作“fiyasha cecike”，意即「房山墻雀」，或「家雀」。

136 嘉賓，滿文讀作“saisha cecike”，意即「家賓」，此作「嘉賓」，異。

137 賓雀，滿文讀作“antarhan cecike”，此作“antarha cecike”，異。

138 黃口，滿文讀作“engge i hošo fiyelen bisirengge be”，意即「有黃觜角」。

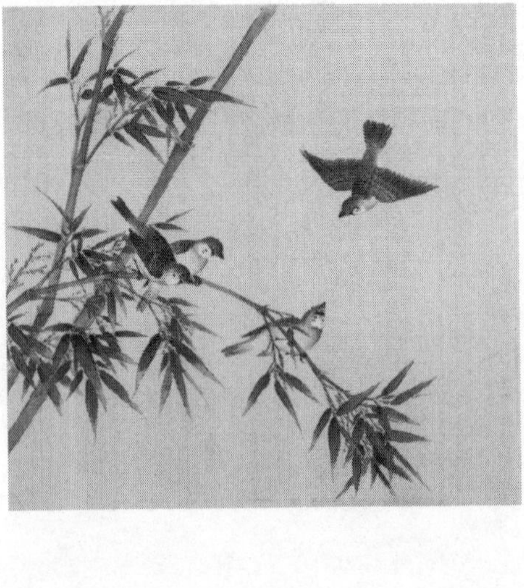

ofi butara de mangga, erebe saisha cecike sembi sehebi. jaka be hafumbure uheri leolen de, ere cecike i engge, sencehe, huru sahaliyan, beyei gubci funggaha funiyesun boco, duin forgon de umgan gidambi sehebi. oktoi sekiyen i bithede, ere cecike uncehen foholon, ajige cecike inu, tuttu hergen be siyoo sere hergen, juwei sere hergen i dulin be baitalahabi, juwei sere hergen serengge, uthai jui inu, uncehen foholon be, uju olhoho suwanda i adali, yasa hūwajaha fuseri i gese fekuceme bahanambi, oksome muterakū, tuwara de urui kūlisidambi, dobori de yasa cukūlu ombi, umgan de mersen bi.

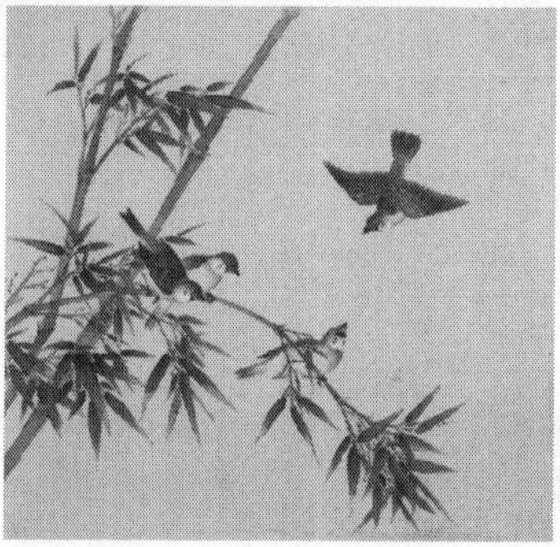

黠難取，號為嘉賓。《格物總論》云：雀觜、頷皆黑[139]，通身毛羽褐色，四時有子[140]。《本草綱目》云：雀短尾小鳥也，故字從小從隹，隹音錐，短尾也，頭如枯蒜，目如擘椒，躍而不步，其視驚瞿[141]，其目夜盲，其卵有斑。

139 雀觜頷皆黑，滿文讀作"ere cecike i engge, sencehe, huru sahaliyan"，意即「此雀之觜、頷、背黑」，句中「皆」當作「背」。

140 四時有子，滿文讀作"duin forgon de umgan gidambi"，句中"umgan"，滿文讀作"umhan"，"umhan gidambi"，意即「抱蛋」，或「孵蛋」。

141 驚瞿，滿文讀作"kūlisitambi"，此作"kūlisidambi"，異。

ᠰᠠᡥᠠᡥᡡᡴᠠᠨ ᠨᡳᠣᠸᠠᠩᡤᡳᠶᠠᡴᠠᠨ ᠪᠣᠴᠣ ᠪᡳ ᠰᡝᠮᠪᡳ ::

ᡠᠨᠴᡝᡥᡝᠨ ᠈ ᠪᡝᡨᡥᡝ ᠈ ᠣᡧᠣᡥᠣ ᠰᠠᡥᠠᠯᡳᠶᠠᠨ ᠸᠠᠰᡳᡥᠠ᠂ ᡝᠩᡤᡝᠯᡝᠮᡝ ᠰᠠᡥᠠᠯᡳᠶᠠᠨ ᡝᠩᡤᡝᠨ᠂ ᡨᡠᠸᠠᡵᠠᠩᡤᠠ ᠪᠣᡩᠣᡵᡳ ᡳᠩᡤᡳ᠂

ᡠᠵᡠ ᡧᠠᠨᠶᠠᠨ ᠈ ᡝᠩᡤᡝᠨ ᠰᡠᠸᠠᠶᠠᠨ ᠪᠣᠴᠣᡥᠣ᠂ ᡶᡠᠯᡤᡳᠶᠠᠨ ᡩᡠᠯᡝᠨ ᡥᡡᠰᡠᠨᡩᡠᠮᡝ ᠪᠠᡳᡵᡝ ᡳᠨᡳ᠂

ᠰᠠᡥᠠᠯᡳᠶᠠᠨ᠂ ᡶᡠᠯᡝᠨ ᡩᡠᠯᡝᠮᠪᡠᠮᡝ ᠰᡠᠸᠠᠶᠠᠨ ᠪᠣᠴᠣ᠂ ᡶᡠᡤᡳ ᠪᠣᠴᠣᠨ ᠪᡝᠶᡝᡳ ᠰᠠᡥᠠᠯᡳᠶᠠᠨ᠂ ᡳᠨᡳ᠂

ᠰᡝᡨᡥᡝᠰᡠᠨ ᡠᠨᠴᡝᡥᡝᠨ ᠈ ᠪᡝᡨᡥᡝᡳ ᡳᠯᠠᠨ ᡠᠵᡠ ᡳᠯᡤᠠᠨ ᠈ ᠰᠠᡥᠠᠯᡳᠶᠠᠨ ᡝᠩᡤᡝᠨ᠂ ᡳᠨᡳ ᠪᡝᠶᡝᡩᡝ᠂ ᡨᡠᠸᠠᠨ

ᠰᠠᠯᡳᠶᠠᠨ ᠰᡝᡨᡥᡝᠰᡠᠨ ᡠᠨᠴᡝᡥᡝᠨ᠂

šanyan fiyasha cecike.

fiyasha cecike i dorgi geli emu hacin i šanyan ningge, yasa fulgiyan, engge šanyan, bethe fulgiyakan suhun boco, beye gubci buljin šanyan, ere emu hacin i cecike asuru baharakū. šungge ursei fujurungga leolen de, cecike i boco i buljin šanyan ningge, uncehen šanyan ningge, niyalmai boode feye araci ferguwecun sabi ombi sehebi.

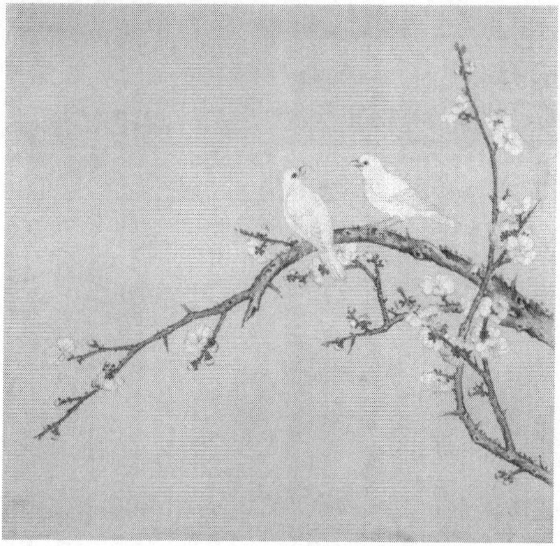

白嘉雀

嘉雀又一種白者，紅睛，玉觜[142]，米紅足，通身純白，此種不多有[143]。《墨客揮犀》云：雀有色純白者，有尾白者，搆巢人家，多為瑞兆。

142 玉觜，滿文讀作“engge šanyan”，意即「白觜」。

143 此種不多有，滿文讀作“ere emu hacin cecike asuru baharakū”，意即「此種雀罕得」，或「此種不多得」。

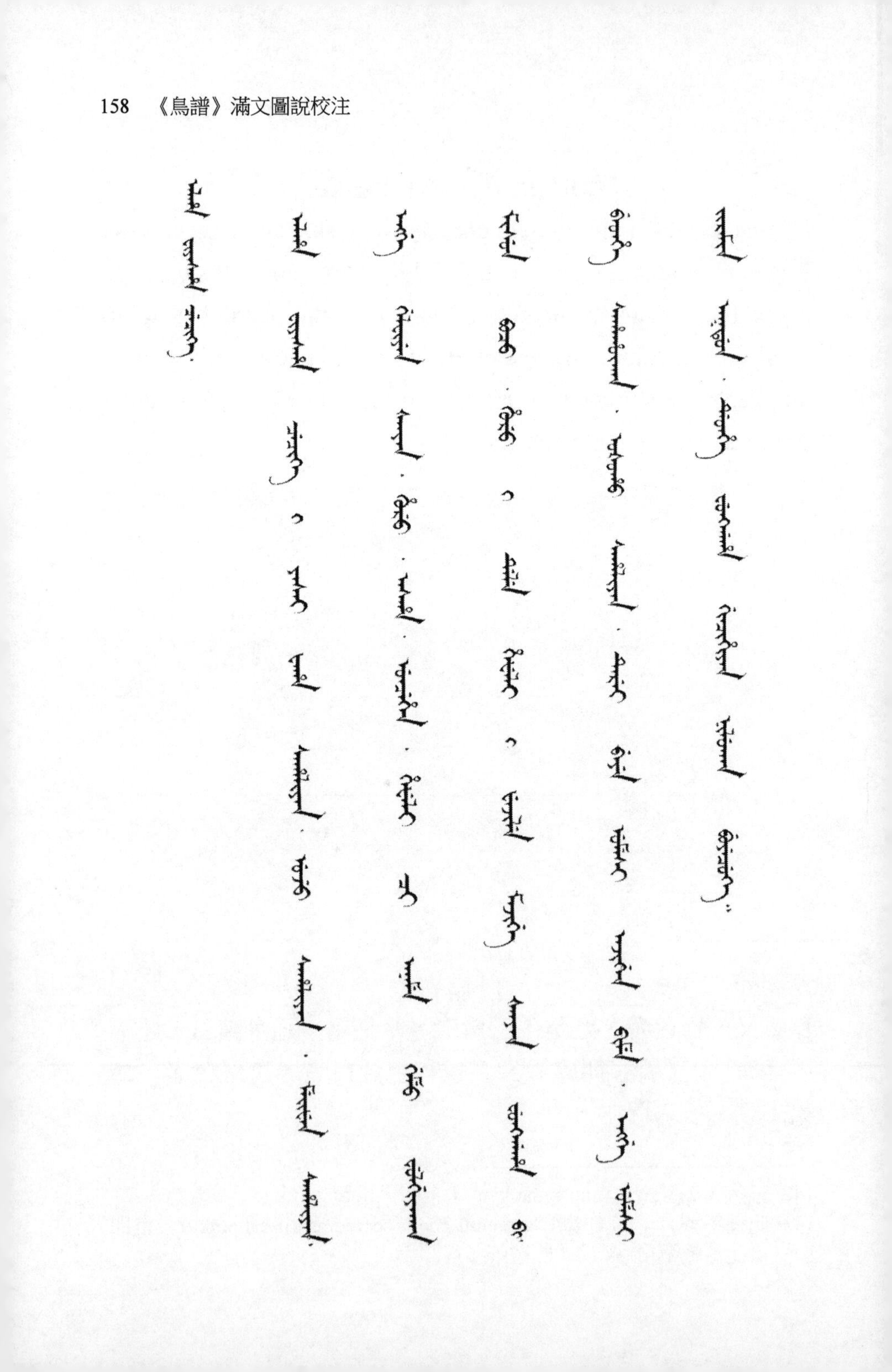

alha fiyasha cecike.

alha fiyasha cecike i yasai faha sahaliyan, uju sahaliyan, meifen sahaliyan, engge gelfiyen šanyan, huru, asha, uncehen, hefeli ci aname gemu fulgiyakan misun boco, huru i dele hefeli i fejile majige šanyan funggaha bi, bethe sahahūkan, ošoho sahaliyan, terei beye umesi ajigen bime, engge umesi jiramin akdun, dethe funggaha gincihiyan nilukan buyecuke.

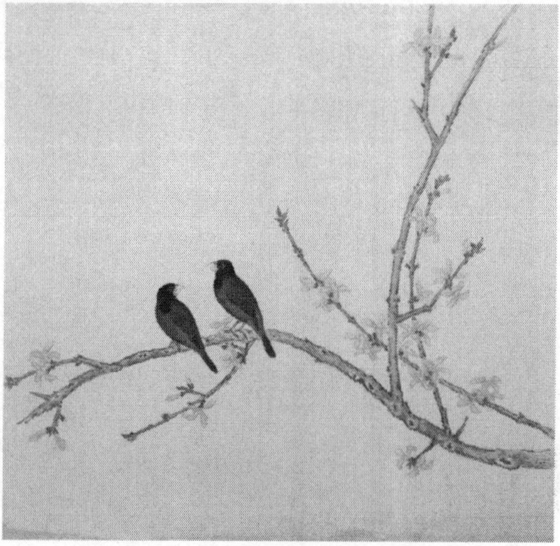

花嘉雀

花嘉雀，黑睛，黑頭，黑頸，縹白觜[144]，背、翅、尾、腹俱作醬紅色[145]，背上腹下微帶白毛，蒼足，黑爪，其身最小，而觜頗厚壯，毛羽光澤可愛。

144 縹白觜，滿文讀作“engge gelfiyen šanyan”，意即「淡白觜」，或「淺白觜」。

145 背、翅、尾、腹俱作醬紅色，滿文讀作“huru, asha, uncehen, hefeli ci aname gemu fulgiyakan misun boco”，意即「自背、翅、尾、腹依次俱作醬紅色」。

[illegible]

[illegible]

[illegible]

[illegible]

[illegible]

[illegible]

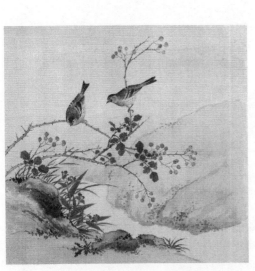

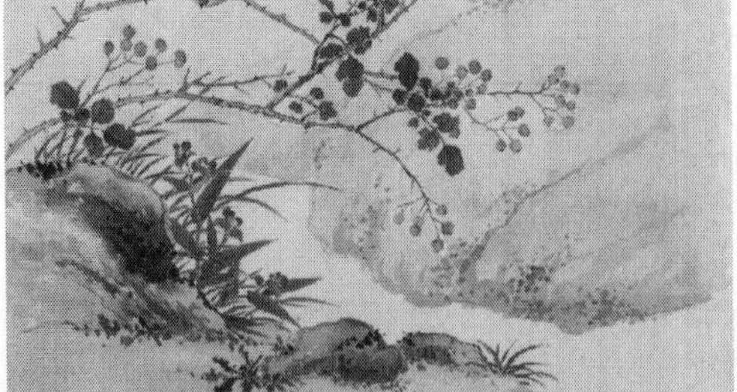

suwayan cecike.

suwayan cecike i yasai faha sahaliyan, engge gelfiyen yacin, uju sahaliyan, meifen sahaliyan, huru, asha i da ergi suwayakan sahaliyan bime, sahaliyan bederi bi, asha i dethe suwayan sahaliyan boco ishunde suwaliyaganjahabi, uncehen sahaliyan, uncehen i da sohokoliyan, alajan ci hefeli de isitala, gemu suwayan boco bime sahahūkan kuri suwaliyaganjahabi, bethe gelfiyen suwayan, babade gemu bi. jakūn uyun biyai sidende umesi labdu, feniyeleme deyembi, butara niyalma emu feniyen be butame bahaci ombi. yali i amtan tarhūn sain, tuttu su ši i irgebuhe irgebun de, yoohan nerehe gese, suwayan cecike yala umesi amtangga sere gisun bi. terei funggaha embici suwayan boco labdu, sahaliyan boco komsongge bi, embici sahaliyan boco labdu, suwayan boco komsongge bi, hacin hacin i adali akū, guwendere mangga, niyalma horin de ujici, ududu

---

黃雀

黃雀，黑睛，縹青觜[146]，黑頭，黑項，黃黑背、髆黑斑，翅、毛黃黑相間，黑尾，尾根帶黃，臆至腹俱黃色，間有蒼斑，淺黃足，是處有之[147]。八、九月間最多以群飛，張捕者可掩群而獲，味最肥美，故蘇軾詩有「披綿黃雀謾多脂」之句。其毛色或黃多黑少，或黑多黃少，各不相同，善鳴，人家亦籠畜之，

---

146 縹青觜，滿文讀作“engge gelfiyen yacin”，意即「淡青觜」。
147 是處有之，滿文讀作“babade gemu bi”，意即「處處俱有」。

[illegible]

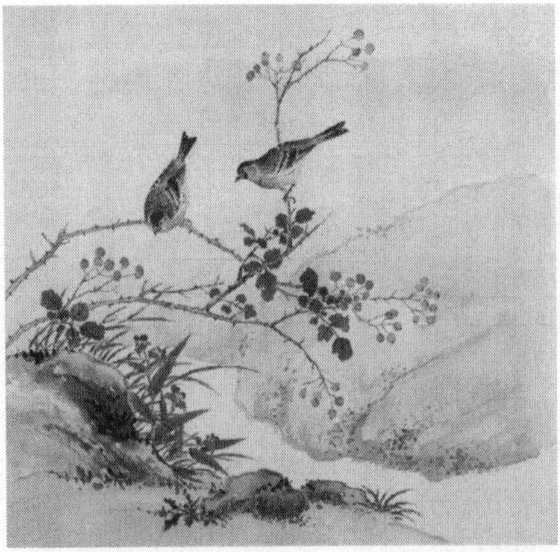

aniya de isibuci ombi, aniya goidaha manggi, emu aniyai sidende, terei funggaha ududu mudan kūbulimbi. engge, bethe ulhiyen i tonggo i adali, narhūn bicibe, banin ele hebengge nomhon ombi. oktoi sekiyen i bithede, cecike i dorgi ajige ningge be suwayan cecike sembi. jakūn uyun biyai sidende, usin de feniyeleme deyembi, yali umesi tarhūn, huru de nimenggi bifi yoohan nerehe adali, šolofi jeci ombi. saka araci umesi amtangga sehebi. tuwaci, sulaha jeo i gurun i bithede, bolori dubei biyade, cecike amba muke de dosici tarhūn ombi sehebi. geli lin hai ba i encu jakai ejetun de, julergi mederi de suwasha nimaha bi, kemuni ninggun biyade, suwayan cecike ome ubaliyambi, juwan biyade, mederi de dosifi nimaha ombi. erebe tuwaci, cecike tarhūn ome ubaliyambi sehengge, ainci ere cecike dere, aika fiyasha cecike oci, umai ubaliyara ba akū.

可久至數年，老則一歲數易其毛，觜喙腳脛漸細如線，性逾馴擾矣。《本草綱目》云：雀小者名黃雀，八、九月間，群飛田間，體絕肥，背有脂如披綿[148]，可以炙食，作鮓甚美[149]。案《逸周書》云：季秋雀入大水為蛤。又《臨海異物志》云：南海有黃雀魚，常以六月化為黃雀；十月，入海為魚。則所謂雀化蛤者，蓋此類[150]，若家雀則未嘗變化也。

---

148 披綿，滿文讀作“yohan nerehe”，此作“yoohan nerehe ”，異。
149 鮓，滿文讀作“saka”，意即「肉膾」。
150 蓋此類，滿文讀作“ainci ere cecike dere”，意即「蓋此雀矣」。

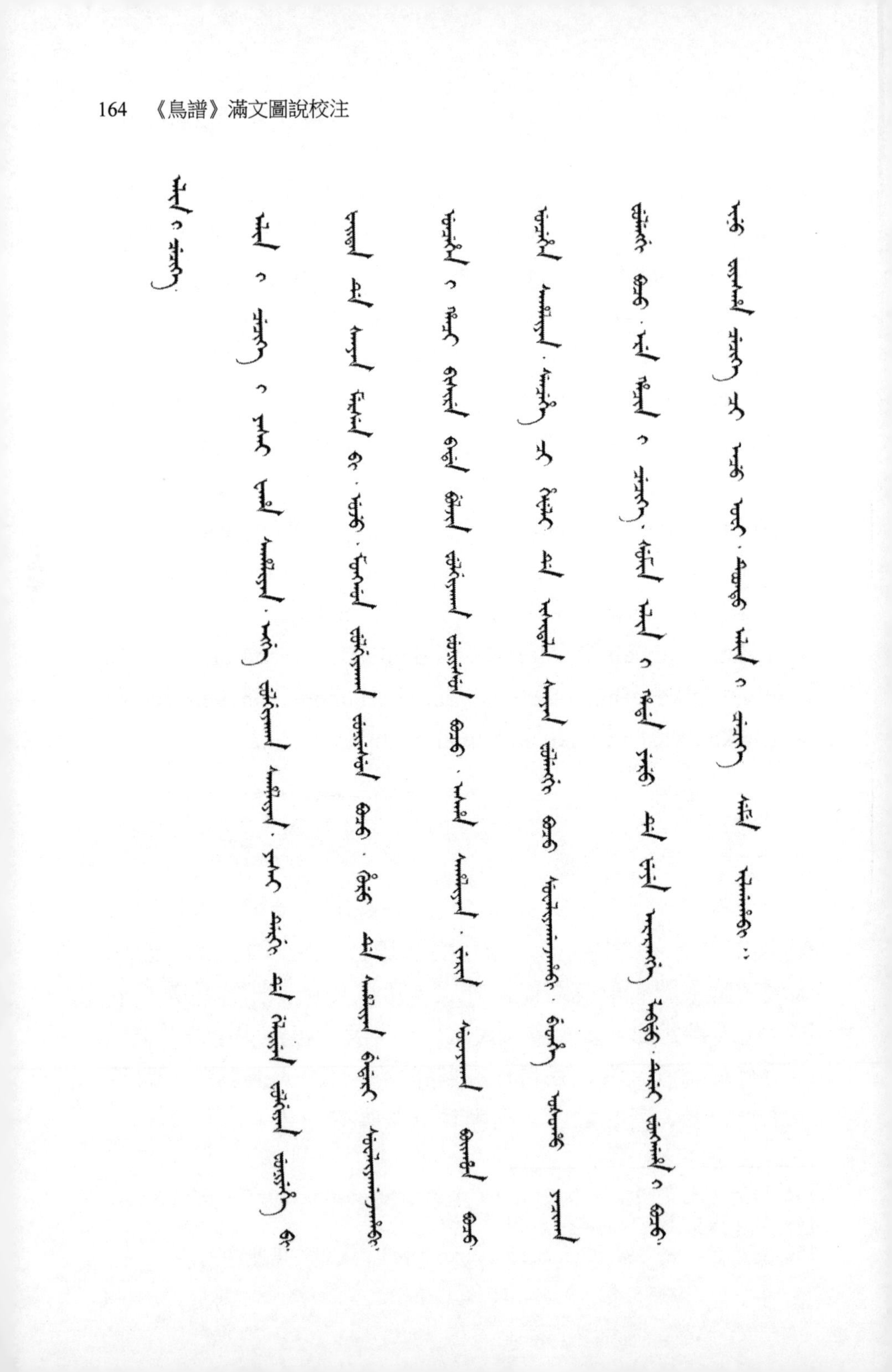

alin i cecike.

alin i cecike i yasai faha sahaliyan, engge fulgiyakan sahaliyan, yasai dergi de gelfiyen fulgiyan funiyehe bi, faitan de šanyan mersen bi, uju, monggon fulgiyakan funiyesun boco, huru de sahaliyan bederi suwaliyaganjahabi, uncehen i hanci bisire bade buljin fulgiyakan funiyesun boco, asha sahaliyan, jerin suwayakan boihon boco, uncehen sahaliyan, sencehe ci hefeli de isitala šanyan fulenggi boco suwaliyaganjahabi, bethe ošoho yacikan fulenggi boco, ere hacin i cecike, šumin alin i hada yeru de feye ararangge labdu, terei funggaha i boco, inu fiyasha cecike ci encu ofi, tuttu alin i cecike seme ilgahabi.

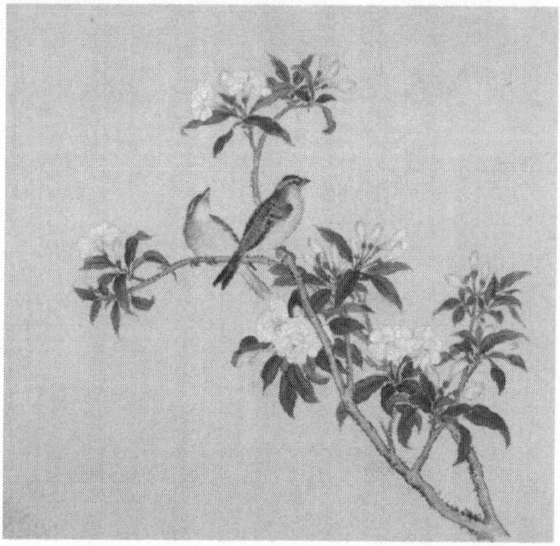

山雀

山雀，黑睛，赤黑觜，目上有淺赤[151]，眉帶白點，紅褐頭、項，背上間以黑斑，近尾純赤褐色，黑翅，土黃邊，黑尾，頷至腹灰白褵色，青灰足、爪，此種多巢於深山崕穴間[152]，其毛色亦與嘉雀有異，故以山雀別之。

151 目上有淺赤，滿文讀作“yasai dergi de gelfiyen fulgiyan funiyehe bi”，意即「目上有淺赤毛」。

152 此種，滿文讀作“ere hacin i cecike”，意即「此種雀」。

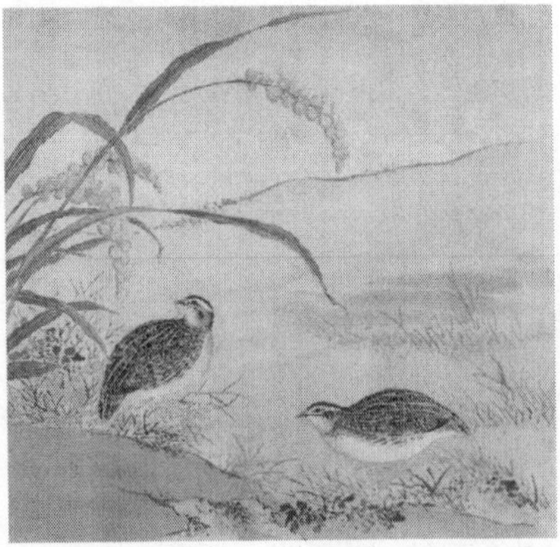

mušu.

mušu i amila ningge oci, yasai faha fulgiyan, yasai hūntahan sahaliyan, engge yacikan šanyan, uju, monggon sahahūkan boco de sahaliyan bederi bi, yasai dergide emu justan i suwayakan šanyan faitan bi. šakšaha sahahūri boco de narhūngga šanyan mersen bi, sencehe šanyan alha, huru, ashai da ci uncehen de isitala, sahahūkan fulgiyan boco de sahaliyan boco šurdeme banjihabi, funggala aname sahahūkan šanyan alha bi, juwe ergide hetu alha juruleme bakcilame banjihangge, boco umesi getuken iletu, asha i da ci fusihūn sahaliyakan suwayan, sahahūkan šanyan boco jergi jergi suwaliyaganjahabi, asha gelfiyen sahaliyan de, narhūngga šanyan mersen bi, tunggen, alajan gelfiyen suwayan, hefeli šanyan, bethe suwayakan suhun, ošoho šanyan. emile ningge oci, alajan i juleri sahaliyan alha funggaha bi, tunggen i fejile šanyan boco de yacin boco šurdehebi, huru i funggaha boco, amila ningge ci majige gelfiyen, sahaliyan bederi

---

鶴鶉

鶴鶉，雄者，赤睛，黑眶，青白觜，頂、項蒼質黑斑[153]，目上有黃白眉一道，蒼黑頰有細白點，白花頷，背、膊至尾蒼赤質黑暈，斑斕每羽中，有蒼白文旁生橫紋，兩兩相對，色甚明顯，緣膊而下黑黃蒼白，以次相間，淺黑翅帶細白點，淺黃胸臆，白腹，米黃足，米白爪[154]。雌者臆前有黑花毛，胸下白質青暈，背毛色比雄者稍淡，黑斑

---

153 蒼質黑斑，滿文讀作“sahahūkan boco de sahaliyan bederi bi”，意即「蒼色有黑斑」。

154 米白爪，滿文讀作“ošoho šanyan”，意即「白爪」。

[illegible]

[illegible]

[illegible]

[illegible]

[illegible]

[illegible]

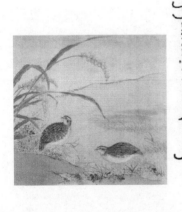

inu majige seri funggaha i alha gemu suwayakan boihon boco, bethe ošoho inu majige amila ningge ci foholon. amila ningge be ujifi becunubume efimbi, ede mersengge asha, fulgiyan yasa, suwayan faitan, šanyan faitan, sirgeri uju, šušu šakšaha, sahaliyan fatha, šanyan sencehe, šanyan konggolo, nunggari funggaha, sirgeri fisa, šanyan fatha i jergi gebu bi. emile ningge be damu jetere de baitalambi, erei dolo šušu boco ningge be šušu mušu sembi, bele bocongge be šanyan mušu sembi, geli amargingge ihan mušu serengge bi, funggaha i boco alha bederi majige encu. geli suwayan mušu serengge bi, terei arbun majige ambakan, tuttu hacingga〔hancingga〕 šunggiya de, mušu, ihan mušu i jergi gebu bihebi. hacingga〔hancingga〕 šunggiya de, armu serengge mušu, erei amila ningge be gimšu sembi, emile ningge be bimšu sembi, mušu i deberen be šurun sembi sehebe giyangnaha bade, mušu emu gebu armu sembi, amila ningge be gimšu sembi, emile ningge be bimšu sembi, terei deberen be šurun

---

亦略稀，每羽中紋作土白色[155]，足趾亦短於雄[156]。雄者畜令鬥搏，有麻翼[157]、砂眼[158]、黃眉、白眉、插花[159]、紫义、鐵腳、銀海、玉鈴、馱翎、背劍、玉鐙等名。雌者惟充庖廚而已，其種有紫色者謂之紫鶴，米白色者謂之白鶴，有北牛鶴，羽色花紋少異。又有黃鶴，其形略大，故《爾雅》有鶉鴽諸名也。《爾雅》：鴾，鶉。其雄鶛，其牝痺，鶉子鳼。疏云：鶉，一名鴾，其雄名鶛，其牝名痺，其雛名鳼。

---

155 作土白色，滿文讀作“gemu suwayan boihon boco”，意即「俱作土黃色」。

156 足趾亦短於雄，滿文讀作“bethe ošoho inu majige amila ningge ci foholon”，意即「足爪亦稍短於雄者」。

157 麻翼，滿文讀作“mersengge asha”，意即「翅上有斑點的鵪鶉」。

158 砂眼，滿文讀作“fulgiyan yasa”，意即「眼睛微紅的鵪鶉」。

159 插花，滿文讀作“sirgeri uju”，意即「頭上長有白羽毛的鵪鶉」。

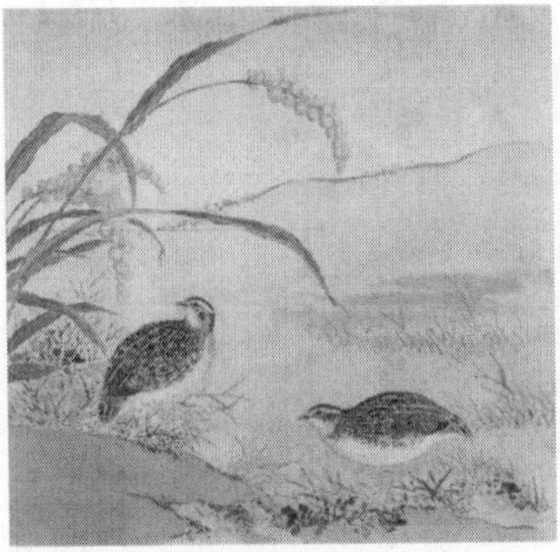

sembi sehebi. jaka hacin i acinggiyandure ejetun de, hengke tariha yafan i dergi amargi ergide, mušu i deberen labdu ojorongge, hengke niyaha erinde, yafan i dergi amargi ergide, erhe mušu i deberen ome ubaliyara turgun sehebi. leolen i badarambun de, erhe mušu ome ubaliyakangge be beye sabuha bihe sehebi, inu wacihiyame ubaliyame jabduhakū, emu dulin kemuni erhe ohongge bi. liyei dz i erhe mušu ome ubaliyambi sehengge, erebe kai. tuttu seme, te i mušu de amila emile ningge bi, niyalma kemuni usin de mušu i umgan be bahangge bi, erebe tuwahade, umgan de banjihangge inu bisire be saci ombi. meng ki bade ejehe gisun de, mušu i dorgi juwe hacin bi, fulgiyan mušu bi, šanyan mušu bi. fulgiyan mušu i boco, fulgiyakan suwayan bime alha i dergi ergi šulihun fejergi ergi mokto, deyeci urunakū orho de nikenembi, ere tuwa i duwali inu sehebi. giyoo jeo ba i ejebun de,

---

《物類相感志》云：種瓜園東北饒鶉子[160]，以瓜爛[161]，故青蛙於園東北即化為鶉子。《談苑》云：青蛙化鶉，曾親見之，亦有變未全，半體猶為蛙者。《列子》所謂蛙聲為鶉也[162]。然今鶉有雌雄，人常於田間得其卵，是知亦有卵生者矣。《夢溪筆談》云：鶉有兩種，有丹鶉，有白鶉。丹鶉色赤黃而文[163]，銳上禿下，飛必附草，火類也。《交州記》云：

---

160 饒鶉子，滿文讀作“mušu i deberen labdu”，意即「多鶉雛」。
161 以瓜爛，滿文讀作“hengke niyaha erinde”，意即「於瓜爛時」。
162 蛙聲為鶉，滿文讀作“erhe mušu ome ubaliyambi”，意即「蛙變為鶉」。
163 丹鶉色赤黃而文，滿文讀作“fulgiyan mušu i boco, fulgiyakan suwayan bime alha”，意即「紅鶉之色赤黃而有花紋」。

[illegible]

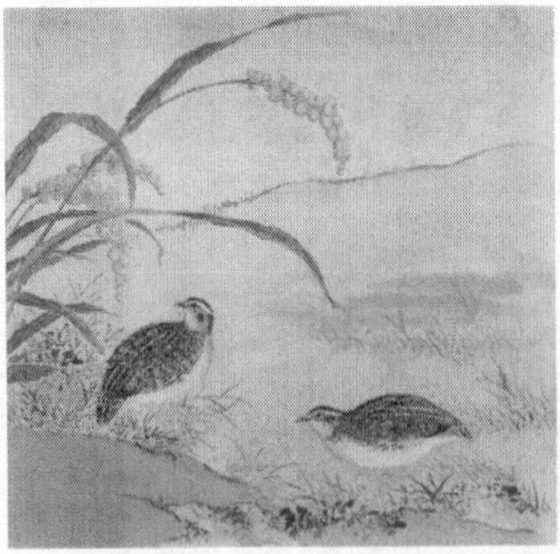

julergi mederi de, mušurhu nimaha bi, uyun biyade mušu ome ubaliyambi sehebi. ainci erhe nimaha gemu mukei jaka, muke tuwa be eteme mutecibe, yargiyan i tuwa i fulehe ofi kai. g'an halangga i araha usiha tuwara bithede, gasha congkišaci, uncehen suksurembi. mušu becunuci, funggaha suksurembi sehebi. sunja hacin i hacingga ejebun de, mušu ajige bime nomhon, hefeli ulhi de tebuci ombi, tuttu bime, umesi baturu etuhun becunure de amuran, jeku jeterengge juwenggeri becunure ci dulerakū, ira jeterengge ele fafuri, emgeri becunuci uthai lashalambi sehebi. oktoi sekiyen i bithede, mušu i amba ici šorho i adali, uju ajige bime uncehen akū, funggaha de sahaliyan kuri bi, umesi tarhūn, amila ningge bethe golmin, emile ningge bethe foholon, yali i amtan jancuhūn bime necin horon akū. usin bigan de bisire de, dobori oci feniyeleme deyembi,

---

南海有黃魚，九月變為鶉。蓋蛙魚皆水族，水能剋火，實為火之根也。甘氏《星經》云：鳥之門，竦其尾[164]；鶉之門，竦其翼。《五雜組》云：鶉鳥小而馴，出入懷袖，然最勇健善門。食粟者不過再門，食穄者尤耿介[165]，一門而決。《本草綱目》云：鶉大如雞雛，頭細而無尾，毛有黑斑，甚肥，雄者足高，雌者足卑[166]，肉味甘平無毒。其在田野，夜則群飛，

---

164 竦其尾，滿文讀作"uncehen suksurembi"，意即「抖動其尾」。
165 食穄者尤耿介，滿文讀作"ira jeterengge ele fafuri"，意即「食黍者尤勇健」。
166 雄者足高，雌者足卑，滿文讀作"amila ningge bethe golmin, emile ningge bethe foholon"，意即「雄者足長，雌者足短」。

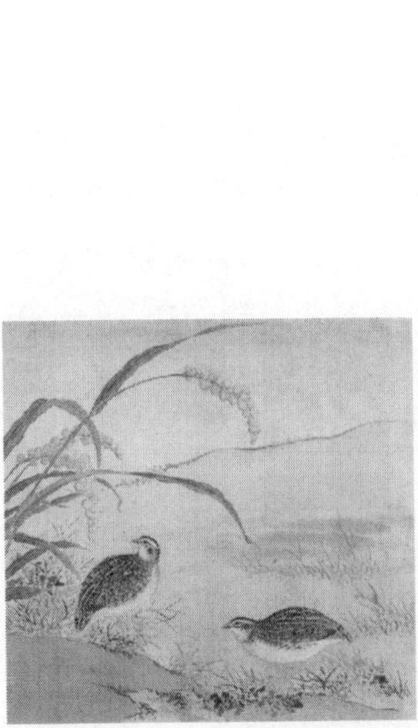

inenggi oci orho de tomombi, enteheme tomoro ba akū bicibe, enteheme juru bi, ba be tuwame tomombi. juwang dz i enduringge niyalma mušu i adali tomombi sehengge inu. yabure de, ajige orho de teisuleci, uthai marifi jailara be tuwaci, inu nomhon seci ombi. niyalma amhūlan fulgiyefi butafi ujifi becunubumbi, tuktan umgan ci tucikengge be ebšu sembi, bolori dosika manggi, jašu sembi, bolori dulimba oho manggi, fašu sembi, emu jaka de duin gebu bi sehebi. nonggiha šunggiya de, jalan i niyalmai gisun, ere gasha banitai nomhon dulba, hetu orho be dulerakū, juleri majige orho hetureci, uthai marifi jailambi, aršu seme gebulehengge, erei turgun kai, terei banin nomhon, jafara de ja i ureme ofi, tuttu mušu sembi sehebi. gin tai ba i hacingga ejetun de, amargi bade mušu becunure efin bi, tucicibe, dosicibe gala ci hokoburakū daruhai jafambi, jumanggi de tebufi,

---

晝則草伏，無常居而有常匹，隨地而安[167]。《莊子》所謂聖人鶉居是矣。其行，遇小草即旋避之，亦可謂醇矣。人能以聲呼取之畜令鬥搏[168]，其卵初生謂之羅鶉。至秋初謂之早秋，中秋以後，謂之白唐[169]，一物四名也。《埤雅》云：俗言此鳥性淳惷，不越横草，所遇小草横其前[170]，即旋行避礙，名之曰淳以此，亦其性淳，扉（音臼，《說文》曰：把持也）之易熟，故曰鶉也。《金臺褉志》云：北方有鬥鶉之戲，把握在掌，出入不離，處之以囊，

---

167 隨地而安，滿文讀作“ba be tuwame tomombi”，意即「視地而棲」。
168 人能以聲呼取之，滿文讀作“niyalma amhūlan fulgiyefi butafi”，意即「人能以吹口哨捕捉」。
169 白唐，滿文讀作“fašu”，意即「白塘」，就是中秋以後的秋天鵪鶉。
170 小草，滿文當讀作“ajige orho”，此作“majige orho”，疑誤。

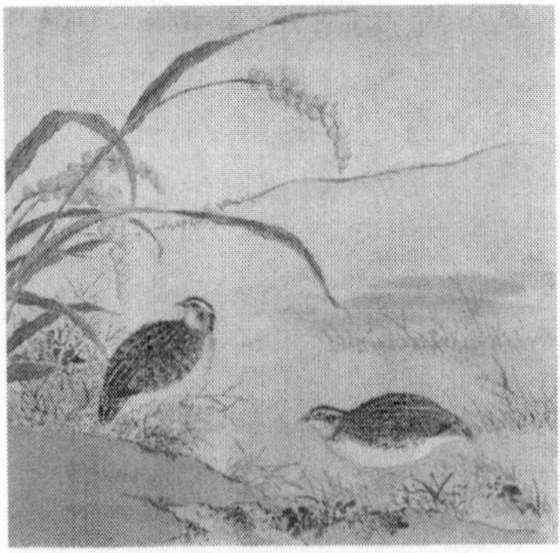

terei sukdun be ujimbi, mukei obofi terei nimenggi be geterembumbi, erileme omibume ulebume terei hūsun be etuhun obumbi. etere gaiburengge, engge ošoho de lashalambi, coko becunubure efin de duibuleci, ere majige šungkeri. yuwan gurun i niyalma jang ioi i araha gemun i ba i ucun i gisun, orho teniken soroko de, mušu becunubume wajifi, gecuheri jumanggi weihe sibiya be inenggidari jafambi, hūdai giyai kumungge bade bakcin be baime suime, jalan i asihata mujakū facihiyašaha sehebi. ede ere efin daci jihengge goidaha be saci ombi. tuwaci, mušu sere gasha oci, banitai nomhon bime hanja, terei yaburengge tob sijirhūn, tondolome ibembi, mudalime yaburakū, tuttu ofi, julgei niyalma, niyalmai gisun yabun i tob hošonggo ningge be, mušu i yabure de duibulembihebi. irgebun i nomun i yung gurun i tacinun de, mušu juru juru sehengge, inu ere gūnin be

---

以盛其氣[171]，沃之以水，以去其肥[172]，時其飲食，以全其力。勝負決於爪喙，視鬥雞之戲，此近於雅。元人張昱〈輦下曲〉云：鬥鶺初罷草初黃，錦袋牙牌日自將；鬧市閒坊尋搭對，紅塵忙殺少年郎。知此戲由來久矣。案鶺之為鳥，性淳而介，其行正直，循徑而趨，不由斜曲[173]，故古人以人之言行端正者，比之鶺行。《詩・鄘風》：鶺之奔奔[174]，義亦取此。

---

171 以盛其氣，滿文讀作"terei sukdun be ujimbi"，意即「以養其氣」。

172 沃之以水，以去其肥，滿文讀作"mukei obofi terei nimenggi be geterembumbi"，意即「以水洗滌，去除其油」。

173 不由斜曲，滿文讀作"mudalime yaburakū"，意即「不歪斜行走」。

174 奔奔，滿文讀作"juru juru"，意即「雙雙對對」。

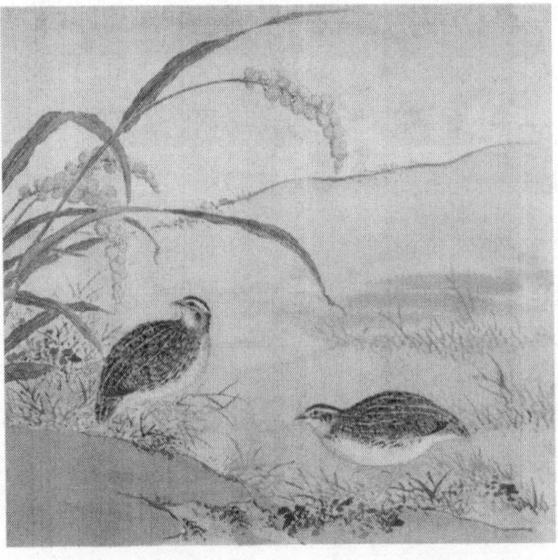

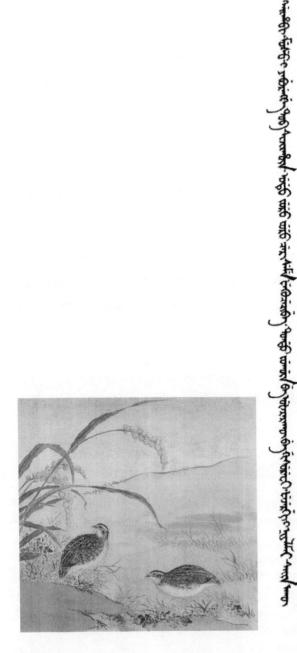

gaihabi. mušu i yaburengge tob sijirhūn, udu juru juru cer seme fekucecibe, tondo jugūn be ufararakū be gisurefi, fejergi i niyalmai sain akū sehe gisun be yendebumbi. irgebun be giyangnara urse erebe tomoci enteheme juru bi, deyeci ishunde dahalambi seme suhebi. damu juru juru sehe be tuwaci, tomoro deyere gūnin be gairengge waka be saci ombi. hacingga〔hancingga〕šunggiya i fisen de yaruha haṉ ing ni araha irgebun i nomun i tulergi ulabun de, juru sere hergen be fafuri obuci acambi, fafuri fafuri be becunure mangga de obuhangge ele fiyokoroho.

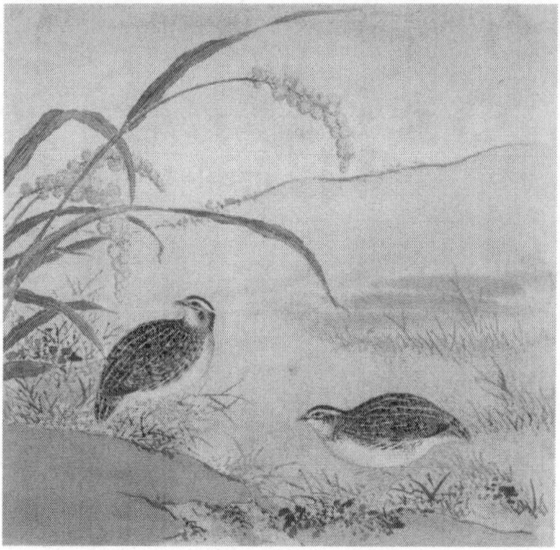

言鶉行正直，雖奔奔疾趨[175]，不失正道，以興下人之無良。說詩者以居有常匹，飛則相隨解之；夫云奔奔，其非取居與飛之義可知矣。《爾雅翼》引《韓詩外傳》謂：奔當作賁[176]，賁賁者，健鬥之貌，失之益遠。

175 雖奔奔疾趨，滿文讀作"udu juru juru cer seme fekucecibe"，意即「雖雙雙對對地跳躍」。

176 賁，滿文讀作"fafuri"，意即「勇健」。

[illegible] [illegible] ᠣᠮᠪᡳ᠉
[illegible] [illegible] [illegible] ᡳ [illegible] [illegible] [illegible] [illegible] [illegible] [illegible] [illegible] [illegible] [illegible] [illegible]
[illegible] [illegible] [illegible] [illegible] [illegible] [illegible] [illegible] [illegible] [illegible] [illegible] [illegible] [illegible] [illegible] [illegible] ᡳ [illegible]
ᡳ [illegible] [illegible] [illegible] [illegible] [illegible] [illegible] [illegible] [illegible] [illegible] [illegible] [illegible]
ᠠᠰᡥᠠ ᡳ ᡩᡠᠪᡝ [illegible] [illegible] [illegible] [illegible] ᡳ [illegible] [illegible] [illegible] [illegible] [illegible] [illegible]
ᡠᠨᠴᡝᡥᡝᠨ [illegible] [illegible] [illegible] ᠪᡝ᠈ [illegible] ᡳ [illegible] [illegible] [illegible] [illegible] [illegible] [illegible] [illegible]
ᠰᡠᠸᠠᠶᠠᠨ [illegible] ᠪᡝ᠈ [illegible] [illegible] [illegible] [illegible] [illegible]᠉

amargingge ihan mušu.

amargingge ihan mušu i yasai faha sahaliyan, yasai faha de šanyan boco kūwarahabi, yasai hūntahan sahaliyan, engge sahahūkan yacin, sencehe šanyan, uju, meifen suwayakan fulgiyan boco bime sahaliyan kuri bi, huru, asha i da i sahahūkan funggaha de misun boco kūwaraha bime, sahaliyan bederi kuri suwaliyaganjahabi, ajige šanyan mersen bi, asha i funggaha šanyakan gelfiyen fahala bime, yacikan sahaliyakan alha i kūwarahabi, uncehen sahahūkan šanyan bime, foholon sahaliyan alha bederi bi, alajan i juleri gelfiyen suwayan, hefeli i fejile majige šahūn šanyakan, damu sahahūkan mersen bi, bethe suwayan, ošoho šanyan, ferge akū.

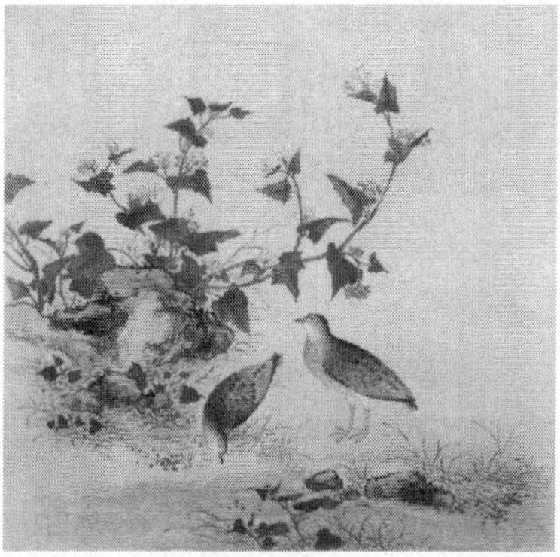

北牛鶴

北牛鶴，黑睛，白暈，黑眶，黑蒼觜，白頷，頂、項黃赤質黑斑，背、膊蒼質赭暈，雜以黑斑紋，碎白點[177]，翅毛藕白色帶蒼黑花暈，蒼白短尾有黑花紋，臆前淺黃，腹下微白，俱有蒼點[178]，黃足，白爪，無後趾。

177 碎白點，滿文讀作“ajige šanyan mersen bi ”，意即「有小白點」。
178 俱有蒼點，滿文讀作“damu sahahūkan mersen bi”，意即「但有蒼點」。

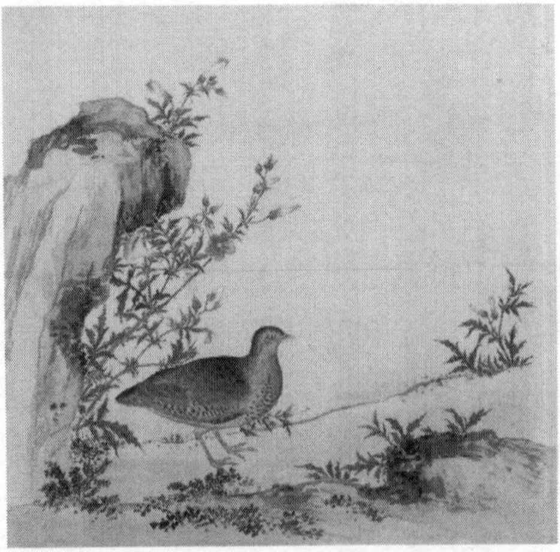

julergingge ihan mušu, emu gebu suwayan mušu.

julergingge ihan mušu i yasai faha sahaliyan, yasai hūntahan šanyan, engge suwayan, šakšaha suwayan alhangga, uju yacikan, monggon de bisire suwayan bederi jergi jergi i adame banjihangge esihe i gese narhūn fisin, sencehe, alajan fulgiyakan suwayan yacikan sahahūn, huru de sahaliyan hetu bederi bi, fulgiyakan suwayan asha i da, asha de sahaliyan mersen bimbime fulenggi boco šurdehebi, tunggen alajan fulgiyakan suwayan, amba sahaliyan kuri bi, uncehen sahahūkan suwayan, bethe fulgiyakan suwayan, ferge akū, yali i amtan asuru sain akū. dorolon i nomun i dorgi kooli fiyelen i suhe hergen de, ihan mušu be šašigan araci ojorakū, damu jalmin suwaliyafi teliyere bujure oci ombi. niyalma erebe suwayan mušu seme gebulehebi. jakai kūbulin i ejetun de henduhengge, hancingga šunggiya de, ihan mušu serengge, singgešu inu sehebe suhe bade, armu inu

---

南牛鶴，一名黃鶴

南牛鶴，黑睛，白眶，黃觜，花黃頰，蒼頂，項黃紋叠比細密如鱗，赤黃頷、臆，青蒼背黑橫紋，赤黃膊、翅黑點灰邊，胸腹赤黃[179]，有大黑斑，蒼黃尾，赤黃足，無後趾，味不甚美。《禮記·內則》注：所謂鴽不為羹，惟蒸煮襍雜蓼而已，俗名黃鶴。《物化志》云：《爾雅》：鴽[180]，鴾母。疏云：鵪也。

---

179 胸腹赤黃，滿文讀作“tunggen alajan fulgiyakan suwayan”，意即「胸臆赤黃」。

180 鴽，滿文讀作“ihan mušu”，意即「牛鶴」。

[illegible]

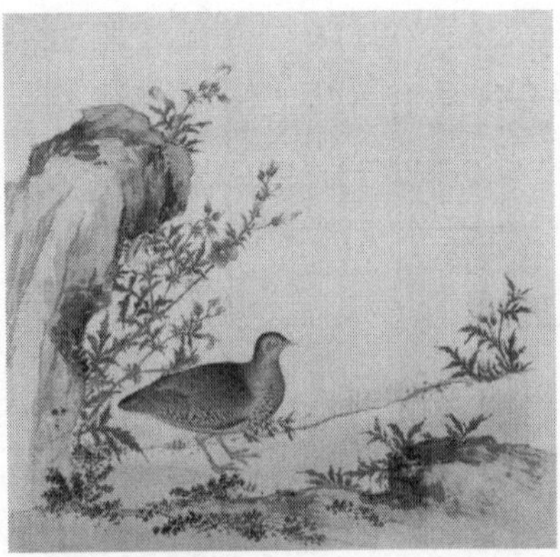

sehebi, cing jeo bade singgešu seme hūlambi, bigan i singgeri i ubaliyakangge. biyai forgon i fiyelen de, bigan i singgeri ihan mušu ome ubaliyambi sehebi. tuwaci, hergen i šošohon de, ihan mušu kuwecike de adali bime ajige, mušu i duwali, funggaha de narhūn alha akū, suwayakan fulgiyan boco, niyalma suwayan mušu seme hūlambi. tuweri forgon de fisembume araha bithede, juwan juwe gargan i dorgi singgeri serengge, mukei feten, morin biyade gidarangge, tuwai oron i turgun, ilan biyade muduri be alimbi. tuwa be tucibure forgon de teisuleme ofi, tuttu bigan i singgeri, muduri aliha biyade isinafi ihan mušu ome ubaliyambi. jakūn biyade muduri gidambi, uyun biyade tuwa be dosimbure forgon, tuttu ofi ihan mušu coko aliha biyade, dahūme singgeri ojorongge, muduri gidaha turgun, singgeri morin serengge, a e i ten, tere ferguwecun i ishunde kūbulime ubaliyarangge uttu sehebi.

青州呼鴾母，田鼠所化。《月令》云：田鼠化為鴽[181]。按《字林》云：鴽如鴿而小，鶕類也。毛無細花，黃赤色，俗名黃鶕。按《餘冬緒錄》云：十二支神子位屬水，午伏，乃鶉火之次。三月大辰候，當出火，故田鼠至建辰月化為鴽。八月辰伏，九月當納火，而鴽於建酉月復為鼠者，辰已伏也，子午陰陽之極，神交為變化如此。

181　《月令》，滿文讀作“biyai forgon i fiyelen”，係《禮記》篇名，此當作《禮記・月令》。

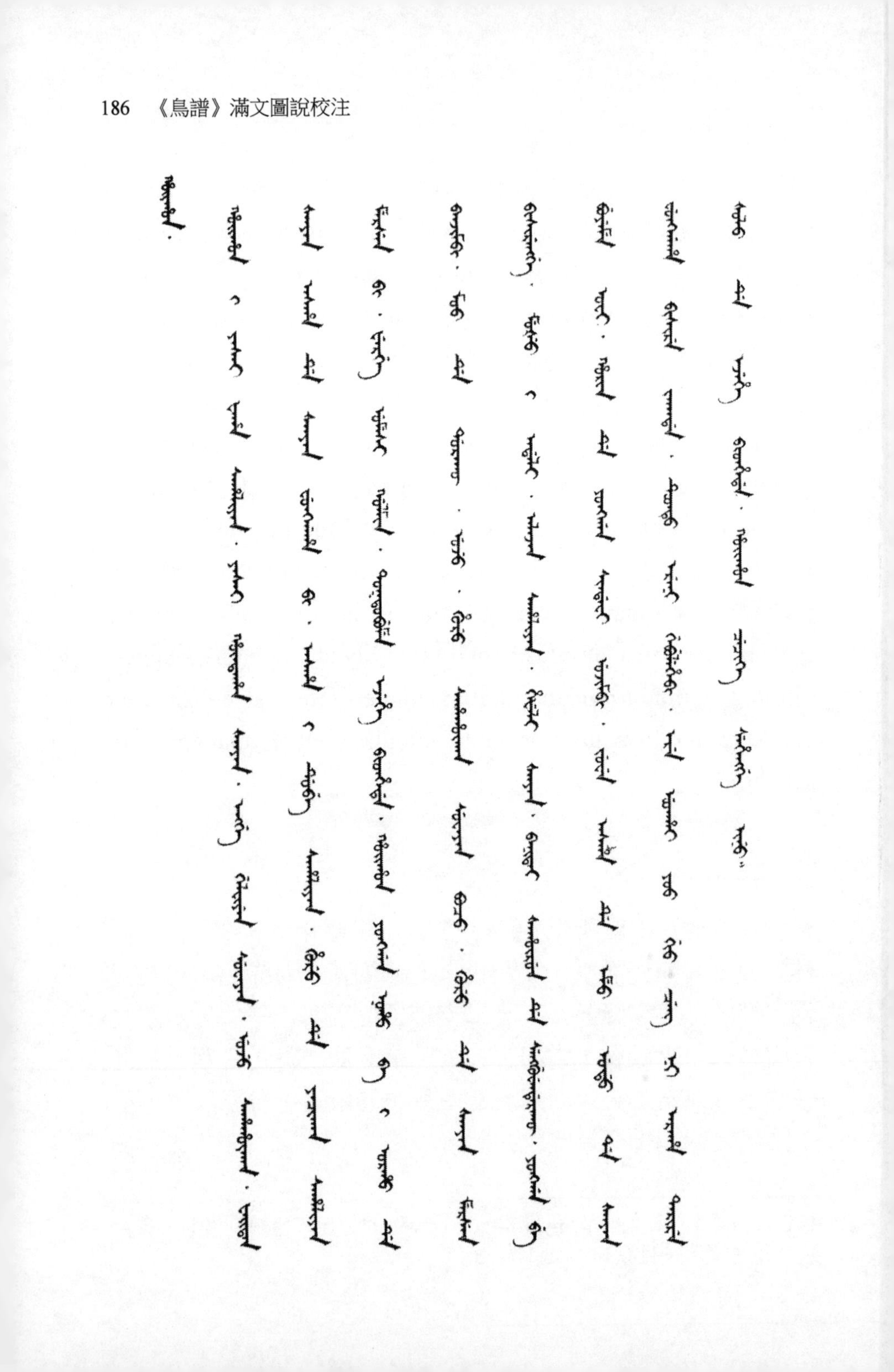

[illegible]

hoihon.

hoihon i yasai faha sahaliyan, yasai hūntahan šanyan, engge gelfiyen suwayan, uju sahahūkan, faitan šanyan asha de šanyan funggaha bi, asha i dube sahaliyan, huru de yacikan sahaliyan mersen bi, ferge umesi golmin. toktobume ejehe bithede, hoihon yonggan noho ba i orho de banjimbi, moo de dorakū, uju, huru sahahūkan suwayan boco, huru de šanyan mersen bisirengge, mušu i adali, alajan sahaliyan, hefeli šanyan, banitai šahūrun de sengguwenderakū, yonggan be buyeme ofi, horin de yonggan sindafi ujimbi. juwe asha de emu udu da šanyan funggaha bisire jakade, tuttu ereni gebulehebi, ere uthai yoo gio ceng ni araha tarire šolo de ejehe bithede, hoihon cecike sehengge inu.

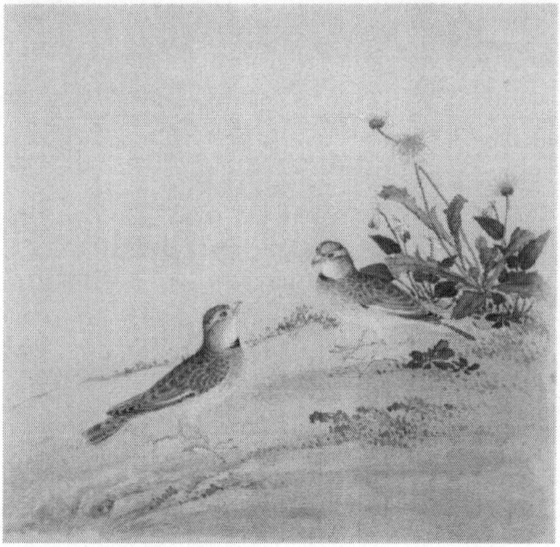

白翎

白翎，黑睛，白眶，淡黃觜，蒼頭，白眉，翅有白毛，黑翅尖，背有蒼黑點[182]，後趾爪極長。《決錄》云：白翎生沙際草中，不登木。頭、背蒼黃色，背有白點如鶉，黑臆白腹，性不畏寒，喜沙，籠中常以沙養之。兩翅有白毛數根，故名，即陶九成《輟耕錄》所謂白翎雀也。

182 蒼黑點，滿文讀作“yacikan sahaliyan mersen”，意即「青黑點」。

[illegible]

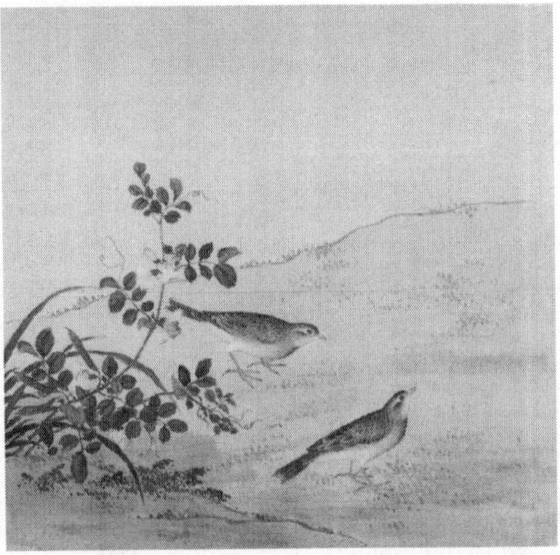

wenderhen, emu gebu underhen, inu elderhen sembi. emu gebu elheken, emu gebu eldedei, emu gebu ginderhen, emu gebu ehurhen.

wenderhen i arbun, cecike de adali, engge suhuken suwayan, uju sahahūkan, yasa yacin, yasai hūntahan šanyan, sencehe šanyan, alajan de kuri bi. hefeli šanyan, huru tumin boco bime sahaliyan mersen bi, asha, uncehen yacikan sahaliyan boco, fakjin suwayan, ošoho yacin. dartai šanggabuha fiyelen i suhe hergen de, elherhen serengge, elherhen cecike inu, te i niyalma eldedei seme hūlambi. tang gurun i irgebun be ejeme araha bade, lii šan alin de tucike ajige gasha, gebu wendeden sembi. guwendere mangga, ming hūwang han gu i hetu ficakū be fulgiyere de, erei mudan be gaime, ice ucun banjibuha bime, ucun be inu ereni gebulehebi. jang hu i araha irgebun de, tetele lii šan ba i tacin, gašan i urse kemuni hetu ficakū i wendeden sere ucun be fulgiyembi sehebi. hafumbuha šunggiya de, ginderhen serengge, lii šan i gasha, emu gebu wendeden sembi. inu ododon sembi. lii be i araha i irgebun de, kiyang ni ba i hetu ficakū i ododon sere ucun be fulgiyembi sehengge, uthai ere gasha. oktoi sekiyen i jurgan be badarambuha bithede, elherhen moo de dorakū be tuwaci, taifin elhe i

---

阿蘭，一名阿濫，亦作鴳鸛，一名鴳雀[183]，一名鴳爛堆，一名鴽，一名鴳扈

阿蘭，形狀如雀，牙黃觜，蒼頭，青眼，白眶，白頷，斑臆，白腹，背深褐有黑點，翅、尾蒼黑色，黃距，青爪。《急就篇》注云：鴳，謂鴳雀也，今俗呼為鴳爛堆。《唐詩紀事》云：驪山有小禽名阿濫堆，善鳴。明皇御玉笛採其聲翻新曲，且名焉。張祜詩云：至今風俗，驪山下村笛猶吹阿濫堆。《通雅》：鴽，驪山鳥也。一名阿濫堆，亦名阿鵯廻。李白詩：「羌笛橫吹阿鵯廻」，即此鳥也。《本草衍義》云：鴳不木處，

---

183 鴳雀，案滿文“elheken”，意即「緩慢的」，鴳雀，滿文當讀作“elherhen cecike”，此作“elheken”，疑誤。

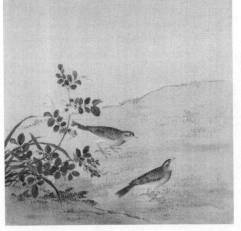

tomoho seci ombi, tuttu ofi, elherhen seme gebulehebi, wenderhen serengge, mudan be acabume hūlahangge sehebi. gashai nomun i suhen de, ala gasha i na de tomorongge wenderhen i duwali sehebi. tuwaci, wenderhen i dorgi ududu hacin bi, emu hacin i engge gelfiyen suwayan, uju sahahūkan, yasa suwayakan fulgiyan, yasai hūntahan šanyan, sencehe šanyan, huru, asha de sahaliyakan yacin mersen bi, gunggulu akū, wei jao i ehurhen sehengge inu, julergi ba i niyalma elderhen seme hūlambi, ememungge tašarame ulderhen sembi. emu hacin i senggele bisirengge, beye majige ambakan, uju de funggaha gunggulu bi, engge sahahūkan, faitan foholon, huru, monggon tumin sahahūn boco, sahaliyan mersen bi, uncehen de sahaliyan funggaha bi, bethei amargi ferge ošoho umesi golmin, geli senggele umesi ajige, faitan akū, gelfiyen sahahūn boco, šanyan funggaha adališambi, g'ao io i lioi halangga araha šajingga nomun i suhe hergen de, elherhen serengge, emu gebu gunggulungge saman cecike sehengge inu sehebi. emu hacin i suhun bocongge oci, beye saman cecike de adališambi, engge gelfiyen šanyan, yasai faha sahaliyan, uju, huru, asha, uncehen de gemu tumin suhun boco, hefeli i funggaha šanyan boco bi, bethei ferge foholon, niyalma suderhen sembi, ere emu hacin umesi komso.

可謂安寧自如矣，故名鴳。阿蘭者，音之合也。《禽經》注云：原鳥地處阿蘭之屬。案阿蘭有數種：一種淡黃觜，蒼頭，黃赤眼，白眶，白頷，背、翅有黑蒼點，無毛角。韋昭所謂鷃扈也，南人呼為鴳鸛，或訛為烏鸛。一種有冠者，身略大，頭有毛角，蒼觜，短眉，背、項深蒼色，有黑點，尾有黑毛，足後趾爪極長，亦有冠，甚小，無眉，淺蒼色，白毛相似者。高誘《呂氏春秋》注所謂鷃，一名冠雀是也[184]。一種米色者，身與鳳頭相等，淺白觜，黑眼，頭、背、翅、尾皆深米色，腹毛帶白，足後趾短，俗名米湯澆，此種特希有。

---

184 冠雀，滿文讀作“gunggulungge saman cecike”，意即「比鳳頭阿蘭略大的冠雀」。

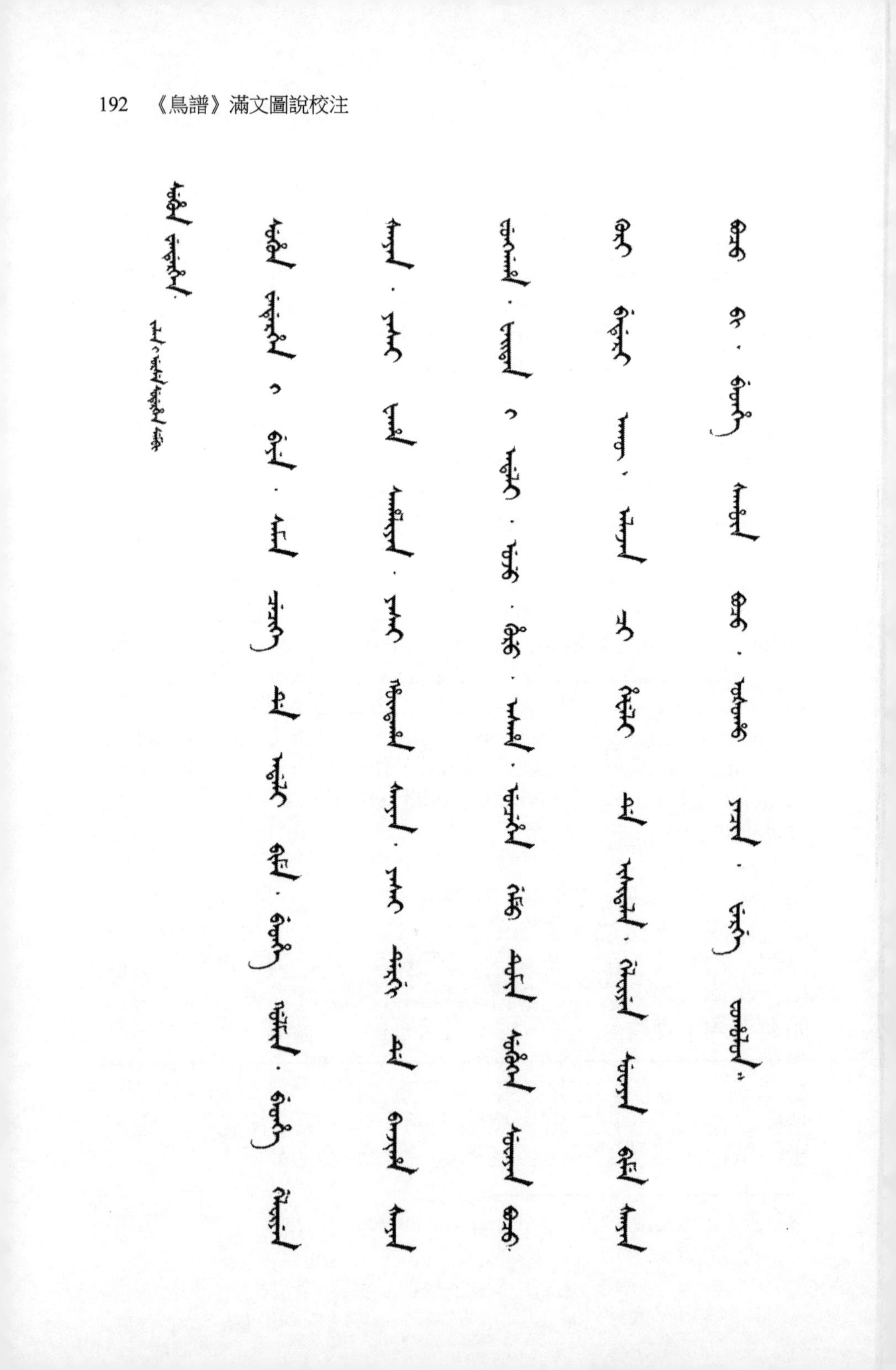

[illegible]

[illegible]

[illegible]

[illegible]

[illegible]

[illegible]

suhun wenderhen, jalan i urse suderhen sembi.

suhun wenderhen i beye, saman cecike de adali bime, bethe golmin, bethe gelfiyen šanyan, yasai faha sahaliyan, yasai hūntahan šanyan, yasai dergi de banjiha šanyan funggaha, faitan i adali, uju, huru, asha, uncehen gemu tumin suhuken suwayan boco, kuri bederi akū, alajan ci hefeli de isitala, gelfiyen suwayan bime šanyan boco bi, bethe šahūn boco, ošoho yacin, ferge foholon.

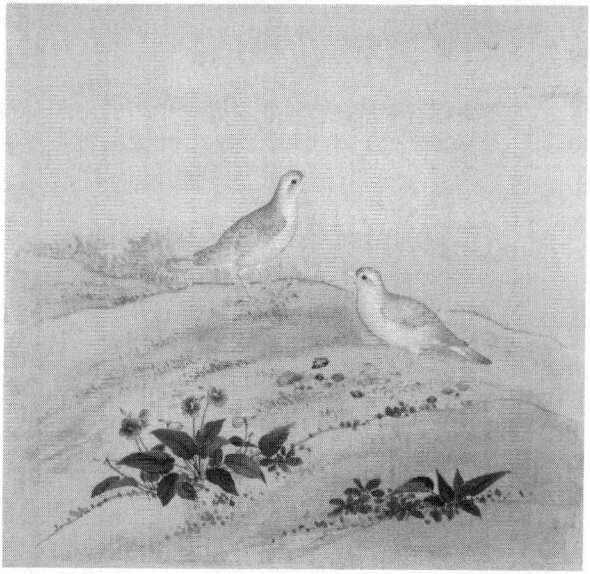

米色阿蘭，俗名米湯澆

米色阿蘭，身似鳳頭而腳長，淺白觜[185]，黑眼，白眶，眼上白毛如眉，頭、背、翅、尾皆深米黃色，無斑文，臆至腹淺黃帶白，玉色足[186]，青爪，後趾短。

185 淺白觜，滿文讀作“bethe gelfiyen šanyan”，意即「淺白足」，滿漢文義，頗有出入。

186 玉色足，滿文讀作“bethe šahūn boco”，意即「淡白色足」。

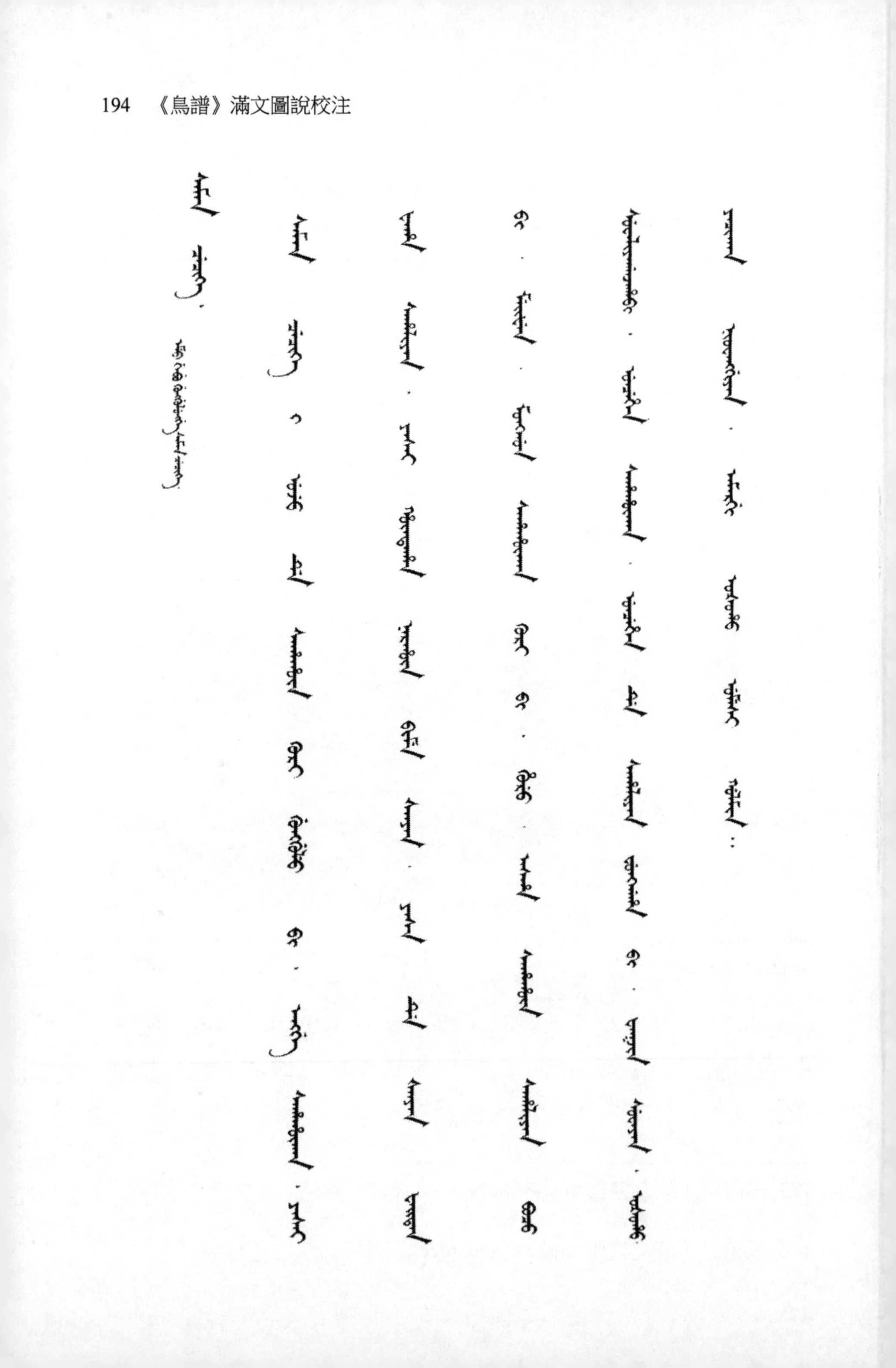

[illegible]

[illegible]

[illegible]

[illegible]

[illegible]

[illegible]

saman cecike, emu gebu gunggulungge saman cecike. saman cecike i uju de sahahūn kuri gunggulu bi, engge sahahūkan, yasai faha sahaliyan, yasai hūntahan narhūn bime šanyan, yasa de šanyan faitan bi, meifen monggon sahahūkan kuri bi, huru, asha sahahūn sahaliyan boco suwaliyaganjahabi, uncehen sahahūkan, uncehen de sahaliyan funggaha bi, fakjin suwayan, ošoho yacikan niowanggiyan, amargi ošoho umesi golmin.

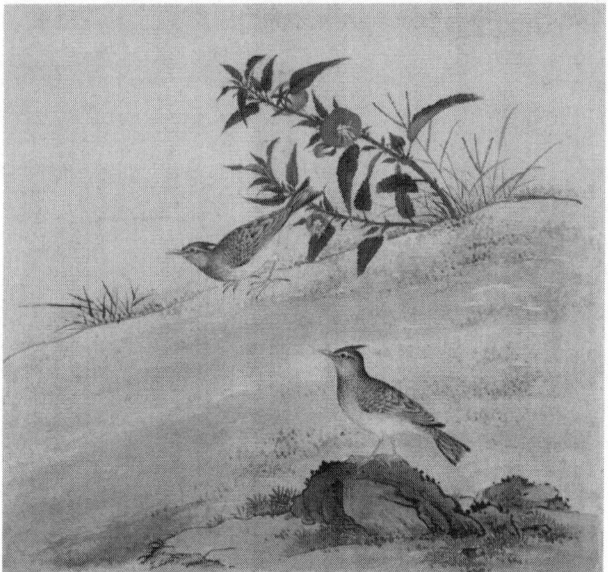

鳳頭阿蘭，一名冠雀[187]

鳳頭阿蘭，頭有蒼斑毛冠，蒼觜，黑睛，細白眶，目有白眉，蒼斑色頸、項，背、翅蒼黑相間，蒼尾，尾有黑毛，黃距，青綠爪，後爪極長。

187 冠雀，滿文讀作"gunggulungge saman cecike"，意即「比鳳頭阿蘭略大的冠雀」。

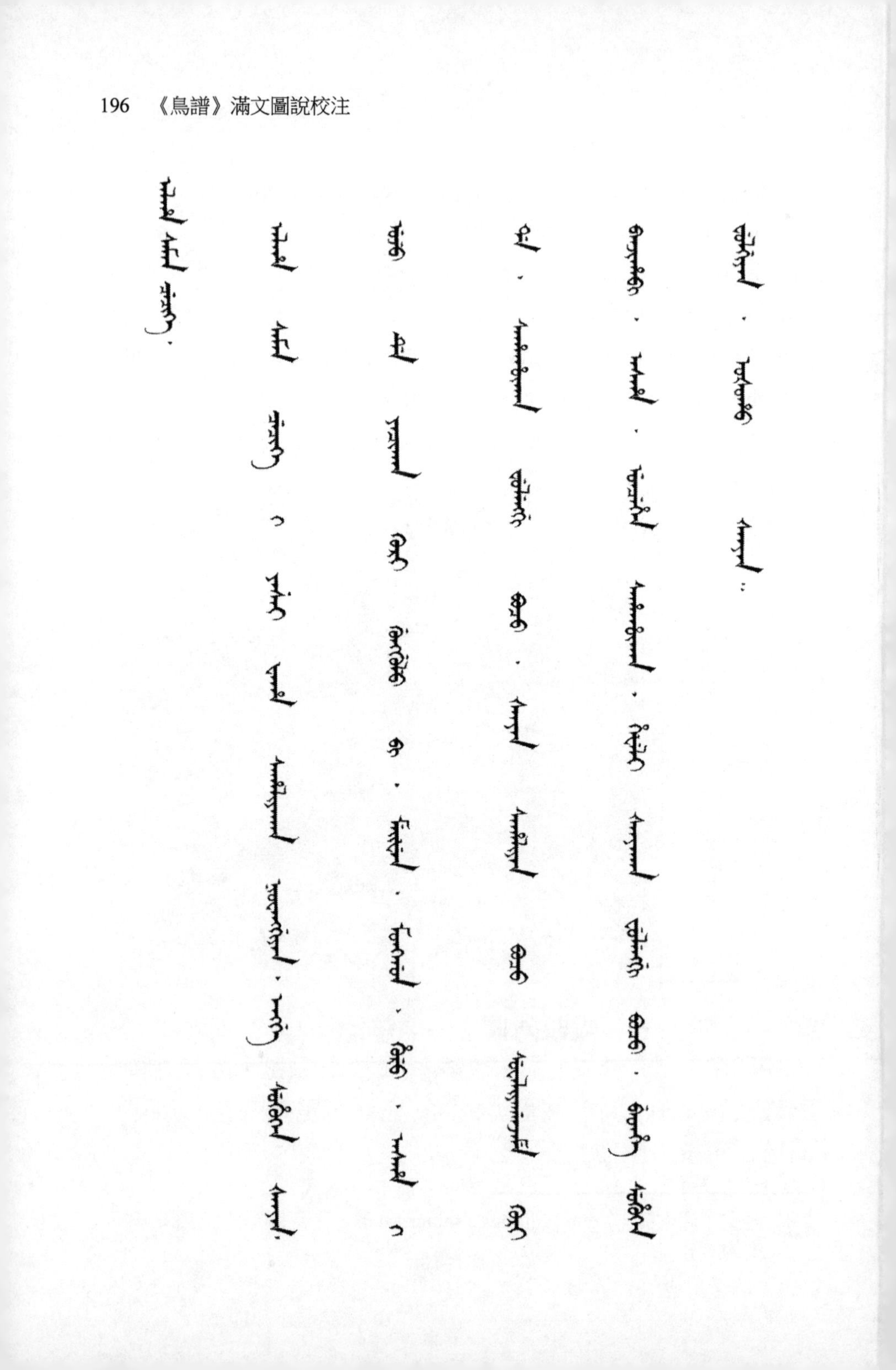

alha saman cecike.

alha saman cecike i yasai faha sahaliyakan niowanggiyan, engge suhuken šanyan, uju de yacikan kuri gunggulu bi, meifen, monggon, huru, asha i da, sahahūkan fulenggi boco, šanyan sahaliyan boco suwaliyaganjame kuri banjihabi. asha, uncehen sahahūkan, hefeli šanyakan fulenggi boco, bethe suhuken fulgiyan, ošoho šanyan.

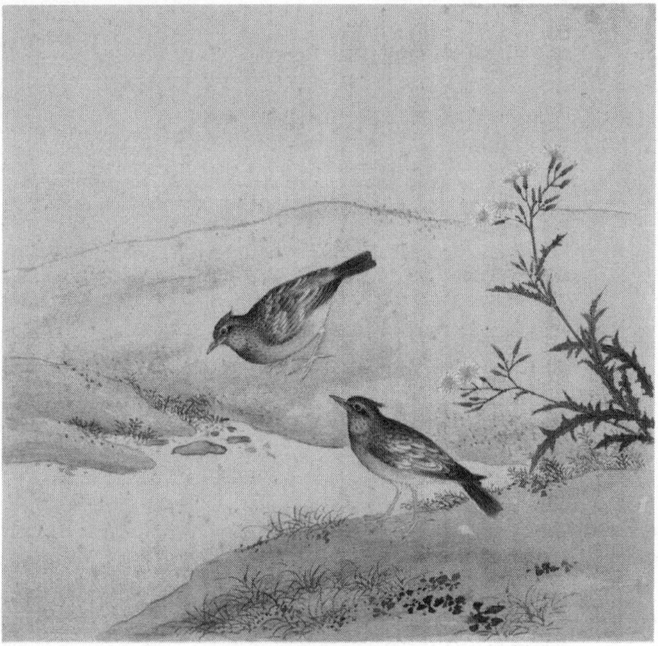

鳳頭花阿蘭[188]

鳳頭花阿蘭，黑綠睛，米白觜，頂有蒼斑角毛[189]，頸、項、背、膊，蒼灰、白黑間襍成斑，蒼翅尾，灰白腹，米紅足，白爪。

188 鳳頭花阿蘭，滿文讀作“alha saman cecike”，意即「花鳳頭阿蘭」。
189 角毛，滿文讀作“gunggulu”，意即「鳥雀頭上的鳳頭」。